PPP项目财税策划与操作实务

李丽娜　姜瑞枫　李　林
董国云　孙治红　著

江苏凤凰科学技术出版社

图书在版编目（CIP）数据

PPP项目财税策划与操作实务 / 李丽娜等著. -- 南京 ：江苏凤凰科学技术出版社，2018.1
ISBN 978-7-5537-8692-6

Ⅰ. ①P… Ⅱ. ①李… Ⅲ. ①政府投资-合作-社会资本-财税-研究 Ⅳ. ①F830.59②F014.39

中国版本图书馆CIP数据核字(2017)第279997号

PPP项目财税策划与操作实务

著　　者	李丽娜　姜瑞枫　李　林　董国云　孙治红
项目策划	凤凰空间/翟永梅
责任编辑	刘屹立　赵　研
特约编辑	翟永梅
出版发行	江苏凤凰科学技术出版社
出版社地址	南京市湖南路1号A楼，邮编：210009
出版社网址	http://www.pspress.cn
总 经 销	天津凤凰空间文化传媒有限公司
总经销网址	http://www.ifengspace.cn
印　　刷	北京建宏印刷有限公司
开　　本	710 mm×1 000 mm　1 / 16
印　　张	16
字　　数	332 000
版　　次	2018年1月第1版
印　　次	2023年3月第2次印刷
标准书号	ISBN 978-7-5537-8692-6
定　　价	58.00元

序

PPP 作为政府与社会资本（或称公共部门与私人部门）合作提供公共产品与服务的一种建设模式，是我国供给侧结构性改革的一个重要举措。它为落实“四个全面”战略部署、推进“一带一路”倡议的实施、拉动经济增长等做出了贡献。积极推动 PPP 有序、规范、健康地发展，对激发我国经济发展活力和推动国家治理模式变革具有重要意义。

我国的 PPP 发展，正进入一个新阶段。在现实情况下，一些大型建筑企业因其具备较强的融资和施工能力而正在加大对 PPP 项目的运作，推动着企业自身从过去传统的单一施工逐步转型为“投资、建设、运营”的全流程综合运营管理模式。这当中，PPP 项目又有建设－运营－移交（BOT）、建设－拥有－运营（BOO）、转让－运营－移交（TOT）、租赁－运营－移交（LOT）、改建－运营－移交（ROT）等不同运作方式。但在国家层面，有关 PPP 的政策法规还不完善；在企业层面，相关管理工作也正在摸索中积累经验。在这种情况下，PPP 项目的财税管理成了各参与方关注的重点。

目前，我国还没有就 PPP 项目出台专门的税收和财务规定。这种现实情况，一方面给 PPP 项目的会计核算和税务管理带来了难度，另一方面也造成政府和社会资本方对于 PPP 项目的财税政策理解不相一致，容易引起税企争议。

《PPP 项目财税策划与操作实务》对 PPP 项目的财税管理实务做出了积极的探索，作者以业务流程为主线，以现行税收法律为依据，对

PPP 项目准备阶段、建设阶段、运营阶段、移交阶段等各业务环节的财税问题进行涉税分析，提出了可行的税务管理方案。同时根据企业的实操案例，分析不同项目的税务管理实务，不仅能让读者获得可操作性的建议，而且还系统全面地提供了不同回报模式下的会计与税务处理的具体方法。这是本书的最大特点。

《PPP 项目财税策划与操作实务》的作者，是为营改增、特别是为建筑业营改增做出重要贡献的企业财会高管工作者和社会财税咨询服务专家，他们有着特别深厚的企业财税管理和第三方税务咨询实践经验。相信这些人合力著成的这本书可以为相关部门完善 PPP 财税政策提供某些有益的参考！

中国建设会计学会会长

秦玉文

前　言

本书基于对多个PPP项目典型案例的深入调研和分析提炼而成，对PPP项目准备阶段、建设阶段、运营阶段、移交阶段等各环节进行涉税风险分析和税务筹划研究，对PPP项目全流程财税管理工作进行规范和指导，为PPP项目参与方提供全方位的实务指引。

PPP项目全生命周期涉及全税种，如增值税、企业所得税、资源税、房产税、印花税、土地增值税、城镇土地使用税、车船使用税、契税等税种，其中增值税和企业所得税为主要税种。本书按不同阶段，分析不同行业、不同项目涉及的全税种涉税风险和管理重点。

本书采用章节式撰写体例，对PPP项目各阶段的“业务事项描述”“主要关注点”“会计处理”“税务处理”“法律手续”“合同要点”“发票管理”“资金管理”“操作建议”“案例分析”等内容做出详细讲解，另外对会计核算、政府补助、项目测算等重点内容单设篇章进行阐述。

著者

目 录

第一章　PPP 简介

第一节　PPP 基础知识

一、PPP 的定义及基本特征

1.PPP 的定义

PPP 是 Public-Private Partnership 的首字母缩写，中文直译为“政府和社会资本合作”，是公共基础设施中的一种项目融资模式，有些地方和媒体也称之为“公共部门与私人部门合作”模式、“政企合作”模式或“公私合作”模式。

仅从字面理解，PPP 的内涵和外延十分广泛。政府文件对 PPP 定义如下：

（1）《财政部关于推广运用政府和社会资本合作模式有关问题的通知》（财金〔2014〕76 号）指出：“政府和社会资本合作模式是在基础设施及公共服务领域建立的一种长期合作关系。通常模式是由社会资本承担设计、建设、运营、维护基础设施的大部分工作，并通过‘使用者付费’及必要的‘政府付费’获得合理投资回报；政府部门负责基础设施及公共服务价格和质量监管，以保证公共利益最大化。”

（2）《国家发展改革委关于开展政府和社会资本合作的指导意见》（发改投资〔2014〕2724 号）指出：“政府和社会资本合作（PPP）模式是指政府为增强公共产品和服务供给能力、提高供给效率，通过特许经营、购买服务、股权合作等方式，与社会资本建立的利益共享、风险分担及长期合作关系。”

（3）国务院办公厅转发的《财政部 发展改革委 人民银行关于在公共服务领域推广政府和社会资本合作模式指导意见》（国办发〔2015〕42 号）指出：“政府和社会资本合作模式是公共服务供给机制的重大创新，即政府采取竞争性方式择优选择具有投资、运营管理能力的社会资本，双方按照平等协商原则订立合同，明确责权利关系，由社会资本提供公共服务，政府依据公共服务绩效评价结果向社会资本支付相应对价，保证社会资本获得合理收益。”

依据财金〔2014〕76号、发改投资〔2014〕2724号、国办发〔2015〕42号等PPP核心制度的规定："政府"限定于国内县级以上的地方人民政府；"社会资本"限定于"已建立现代企业制度的境内外企业法人，但不包括本级政府所属融资平台公司及其他控股国有企业"；合作的领域限定在"基础设施及公共服务领域"，涉及的合作内容是"公共产品供给和公共服务提供"；合作关系是"利益共享、风险分担及长期合作关系"。

2.PPP 基本特征

财政部发布的财金〔2014〕76号文件规定："政府和社会资本合作模式是在基础设施及公共服务领域建立的一种长期合作关系。通常模式是由社会资本承担设计、建设、运营、维护基础设施的大部分工作，并通过'使用者付费'及必要的'政府付费'获得合理投资回报；政府部门负责基础设施及公共服务价格和质量监管，以保证公共利益最大化。"国家发展改革委发布的发改投资〔2014〕2724号文件规定："政府和社会资本合作（PPP）模式是指政府为增强公共产品和服务供给能力、提高供给效率，通过特许经营、购买服务、股权合作等方式，与社会资本建立的利益共享、风险分担及长期合作关系。"根据两部委对PPP模式的界定，PPP模式的特征有以下几点：

1）PPP是政府和社会资本的一种合作关系

PPP模式是一种合作关系，不是管理关系、从属关系、命令关系甚至对抗关系，合作关系更加强调地位平等、自愿有偿。合作关系的主体是政府和作为社会资本的企业，不是行政性的政府与政府，也不是商业性的企业与企业。

2）PPP合作关系是长期的

按照PPP相关制度的规定，政府与社会资本的合作关系，最短不得低于10年，最长可以超过30年（没有上限）。因此，相对于建设－移交（Build Transfer，BT）、政府购买服务等模式，PPP模式政府与社会资本的合作关系是长期的。

3）PPP合作的领域是基础设施和公共服务领域

政府与社会资本的合作，涉及的领域非常广泛，大到基础设施和外交、国防领域，小到日常的高频、低附加值的各类服务。PPP模式双方合作的领域，主要在基础设施和公共服务领域。

4）PPP合作的内容包括设计、建设、融资、运营的一种或几种

财政部发布的《政府和社会资本合作模式操作指南（试行）》（财金〔2014〕113号）列举的PPP项目的运作方式主要包括委托运营（Operations & Maintenance，O&M）、管理合同（Management Contract，MC）、建设－运营－移交（Build-Operate-Transfer，

BOT）、建设－拥有－运营（Build-Own-Operate，BOO）、转让－运营－移交（Transfer-Operate-Transfer，TOT）、改建－运营－移交（Rehabilitate-Operate-Transfer，ROT）。事实上，PPP 模式的运作方式比较广泛，除了上述六种之外，还包括民间主动融资（Private Finance Initiative，PFI）、建设－租赁－移交（Build-Lease-Transfer，BLT）、建设－租赁－移交－维护（Build-Lease-Transfer-Maintain，BLTM）、建设－移交－运营（Build-Transfer-Operate，BTO）、租赁－更新－运营（Lease-Rebuild-Operate，LRO）、设计－建设－运营（Design-Build-Operate，DBO）、设计－建设－融资－运营（Design-Build-Finance-Operate，DBFO）、设计－建设－融资－运营－移交（Design-Build-Finance-Operate-Transfer，DBFOT）等。但是一般情况下，PPP 模式合作的内容离不开设计、建设、融资、运营（管理、维护）中的一种或几种，其中以运营（管理、维护）和融资为主；由于长期合作的原因，又以运营（管理、维护）为合作内容的重中之重。

5）保障 PPP 长期合作的机制

保障 PPP 长期合作的机制是特许经营、政府购买服务确立的利益共享、风险分担机制。基于上述 PPP 模式的平等、自愿、长期、互利合作等特征，要实现双方的愉快合作，就需要通过对政府和社会资本之间的权利与义务、风险与收益进行合理设计，实现各自的权利与义务的对等、风险与收益的平衡。这种设计和保障机制，通常是通过特许经营、政府购买服务等保障手段，确立双方的利益共享、风险分担机制。

二、PPP 的理念

针对 PPP 项目，很重要的一点就是项目管理，要考虑到后期数十年的可变性，变未知的风险为已知的风险，否则，将带来很多的问题。下面为 PPP 项目的核心要素，还应同时考虑将风险降到最低。

1. 伙伴关系

政府与社会资本，是合作关系，是平等的。没有平等就没有真正意义上的合作，后期将会出现复杂的纷争，平等是伙伴关系的基础。如将来出现问题，作为平等的两个主体，应当去仲裁委员会仲裁。

2. 风险分担

PPP 项目一定是公共投资项目，政府职责分内的事。政策性的风险由政府分担，市场风险、经营性风险由双方共同承担。

3. 利益可调解

PPP 的收益原则是赢利不是暴利，收益的可调节性一定要考虑进去，任何条款都是有前提和条件的。

4. 监督和管理

PPP 项目通常会成立项目公司，政府可以持股也可以不持股。没有公开就没有监督。政府要全面监管到位，而不仅仅是运营后的监管。从前期协议实施中，就要明确设立各种细则，在建设过程中，要严格按照前期协议约定的技术要求实施监督管理，监管中标人是否按规定进行，项目的质量是否达标等。项目投产以后，同样要严格按照协议来实施。

三、PPP 的优势

PPP 模式的优势主要体现在：更高的经济效率、更高的时间效率、增加基础设施项目的投资、提供公共部门和私营机构的财务稳健性，基础设施、公共服务的品质得到改善，实现长远规划、树立公共部门的新形象、私营机构得到稳定发展等，具体如下：

（1）PPP 模式可以实现更高的经济效率，实现物有所值；

（2）PPP 模式可以实现更高的时间效率；

（3）PPP 模式有助于增加基础设施项目的投资资金来源；

（4）PPP 模式可提高公共部门和私营机构的财务稳健性；

（5）PPP 模式可使基础设施、公共服务产品的品质得到改善；

（6）PPP 模式有助于公共部门、私营机构实现长远规划；

（7）PPP 模式有助于树立公共部门的新形象；

（8）PPP 模式可以使私营机构得到稳定发展。

四、PPP 参与各方

（一）PPP 参与方

根据财政部发布的《关于规范政府和社会资本合作合同管理工作的通知》（财金〔2014〕156 号），其中附件《PPP 项目合同指南（试行）》中明确 PPP 项目的参与方通常包括政府、社会资本方、融资方、承包商和分包商、专业运营商、原料供应商、产品或服务购买方、保险公司以及专业机构等。

1. 政府

根据 PPP 项目运作方式和社会资本参与程度的不同，政府在 PPP 项目中所承担的具体职责也不同。总体来讲，在 PPP 项目中，政府需要同时扮演以下两种角色：

第一，作为公共事务的管理者，政府负有向公众提供优质且价格合理的公共产品和服务的义务，承担 PPP 项目的规划、采购、管理、监督等行政管理职能，并在行使上述行政管理职能时形成与项目公司（或社会资本）之间的行政法律关系。

第二，作为公共产品或服务的购买者（或者购买者的代理人），政府基于 PPP 项目合同形成与项目公司（或社会资本）之间的平等民事主体关系，按照 PPP 项目合同的约定行使权利、履行义务。

2. 社会资本方

本书所称社会资本方是指与政府方签署 PPP 项目合同的社会资本或项目公司。本书所称的社会资本是指依法设立且有效存续的具有法人资格的企业，包括民营企业、国有企业、外国企业和外商投资企业。但本级人民政府下属的政府融资平台公司及其控股的其他国有企业（上市公司除外）不得作为社会资本方参与本级政府辖区内的 PPP 项目。社会资本是 PPP 项目的实际投资人。但在 PPP 实践中，社会资本通常不会直接作为 PPP 项目的实施主体，而会专门针对该项目成立项目公司，作为 PPP 项目合同及项目其他相关合同的签约主体，负责项目具体实施。

项目公司是依法设立的自主运营、自负盈亏的具有独立法人资格的经营实体。项目公司可以由社会资本（可以是一家企业，也可以是多家企业组成的联合体）出资设立，也可以由政府和社会资本共同出资设立。但政府在项目公司中的持股比例应当低于 50% 且不具有实际控制权及管理权。

3. 融资方

PPP 项目的融资方通常有商业银行、出口信贷机构、多边金融机构（如世界银行、亚洲开发银行等）以及非银行金融机构（如信托公司）等。根据项目规模和融资需求的不同，融资方可以是一两家金融机构，也可以是由多家银行或机构组成的银团，具体的债权融资方式除贷款外，也包括债券、资产支持证券化等。

4. 承包商和分包商

在 PPP 项目中，承包商和分包商的选择是影响工程技术成败的关键因素，其技术水平、资历、信誉以及财务能力在很大程度上会影响贷款人对项目的商业评估和风险判断，是项目能否获得贷款的一个重要因素。

承包商主要负责项目的建设，通常与项目公司签订固定价格、固定工期的工程总承包合同。一般而言，承包商要承担工期延误、工程质量不合格和成本超支等风险。

对于规模较大的项目，承包商可能会与分包商签订分包合同，把部分工作分包给专业分包商。根据具体项目的不同情况，分包商从事的具体工作可能包括设计、部分非主体工程的施工，提供技术服务以及供应工程所需的货物、材料、设备等。承包商负责管理和协调分包商的工作。

5. 专业运营商（部分项目适用）

根据不同 PPP 项目运作方式的特点，项目公司有时会将项目部分的运营和维护事务交给专业运营商负责。但根据项目性质、风险分配以及运营商资质能力等不同，专业运营商在不同项目中所承担的工作范围和风险也不同。例如，在一些采用政府付费机制的项目中，项目公司不承担需求风险或仅承担有限需求风险的，可能会将大部分的运营事务交由专业运营商负责；而在一些采用使用者付费机制的项目中，由于存在较大需求风险，项目公司可能仅仅会将部分非核心的日常运营管理事务交由专业运营商负责。

6. 原料供应商（部分项目适用）

在一些 PPP 项目中，原料的及时、充足、稳定供应对于项目的平稳运营至关重要，因此，原料供应商也是这类项目的重要参与方之一。例如在燃煤电厂项目中，为了保证煤炭的稳定供应，项目公司通常会与煤炭供应商签订长期供应协议。

7. 产品或服务购买方（部分项目适用）

在包含运营内容的 PPP 项目中，项目公司通常通过项目建成后的运营收入来回收成本并获取利润。为了降低市场风险，在项目谈判阶段，项目公司以及融资方通常都会要求确定项目产品或服务的购买方，并由购买方与项目公司签订长期购销合同以保证项目未来的稳定收益。

8. 保险公司

由于 PPP 项目通常资金规模大、生命周期长，在项目建设和运营期间面临着诸多难以预料的各类风险，因此项目公司以及项目的承包商、分包商、供应商、运营商等通常均会就其面临的各类风险向保险公司进行投保，以进一步分散和转移风险。同时，由于项目风险一旦发生就有可能造成严重的经济损失，因此 PPP 项目对保险公司的资信有较高要求。

9. 其他参与方

除上述参与方之外，开展 PPP 项目还必须充分借助投资、法律、技术、财务、保险代理等方面的专业技术力量，因此 PPP 项目的参与方通常还可能会包括上述领域的专业机构。

（二）PPP 合同关系

在 PPP 项目中，项目参与方通过签订一系列合同来确立和调整彼此之间的权利义务关系，构成 PPP 项目的合同体系。PPP 项目的合同通常包括 PPP 项目合同、股东协议、履约合同（包括工程承包合同、运营服务合同、原料供应合同、产品或服务购买合同等）、融资合同和保险合同等。其中，PPP 项目合同是整个 PPP 项目合同体系的基础和核心。

在 PPP 项目合同体系中，各个合同之间并非完全独立、互不影响，而是紧密衔接、相互贯通的，合同之间存在着一定的“传导关系”，了解 PPP 项目的合同体系和各个合同之间的传导关系，有助于对 PPP 项目合同进行更加全面准确地把握。

首先，在合同签订阶段，作为合同体系的基础和核心，PPP 项目合同的具体条款不仅会直接影响到项目公司股东之间的协议内容，而且会影响项目公司与融资方的融资合同以及与保险公司的保险合同等其他合同的内容。此外，PPP 项目合同的具体约定，还可能通过工程承包或产品服务购买等方式，传导到工程承包（分包）合同、原料供应合同、运营服务合同和产品或服务购买合同上。

其次，在合同履行阶段，合同关系的传导方向可能发生逆转。例如分包合同的履行出现问题，会影响到总承包合同的履行，进而影响到 PPP 项目合同的履行。

PPP 项目基本合同体系如图 1-1 所示。

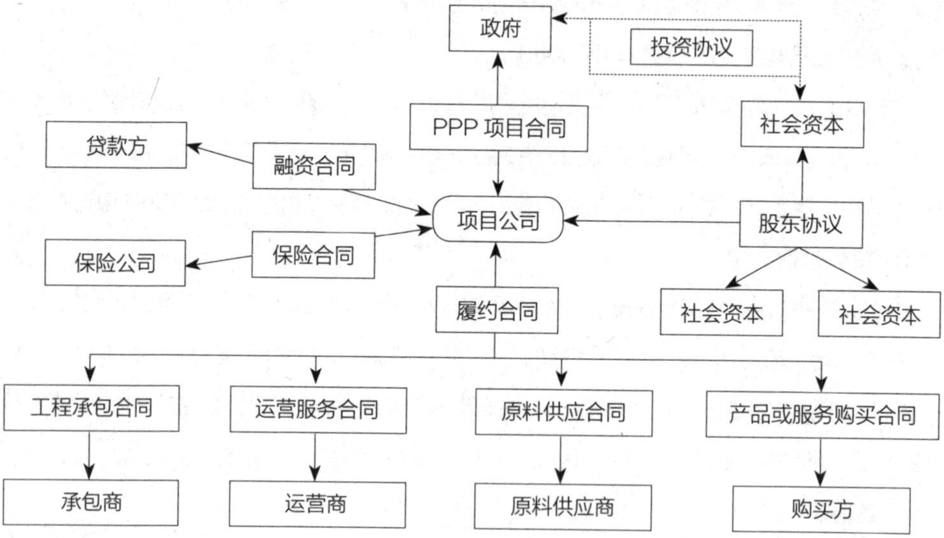

图 1-1　PPP 项目基本合同体系

1. 投资协议

在项目初期阶段，项目公司尚未成立时，政府方会先与社会资本方（即项目投资人）签订投资协议书（意向书、备忘录或者框架协议），以明确双方的合作意向，详细约定双方有关项目开发的关键权利义务，并按照约定时间、条件等注册成立项目公司。中选社会资本方应当是通过公开竞争性程序选定，并且应当具备 PPP 项目管理经验、专业能力、融资实力以及信用状况良好的法人或者其他组织。

2.PPP 项目合同

项目公司成立后，由政府方（项目实施机构）与项目公司签订 PPP 项目合同，由项目公司承继原投资协议项下的权利与义务，保障项目公司能够依据合同约定合理主张权利，妥善履行义务，确保项目全生命周期内的顺利实施，PPP 项目合同是其他合同产生的基础，也是整个 PPP 项目合同体系的核心。

3. 股东协议

股东协议由项目公司的股东签订，用以在股东之间建立长期的、有约束力的合约关系。股东协议通常包括以下主要条款：前提条件、项目公司的设立和融资、项目公司的经营范围、股东权利、履行 PPP 项目合同的股东承诺、股东的商业计划、股权转让，股东会、董事会、监事会组成及其职权范围，股息分配、违约、终止及终止后处理机制、不可抗力、适用法律和争议解决等。

项目投资人订立股东协议的主要目的在于设立项目公司，由项目公司负责项目的建设、运营和管理，因此项目公司的股东可能会包括希望参与项目建设、运营、供应、融资等的主体。在某些情况下，为了更直接地参与项目的重大决策、掌握项目实施情况，政府也可能通过直接参股的方式成为项目公司的股东（但政府通常并不控股和直接参与经营管理）。在这种情形下，政府与其他股东相同，享有作为股东的基本权益，同时也需履行股东的相关义务，并承担项目风险。

股东协议除了包括规定股东之间权利义务的一般条款外，还可能包括与项目实施相关的特殊规定。以承包商作为项目公司股东为例，承包商的双重身份可能会导致股东之间一定程度的利益冲突，并在股东协议中予以反映。例如，为防止承包商在工程承包事项上享有过多的控制权，其他股东可能会在股东协议中限制承包商在工程建设及索赔事项上的表决权；如果承包商参与项目的主要目的是承担项目的设计、施工等工作，并不愿长期持股，承包商会希望在股东协议中预先做出股权转让的相关安排；但另一方面，如果融资方也是股东，融资方通常会要求限制承包商转让其所持有的项目公司股权的权利，例如要求承包商至少要到工程缺陷责任期满后才可转让其所持有的项目公司股权。

4. 履约合同

1）工程承包合同

项目公司一般只作为融资主体和项目运营管理者而存在，本身不一定具备设计、采购、建设项目的条件，因此可能会将部分或全部设计、采购、建设工作委托给工程承包商，签订工程承包合同。项目公司可以与单一承包商签订总承包合同，也可以分别与不同承包商签订合同。承包商的选择要遵循相关法律法规的规定。

2）运营服务合同

根据 PPP 项目运营内容和项目公司管理能力的不同，项目公司有时会考虑将项目全部或部分的运营和维护事务外包给有经验的专业运营商，并与其签订运营服务合同。个别案例中，运营维护事务的外包可能需要事先取得政府的同意。但是，PPP 项目合同中约定的项目公司的运营和维护义务并不因项目公司将全部或部分运营维护事务分包给其他运营商实施而豁免或解除。

由于 PPP 项目的期限通常较长，在项目的运营维护过程中存在较大的管理风险，可能因项目公司或运营商管理不善而导致项目亏损。因此，项目公司应优先选择资信状况良好、管理经验丰富的运营商，并通过在运营服务合同中预先约定风险分配机制或者投保相关保险来转移风险，确保项目平稳运营并获得稳定收益。

3）原料供应合同

有些 PPP 项目在运营阶段对原料的需求量很大、原料成本在整个项目运营成本中占比较大，同时受价格波动、市场供给不足等影响，又无法保证能够随时在公开市场上以平稳价格获取，继而可能会影响整个项目的持续稳定运营，例如燃煤电厂项目中的煤炭。因此，为了控制原料供应风险，项目公司通常会与原料的主要供应商签订长期原料供应合同，并且约定一个相对稳定的原料价格。

在原料供应合同中，一般会包括以下条款：交货地点和供货期限、供货要求和价格、质量标准和验收、结算和支付、合同双方的权利义务、违约责任、不可抗力、争议解决等。除上述一般性条款外，原料供应合同通常还会包括“照供不误”条款，即要求供应商以稳定的价格、稳定的质量品质为项目提供长期、稳定的原料。

4）产品或服务购买合同

在 PPP 项目中，项目公司的主要投资收益来源于项目提供的产品或服务的销售收入，因此保证项目产品或服务有稳定的销售对象，对于项目公司而言十分重要。根据 PPP 项目付费机制的不同，项目产品或服务的购买者可能是政府，也可能是最终使用者。以政府付费的供电项目为例，政府的电力主管部门或国有电力公司通常会事先与项目公司签订电力购买协议，约定双方的购电和供电义务。

此外，在一些产品购买合同中，还会包括“照付不议”条款，即项目公司与产品的购买者约定一个最低采购量，只要项目公司按照最低采购量供应产品，不论购买者是否需要采购该产品，均应按照最低采购量支付相应价款。

5. 融资合同

从广义上讲，融资合同可能包括项目公司与融资方签订的项目贷款合同、担保人就项目贷款与融资方签订的担保合同、政府与融资方和项目公司签订的直接介入协议等多个合同。其中，项目贷款合同是最主要的融资合同。

在项目贷款合同中一般会包括以下条款：陈述与保证、前提条件、偿还贷款、担保与保障、抵销、违约、适用法律与争议解决等。同时，出于贷款安全性的考虑，融资方往往要求项目公司以其财产或其他权益作为抵押或质押，或由其母公司提供某种形式的担保，或由政府作出某种承诺，这些融资保障措施通常会在担保合同、直接介入协议以及 PPP 项目合同中予以具体体现。

需要特别强调的是，PPP 项目的融资安排是 PPP 项目实施的关键环节，鼓励融资方式多元化、引导融资方式创新、落实融资保障措施，对于增强投资者信心、维护投资者权益以及保障 PPP 项目的成功实施至关重要。

6. 保险合同

由于 PPP 项目通常资金规模大、生命周期长，负责项目实施的项目公司及其他相关参与方通常需要对项目融资、建设、运营等不同阶段的不同类型的风险分别进行投保。通常可能涉及的保险种类包括货物运输险、工程险、针对设计或其他专业服务的职业保障险、针对间接损失的保险、第三者责任险。

鉴于 PPP 项目所涉风险的长期性和复杂性，为确保投保更有针对性和有效性，建议在制定保险方案或签署保险合同前先咨询专业保险顾问的意见。

7. 其他合同

在 PPP 项目中还可能会涉及其他的合同，例如与专业中介机构签署的投资、法律、技术、财务、税务等方面的咨询服务合同。

五、PPP 操作方式

根据《关于印发政府和社会资本合作模式操作指南（试行）的通知》（财金〔2014〕113 号），项目运作方式主要包括委托运营、管理合同、建设－运营－移交、建设－拥有－运营、转让－运营－移交和改建－运营－移交等。具体运作方式的选择主要由收费定价机制、项目投资收益水平、风险分配基本框架、融资需求、改扩建需求和期满处置等因素决定。现行的 PPP 模式有以下几种操作方式：

1. 委托运营（Operations&Maintenance，O&M）

指政府将存量公共资产的运营维护职责委托给社会资本或项目公司，社会资本或项目公司不负责用户服务的项目运作方式。政府保留资产所有权，只向社会资本或项目公司支付委托运营费。合同期限一般不超过 8 年。

2. 管理合同（Management Contract，MC）

指政府将存量公共资产的运营、维护及用户服务职责授权给社会资本或项目公司的项目运作方式。政府保留资产所有权，只向社会资本或项目公司支付管理费。管理合同通常作为转让－运营－移交的过渡方式，合同期限一般不超过 3 年。

3. 建设－运营－移交（Build-Operate-Transfer，BOT）

指由社会资本或项目公司承担新建项目设计、融资、建造、运营、维护和用户服务职责，合同期满后项目资产及相关权利等移交给政府的项目运作方式。合同期限一般为 20～30 年。

4. 建设－拥有－运营（Build-Own-Operate，BOO）

由 BOT 方式演变而来，二者区别主要是 BOO 方式下社会资本或项目公司拥有项目所有权，但必须在合同中注明保证公益性的约束条款，一般不涉及项目期满移交。

5. 转让－运营－移交（Transfer-Operate-Transfer，TOT）

指政府将存量资产所有权有偿转让给社会资本或项目公司，并由其负责运营、维护和用户服务，合同期满后资产及其所有权等移交给政府的项目运作方式。合同期限一般为 20～30 年。

6. 改建－运营－移交（Rehabilitate-Operate-Transfer，ROT）

是指政府在 TOT 模式的基础上，增加改扩建内容的项目运作方式。合同期限一般为 20～30 年。

六、PPP 项目主要政策

PPP 项目主要政策见表 1-1。

表 1-1　PPP 项目主要政策一览

序号	文件名称	文件编号
1	《关于鼓励支持和引导个体私营等非公有制经济发展的若干意见》	国发〔2005〕3 号
2	《国务院关于鼓励和引导民间投资健康发展的若干意见》	国发〔2010〕13 号
3	《国务院关于加强地方政府性债务管理的意见》	国发〔2014〕43 号
4	《国务院关于深化预算管理制度改革的决定》	国发〔2014〕45 号
5	《国务院关于创新重点领域投融资机制鼓励社会投资的指导意见》	国发〔2014〕60 号
6	《财政部　发展改革委　人民银行关于在公共服务领域推广政府和社会资本合作模式指导意见的通知》	国办发〔2015〕42 号
7	《财政部关于推广运用政府和社会资本合作模式有关问题的通知》	财金〔2014〕76 号
8	《财政部关于规范政府和社会资本合作（PPP）综合信息平台运行的通知》	财金〔2015〕166 号
9	《财政部关于印发政府和社会资本合作模式操作指南（试行）的通知》	财金〔2014〕113 号
10	《财政部关于规范政府和社会资本合作合同管理工作的通知》	财金〔2014〕156 号
11	《关于印发〈政府和社会资本合作项目财政承受能力论证指引〉的通知》	财金〔2015〕21 号
12	《财政部关于印发〈PPP 物有所值评价指引（试行）〉的通知》	财金〔2015〕167 号
13	《国家发展改革委员会关于开展政府和社会资本合作的指导意见》	发改投资〔2014〕2724 号
14	《政府和社会资本合作项目政府采购管理办法》	财库〔2014〕215 号
15	《关于市政公用领域开展政府和社会资本合作项目推介工作的通知》	财建〔2015〕29 号
16	《财政部关于进一步做好政府和社会资本合作项目示范工作的通知》	财金〔2015〕57 号

第二节　PPP 项目政府审核招标流程

在整个 PPP 项目周期中，政府前期的审核、招标是决定投资项目经济效果的关键阶段，是投资者研究和控制的重点，具体包括项目储备、项目论证、社会资本方选择等方面。具体流程见图 1-2。

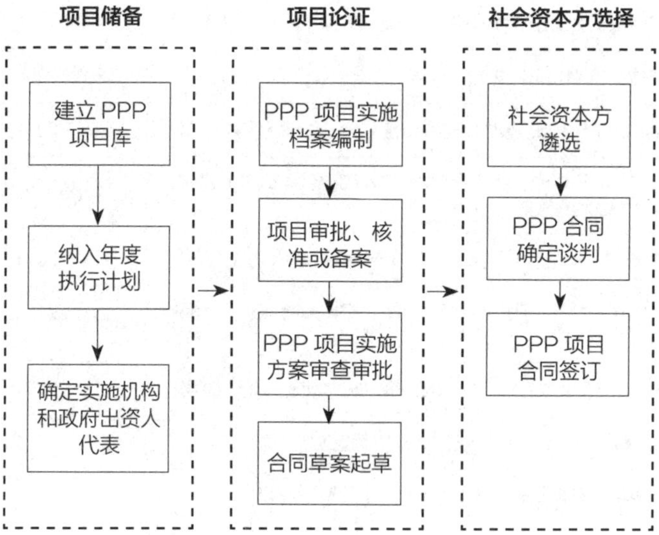

图 1-2　政府审核招标流程

一、PPP 项目适用行业范围

根据国家立法规定，PPP 模式的适用范围在不同的政策文件中有不同规定，PPP 模式的适用行业范围具体摘录如下：

1. 发改投资［2014］2724 号

《国家发展改革委关于开展政府和社会资本合作的指导意见》（发改投资〔2014〕2724 号）明确规定了 PPP 模式的适用范围："政府负有提供责任又适宜市场化运作的公共服务、基础设施类项目。燃气、供电、供水、供热、污水及垃圾处理等市政设施，公路、铁路、机场、城市轨道交通等交通设施，医疗、旅游、教育培训、健康养老等公共服务项目，以及水利、资源环境和生态保护等项目均可推行 PPP 模式。各地的新建市政工程以及新型城镇化试点项目，应优先考虑采用 PPP 模式建设。”

2. 国办发〔2015〕42 号

国务院办公厅转发《财政部 发展改革委 人民银行关于在公共服务领域推广政府和社会资本合作模式指导意见的通知》（国办发〔2015〕42 号）明确规定了 PPP 模式的适用范围："广泛采用政府和社会资本合作模式提供公共服务。在能源、交通运输、水利、环境保护、农业、林业、科技、保障性安居工程、医疗、卫生、养老、教育、文化等公共服务领域，鼓励采用政府和社会资本合作模式，吸引社会资本参与。”

3. 财金〔2014〕76 号

根据《财政部关于推广运用政府和社会资本合作模式有关问题的通知》（财金〔2014〕76 号）第二条第 2 款规定“适宜采用政府和社会资本合作模式的项目，具有价格调整机制相对灵活、市场化程度相对较高、投资规模相对较大、需求长期稳定等特点。各级财政部门要重点关注城市基础设施及公共服务领域，如城市供水、供暖、供气、污水和垃圾处理、保障性安居工程、地下综合管廊、轨道交通、医疗和养老服务设施等，优先选择收费定价机制透明、有稳定现金流的项目。”

4. 财金〔2014〕113 号

《财政部关于印发政府和社会资本合作模式操作指南（试行）的通知》（财金〔2014〕113 号）第六条规定“投资规模较大、需求长期稳定、价格调整机制灵活、市场化程度较高的基础设施及公共服务类项目，适宜采用政府和社会资本合作模式。”

通过以上规范性文件规定以及具体项目所涉及的领域、行业、类型，PPP 模式的适用范围主要见表 1-2。

表 1-2 PPP 模式适用范围一览

项目领域	项目行业	主要项目类型
基础设施类	市政设施	供水、供暖、供气、污水、垃圾处理及地下综合管廊
	交通设施	公路、铁路、机场、城市轨道交通等
公共服务类	—	医疗卫生、旅游、教育培训、健康养老、文化、保障性安居工程等
其他	—	水利、农业、林业、资源环境和生态保护等

二、PPP 项目入库概述

财政部、国家发展改革委均有 PPP 项目库。可选取其一或者两者均申请入库。

财政部 PPP 项目库根据《关于规范政府和社会资本合作（PPP）综合信息平台运行的通知》（财金〔2015〕166 号）、《政府和社会资本合作（PPP）综合信息平台信息公开管理暂行办法》（财金〔2017〕1 号）、《PPP 项目库入库指南》进行管理；国家发改委 PPP 项目库根据《传统基础设施领域政府和社会资本合作（PPP）项目库管理办法（试行）》进行管理。

（一）财政部 PPP 项目库

项目库实行动态管理模式。财政厅 PPP 中心负责对入库项目统一管理，严格控制入库项目质量。

1. 入库项目要求

（1）适宜采用政府和社会资本合作模式。入库项目具有价格调整机制相对灵活、市场化程度较高、投资规模相对较大、需求长期稳定等特点。

（2）投资总额和期限要求。项目投资总额原则上不低于 1.5 亿元，合作期限原则上不低于 10 年。

（3）项目能建立清晰的风险分担机制。原则上项目涉及的建设、财务、运营维护等责任由社会资本承担，政策和法律变更、最低需求等责任由政府承担。

2. 项目库分类及入库条件

财政厅 PPP 中心根据各省直行业主管部门和市县财政部门申报项目的性质及成熟度，分别建立储备项目库（包括：意向项目库、备选项目库、推介项目库）、执行项目库、示范项目库。意向项目库中的项目数据由各省直行业主管部门和市县财政部门负责申报。其余项目库数据由财政厅 PPP 中心根据市县和省直部门报送的信息统计数据和财政部综合信息系统数据进行更新，定期审核后按照项目入库标准对项目所在库的类别进行更新（表 1-3）。

表 1-3　项目库分类及入库条件一览

项目库分类		入库条件
储备项目库	意向项目库	新建、改建项目具有初步实施方案，存量项目（指通过前期调研、设计、审批、建设，已经开始运行，但尚未到期结束的项目）具有存量公共资产的历史资料和初步实施方案；提交项目产出物说明；通过财政部综合信息和省财政厅 PPP 中心信息采集系统网上同时申报

续表 1-3

项目库分类		入库条件
储备项目库	备选项目库	项目符合城市总体规划和各类专项规划；新建项目应按规定程序做好立项、可行性论证等项目前期工作；已经委托中介咨询机构编制完成物有所值评价、财政承受能力论证报告
	推介项目库	项目投资额较大、落地成功率较高、具有行业代表性；同级（省、市、县）财政部门对物有所值评价和财政承受能力出具论证通过的意见；同级（省、市、县）政府对正式实施方案出具审核通过的意见或实施方案已报政府审核，已经进入或近期可以进入项目采购阶段；已列入年度开发计划
执行项目库		已列入推介项目库，并完成正式 PPP 合同签署或已经成立项目公司，进入执行阶段的项目
示范项目库		项目运作程序规范，项目资料齐备；项目已经落定签约，运作情况良好；项目成熟度和行业可示范程度高

3. 入库申请程序

（1）经地方各级财政部门会同相关部门评估、筛选的潜在 PPP 项目基本信息，均应录入综合信息平台。中央部门拟作为实施机构的 PPP 项目，由财政部统一评审录入项目信息。

（2）经省级财政部门审核满足上报要求的，由省级财政部门提交，列为储备项目。各省直行业主管部门和各级财政部门征集和筛选后上报的 PPP 项目列入意向项目库；已列入意向项目库，财政厅按照一定条件和程序筛选的推介备选项目列入备选项目库；已列入备选项目库，财政厅按照一定条件和程序筛选并经财政厅推介的重大 PPP 项目列入推介项目库。

（3）编制项目实施方案，通过物有所值评价、财政承受能力论证，并经本级政府审核同意的，列为执行项目。

（4）通过中央或省级财政部门评审并列为中央或省级示范的项目，列为示范项目。

原则上，国家级和省级示范项目、各地 PPP 年度规划和中期规划项目均需从综合信息平台的项目库中筛选和识别。未纳入综合信息平台项目库的项目，不得列入各地 PPP 项目目录，原则上不得通过财政预算安排支出责任。

4. “入库”审核

各地按要求报送申报材料，省财政厅 PPP 办公室完成对各地、各部门上报项目的审核、论证后，对符合 PPP 要求的项目予以通过，并正式发文列入全省 PPP 项目库，称为“入省库”。

各地对入库条件的规定较笼统，具体可参考财金函〔2016〕47号所列国家示范性项目的评定标准。省财政厅统筹考虑各因素，从全省PPP项目库中筛选合适的项目择优申报财政部示范项目。

财政部PPP工作领导小组办公室会同PPP中心对申报项目进行汇总和形式审查，形成备选项目清单，作为项目评审对象。按照《关于组织开展第三批政府和社会资本合作示范项目申报筛选工作的通知》（财金函〔2016〕47号）附件1：评审标准，择优选取PPP示范项目，称为“入国库”。

评审分为定性评审和定量评审。项目定性评审主要审查项目的合规性，具体包括主体合规、客体合规、程序合规三部分内容；定量评审采用指标评分方式，见表1-4。

表1-4　PPP“入库”审核评定标准

定性评审	定量评审指标	权重
1. PPP相关参与主体是否合规； 2. 项目的适用领域、运作方式、合作期限是否合规； 3. 项目实施程序是否合规	项目材料规范性	10%
	项目实施方案	25%
	项目物有所值评价	10%
	项目财政承受能力论证	15%
	项目实施进度	15%
	项目示范推广价值	25%

各地对列入省库和国库的PPP项目，有不同的补助、奖励及融资等方面的支持。

（二）发改委PPP项目库

发改委主导的PPP项目库由国家发展改革委负责项目库的统一建设，各级发改委分级管理。各级发改委定期对提交的PPP项目信息进行初审。对符合本地区储备原则与范围的项目，纳入本级PPP项目储备库。按照国家发展改革委办公厅《传统基础设施领域政府和社会资本合作（PPP）项目库管理办法（试行）》操作。

各行业部门、事业单位、各类企业主体等是PPP项目的填报单位，填报单位进行项目填报前，需要在国家重大建设项目库（http://kpp.ndrc.gov.cn）填写有关基本信息进行用户注册。填报单位必须是法人机构，注册时需提供组织机构代码证。其中，填报单位应根据归口情况选择本级发展改革部门作为审核单位。

对符合本地区储备原则与范围的项目，使用“入本级库”的功能完成初审，将其纳入本级

PPP 项目储备库。

各级发展改革部门在“本级 PPP 项目库”中，定期组织对入库项目审查，在填报单位按项目实施阶段完成信息填报后，对入库项目信息的真实性和完整性进行复核。

三、PPP 项目运作方式及收入方式

（一）运作方式

1. 经营性项目

对于具有明确的收费基础，并且经营收费能够完全覆盖投资成本的项目，可通过政府授予特许经营权，采用建设－运营－移交（BOT）、建设－拥有－运营－移交（Build-Own-Operate-Transfer，BOOT）等模式推进。要依法放开相关项目的建设、运营市场，积极推动自然垄断行业逐步实行特许经营。

2. 准经营性项目

对于经营收费不足以覆盖投资成本、需政府补助部分资金或资源的项目，可通过政府授予特许经营权附加部分补助或直接投资参股等措施，采用建设－运营－移交（BOT）、建设－拥有－运营（BOO）等模式推进。要建立投资、补助与价格的协同机制，为投资者获得合理回报创造条件。

3. 非经营性项目

对于缺乏“使用者付费”基础、主要依靠“政府付费”回收投资成本的项目，可通过政府购买服务，采用建设－拥有－运营（BOO）、委托运营（O&M）等市场化模式推进。要合理确定购买内容，把有限的资金用在刀刃上，切实提高资金使用效益。

PPP 项目收入来源主要分为三类：政府付费、使用者付费、可行性缺口补助。付费机制关系到 PPP 项目的风险分配和收益回报，是 PPP 项目合同中的核心条款。实践中，政府方需要根据各方的合作预期和承受能力，结合项目所涉及的行业、运作方式等实际情况，因地制宜地设置合理的付费机制。

对于使用者付费项目，涉及特许经营权的要依法定程序评估价值，合理折价入股或授予转让。

对于使用者付费完全覆盖成本和收益的项目，要依据合同将超额收益的政府方分成部分及时足额监缴入国库。

对于“使用者付费＋可行性缺口补助”的模式，政府方应安排适量投资补助弥补收支缺口，并建立最低收益补偿机制。

（二）收入方式

1. 使用者付费

使用者付费（User Charges）是指由最终消费用户直接付费购买公共产品和服务。项目公司直接从最终用户处收取费用，以回收项目的建设和运营成本并获得合理收益。高速公路、桥梁、地铁等公共交通项目以及供水、供热等公用设施项目通常可以采用使用者付费机制。

由于项目公司的成本回收和收益取得与项目的使用者实际需求量（即市场风险）直接挂钩，为确保 PPP 项目能够顺利获得融资支持和合理回报，项目公司可以在 PPP 项目合同中增加条款，即要求政府承诺在一定期限内不在项目附近批准新建与本项目有竞争的项目。

使用者付费项目多采用建设 – 运营 – 移交（BOT）、建设 – 拥有 – 运营 – 移交（BOOT）等模式推进。

2. 可行性缺口补助

可行性缺口补助（Viability Gap Funding，简称 VGF）是指使用者付费不足以满足项目公司成本回收和合理回报时，由政府给予项目公司一定的经济补助，以弥补使用者付费之外的缺口部分。可行性缺口补助是在政府付费机制与使用者付费机制之外的一种折中选择。在我国实践中，可行性缺口补助的形式多种多样，一般表现为定期财政补助方式。

可行性缺口补助项目多采用建设 – 运营 – 移交（BOT）、建设 – 拥有 – 运营（BOO）等模式推进。

3. 政府付费

政府付费（Government Payment）是指政府直接付费购买公共产品和服务。在政府付费机制下，政府可以依据项目设施的可用性、产品或服务的使用量以及质量向项目公司付费。政府付费是公用设施类和公共服务类项目中较为常用的付费机制，在一些公共交通项目中也会采用这种机制，其与使用者付费的最大区别在于付费主体是政府，而非项目的最终使用者。

根据项目类型和风险分配方案的不同，政府付费机制下，政府通常会依据项目的可用性、使用量和绩效中的一个或多个要素的组合向项目公司付费。在采用政府付费机制的项目中，政府按项目的可用性、使用量或绩效来付费是项目的主要回报机制。

政府付费项目多采用建设 – 拥有 – 运营（BOO）、委托运营（O&M）等市场化模式推进。

1）可用性付费

可用性付费（Availability Payment）是指政府依据项目公司所提供的项目设施或服务是否符合合同约定的标准和要求来付费。

2）使用量付费

使用量付费（Usage Payment），是指政府主要依据项目公司所提供的项目设施或服务的实际使用量来付费。在按使用量付费的项目中，项目的需求风险通常主要由项目公司承担。

因此，在按使用量付费的项目中，项目公司通常需要对项目需求有较为乐观的预期或者有一定影响能力。实践中，污水处理、垃圾处理等部分公用设施项目较多地采用使用量付费。

3）绩效付费

绩效付费（Performance Payment）是指政府依据项目公司所提供的公共产品或服务的质量付费，通常会与可用性付费或者使用量付费搭配使用。

具体可能包括土地划拨、投资入股、投资补助、优惠贷款、贷款贴息、放弃分红权、授予项目相关开发收益权等其中的一种或多种。

四、PPP 项目审批及操作流程

PPP 项目在招标之前，需对项目进行审批，此阶段是决定投资项目经济效果的关键阶段，是投资者研究和控制的重点。具体包括项目识别和项目准备两个阶段。

（一）项目识别阶段

依据《关于印发政府和社会资本合作模式操作指南（试行）的通知》（财金〔2014〕113 号）的规定，PPP 项目在项目识别阶段的操作流程如图 1-3 所示。

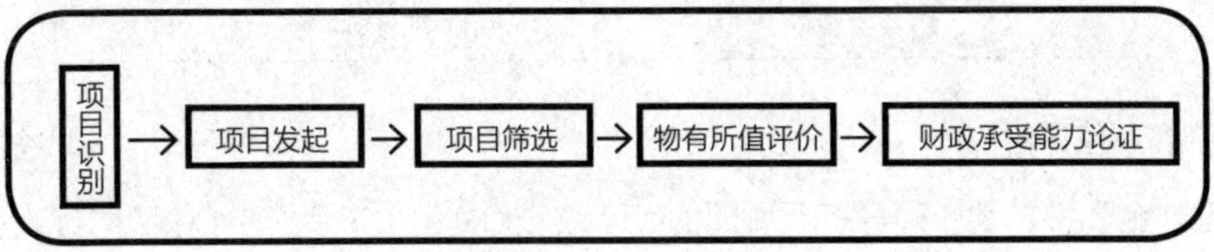

图 1-3 PPP 项目识别阶段操作流程

1. 项目发起

目前 PPP 项目多由政府发起，财政部门（或 PPP 中心）应负责向交通、住建、环保、能源、教育、医疗、体育健身和文化设施等行业主管部门征集潜在 PPP 项目。行业主管部门可从国民经济和社会发展规划及行业专项规划中的新建、改建项目或存量公共资产中遴选潜在项目。具备条件的省、市（包括地、县两级）、自治区可以设置专门的 PPP 机构，统筹规划 PPP 项目的发起和筛选。暂时不具备条件的，可以先行设立临时机构主要负责 PPP 相关工作的开展。

社会资本发起，社会资本发起也称作民间自提，有发起意向的社会资本应以项目建议书的方式向财政部门推荐潜在的 PPP 项目。

2. 项目筛选

由财政部门（或 PPP 中心）会同行业主管部门，对潜在 PPP 项目进行评估、排序等筛选工作，确定备选项目，并根据筛选结果制定项目年度和中期开发计划。由各级财政部门会同相关部门评估、筛选的 PPP 项目，其基本信息均应录入 PPP 综合信息平台。经省级财政部门审核满足上报要求的，列为储备项目。

对于列入 PPP 项目年度开发计划的项目，项目发起方应按财政部门或 PPP 中心的要求提交相关资料，根据不同项目类型，应当按照 PPP 项目需提交资料表的要求提交相关资料（表 1-5）。

表 1-5　PPP 项目需提交资料

项目	需提交资料
新建、改建项目	项目可行性研究报告
	项目产出说明
	项目初步实施方案
存量项目	项目公共资产历史资料
	项目产出说明
	项目初步实施方案

3. 物有所值评价

根据财金〔2014〕113 号规定，财政部门（政府和社会资本合作中心）会同行业主管部门，从定性和定量两方面开展物有所值评价工作。通过物有所值评价和财政承受能力论证的项目，可进行项目准备。PPP 项目物有所值评价应当按照财政部《PPP 物有所值评价指引（试行）的通知》（财金〔2015〕167 号）的具体规定执行，相关操作要点如下：

1）物有所值评价适用范围

中华人民共和国境内拟采用 PPP 模式实施的项目，应在项目识别或准备阶段开展物有所值评价。

2）评价准备

财政部门（或 PPP 中心）应会同行业主管部门共同做好物有所值评价工作，并积极利用第三方专业机构和专家力量。

物有所值评价资料主要包括：（初步）实施方案、项目产出说明、风险识别和分配情况、存量公共资产的历史资料、新建或改扩建项目的（预）可行性研究报告、设计文件等。

3）评价方法

物有所值评价包括定性评价和定量评价。现阶段以定性评价为主，鼓励开展定量评价。定量评价可作为项目全生命周期内风险分配、成本测算和数据收集的重要手段，以及项目决策和绩效评价的参考依据。

（1）定性评价。

定性评价指标包括全生命周期整合程度、风险识别与分配、绩效导向与鼓励创新、潜在竞争程度、政府机构能力、可融资性等六项基本评价指标。全生命周期整合程度指标主要考核在项目全生命周期内，项目设计、投融资、建造、运营和维护等环节能否实现长期、充分整合。

（2）定量评价。

定量评价是在假定采用 PPP 模式与政府传统投资方式产出绩效相同的前提下，通过对 PPP 项目全生命周期内政府方净成本的现值（PPP 值）与公共部门比较值（PSC 值）进行比较，判断 PPP 模式能否降低项目全生命周期成本。

PPP 值可等同于 PPP 项目全生命周期内股权投资、运营补助、风险承担和配套投入等各项财政支出责任的现值，参照《政府和社会资本合作项目财政承受能力论证指引》（财金〔2015〕21 号）及有关规定测算。

4）评价报告和信息披露

（1）评价报告内容。

项目本级财政部门（或 PPP 中心）会同行业主管部门，在物有所值评价结论形成后，完成物有所值评价报告编制工作，报省级财政部门备案，并将报告电子版上传 PPP 综合信息平台。物有所值评价报告内容包括：第一，项目基础信息。主要包括项目概况、项目产出说明和绩效标准、PPP 运作方式、风险分配框架和付费机制等。第二，评价方法。主要包括定性评价程序、指标及权重、评分标准、评分结果、专家组意见以及定量评价的 PSC 值、PPP 值的测算依据、测算过程和结果等。第三，评价结论，分为“通过”和“未通过”。第四，附件。通常包括（初步）实施方案、项目产出说明、可行性研究报告、设计文件、存量公共资产的历史资料、PPP 项目合同、绩效监测报告和中期评估报告等。

（2）信息披露。

项目本级财政部门（或 PPP 中心）应在物有所值评价报告编制完成之日起 5 个工作日内，

将报告的主要信息通过 PPP 综合信息平台等渠道向社会公开披露，但涉及国家秘密和商业秘密的信息除外。

财政部门（或 PPP 中心）应会同行业主管部门，加强对物有所值评价第三方专业机构和专家的监督管理，通过 PPP 综合信息平台进行信用记录、跟踪、报告和信息公布。省级财政部门应加强对全省（市、区）物有所值评价工作的监督管理。

5）税务关注事项

（1）竞争性中立调整值中关于相关税费的调整。

竞争性中立调整值主要是政府采用传统投资和采购模式比社会资本采用 PPP 模式实施方式项目少支出的费用，通常包括土地费用、行政审批费用、有关税费，以及其他合理费用。竞争性中立调整排除了公共部门通过公共关系得到的相对于社会资本的竞争优势，保证 PSC 值与 PPP 值的可比性和一致性，使得物有所值评价更加精确。重点关注竞争性中立调整中相关税费的调整描述及测算数据，判断税费计算的合理性。

如：某城市棚户区改造项目的物有所值评价中描述："本项目竞争性中立调整为采用 PPP 模式下项目公司应缴纳的所得税和增值税金及附加。依据财政部、国家税务总局《关于财政性资金行政事业性收费政府性基金有关企业所得税政策问题的通知》（财税〔2008〕151 号）规定，SPV 项目公司获得的政府付费收入或可行性缺口补助收入均纳入了政府年度一般公共预算支出预算并经人大审议通过，符合企业取得的财政性基金的适用范围，作为不征税收入处理。"从业务实质分析，此项目可用性付费包含投资本金和投资回报两部分，相当于项目公司所提供服务的对价，按照"不征税收入"处理，可能存在涉税风险，社会资本方在数据测算及投标报价时需考虑此因素。

注：SPV 即 Special Purpose Vehicle 的英文缩写。SPV 指特殊目的的载体也称为特殊目的机构，其职能是购买。

（2）PPP 项目物有所值定量分析。

PPP 项目物有所值定量分析主要依据"PPP 项目物有所值定量分析 PPP 值计算表""PPP 项目物有所值定量分析 PSC 值计算表"。其中，"PPP 项目物有所值定量分析 PPP 值计算表"是政府方定量评价的重要依据，定量分析出项目 VFM（VFM 是 Value for Money 的缩写，一般译为"物有所值"）值，判断是否符合物有所值定量评价结果。关注政府在分析数据时，增值税销项税额测算选择的税率、增值税进项税额是否估算抵扣、企业所得税估算是否享受可能存在的优惠等。

PPP 值小于或等于 PSC 值的，认定为通过定量评价；PPP 值大于 PSC 值的，认定为未通过定量评价。

4. 财政承受能力论证

根据财政部《关于印发〈政府和社会资本合作项目财政承受能力论证指引〉的通知》（财金〔2015〕21 号），财政承受能力论证是指识别、测算政府和社会资本合作项目的各项财政支出责任，科学评估项目实施对当前及今后年度财政支出的影响，为 PPP 项目财政管理提供依据。

1）财政承受能力论证主体

各级财政部门（或 PPP 中心）负责组织开展行政区域内 PPP 项目财政承受能力论证工作。省级财政部门负责汇总统计行政区域内的全部 PPP 项目财政支出责任，对财政预算编制、执行情况实施监督管理。

财政部门（或 PPP 中心）应当会同行业主管部门，共同开展 PPP 项目财政承受能力论证工作。必要时可通过政府采购方式聘请专业中介机构协助。

2）责任识别

PPP 项目全生命周期过程的财政支出责任，主要包括股权投资、运营补助、风险承担、配套投入四个方面，具体为：

（1）股权投资支出责任是指在政府与社会资本共同组建项目公司的情况下，政府承担的股权投资支出责任。如果社会资本单独组建项目公司，政府不承担股权投资支出责任。

（2）运营补助支出责任是指在项目运营期间，政府承担的直接付费责任。不同付费模式下，政府承担的运营补助支出责任不同。政府付费模式下，政府承担全部运营补助支出责任；可行性缺口补助模式下，政府承担部分运营补助支出责任；使用者付费模式下，政府不承担运营补助支出责任。

（3）风险承担支出责任是指项目实施方案中政府承担风险带来的财政或有支出责任。通常由政府承担的法律风险、政策风险、最低需求风险以及因政府方原因导致项目合同终止等突发情况会产生财政或有支出责任。

（4）配套投入支出责任是指政府提供的项目配套工程等其他投入责任，通常包括土地征收和整理、建设部分项目配套措施、完成项目与现有相关基础设施和公用事业的对接、投资补助、贷款贴息等。配套投入支出应依据项目实施方案合理确定。

3）支出测算

财政部门（或 PPP 中心）应当综合考虑各类支出责任的特点、情景和发生概率等因素，对项目全生命周期内财政支出责任分别进行测算。

（1）股权投资支出应当依据项目资本金要求以及项目公司股权结构合理确定。股权投资支出责任中的土地等实物投入或无形资产投入，应依法进行评估，合理确定价值。计算公式为:

股权投资支出 = 项目资本金 × 政府占项目公司股权比例

（2）运营补助支出应当根据项目建设成本、运营成本及利润水平合理确定，并按照不同付费模式分别测算。

对政府付费模式的项目，在项目运营补助期间，政府承担全部直接付费责任。政府每年直接付费数额包括：社会资本方承担的年均建设成本（折算成各年度现值）、年度运营成本和合理利润。计算公式为:

$$当年运营补助支出数额 = \frac{项目全部建设成本 \times (1+合理利润率) \times (1+年度折现率)^n}{财政运营补贴周期（年）} + 年度运营成本 \times (1+合理利润率)$$

注：n 为运营年限。

对可行性缺口补助模式的项目，在项目运营补助期间，政府承担部分直接付费责任。政府每年直接付费数额包括：社会资本方承担的年均建设成本（折算成各年度现值）、年度运营成本和合理利润，再减去每年使用者付费的数额。计算公式为:

$$当年运营补助支出数额 = \frac{项目全部建设成本 \times (1+合理利润率) \times (1+年度折现率)^n}{财政运营补贴周期（年）} + 年度运营成本 \times (1+合理利润率) - 当年使用者付费数额$$

注：n 为运营年限。

（3）风险承担支出应充分考虑各类风险出现的概率和带来的支出责任，可采用比例法、情景分析法及概率法进行测算。如果 PPP 合同约定保险赔款的第一受益人为政府，则风险承担支出应为扣除该等风险赔款金额的净额。

（4）配套投入支出责任应综合考虑政府将提供的其他配套投入总成本和社会资本方为此支付的费用。配套投入支出责任中的土地等实物投入或无形资产投入，应依法进行评估，合理确定价值。计算公式为:

配套投入支出数额 = 政府拟提供的其他投入总成本 − 社会资本方支付的费用

4）税务关注事项

财政承受能力论证报告通过对拟建项目全生命周期的支出与风险分担情况进行分析，识别出政府所承担拟建 PPP 项目的直接与或有支出责任，得到政府对于拟建项目主要承担股权支出责任、财政补助支出责任和风险分担责任。依据识别出的支出责任，进而对各项责任以货币形式进行量化，估算政府拟承担的具体项目支出。最后将政府各年度所需投入的项目支出与预计一般预算收支相比较，从而判断政府是否具有与拟建项目相匹配的财政承受能力。

需关注政府拟承担的具体项目支出详细估算数据，此部分政府估计数据一般与“PPP 项目物有所值定量分析 PPP 值计算表”一致，涉税关注事项也相同，此处不做赘述。

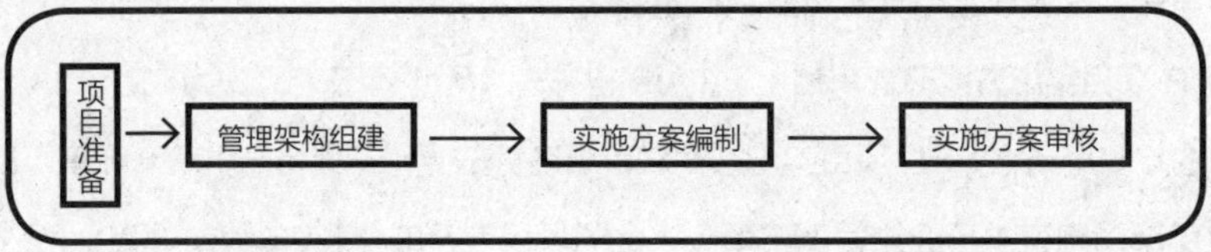

图 1-4　PPP 项目准备阶段操作流程

（二）项目准备阶段

依据财金〔2016〕113 号文规定，PPP 项目准备阶段操作流程如图 1-4 所示。

1.PPP 项目管理架构组建

对于已经通过物有所值评价和财政承受能力论证的 PPP 项目，县级（含）以上地方人民政府（简称“地方政府”）应当组建专门的 PPP 项目领导小组作为 PPP 项目的领导和协调机构，主要负责项目评审、组织协调和检查督导等工作，实现简化审批流程、提高工作效率的目的。

2.PPP 项目实施方案编制

纳入年度实施计划的 PPP 项目，应编制 PPP 项目实施方案。PPP 项目实施方案由实施机构组织编制，内容包括项目概况、运作方式、社会资本方遴选方案、投融资和财务方案、建设运营和移交方案、合同结构与主要内容、风险分担、保障与监管措施等。为提高工作效率，对于一般性政府投资项目，各地可在可行性研究报告中增加 PPP 项目实施专章，内容可以适当简化，不再单独编写 PPP 项目实施方案。

实施方案编制过程中，应重视征询潜在社会资本方的意见和建议。要重视引导社会资本方形成合理的收益预期，建立主要依靠市场的投资回报机制。如果项目涉及向使用者收取费用，要取得价格主管部门出具的相关意见。

3. 项目审批、核准或备案

政府投资项目的可行性研究报告应由具有相应项目审批职能的投资主管部门等审批。可行性研究报告审批后，实施机构根据经批准的可行性研究报告有关要求，完善并确定 PPP 项目实施方案。重大基础设施政府投资项目，应重视项目初步设计方案的深化研究，细化工程技术方案和投资概算等内容，作为确定 PPP 项目实施方案的重要依据。

实行核准制或备案制的企业投资项目，应根据《政府核准的投资项目目录》及相关规定，由相应的核准或备案机关履行核准、备案手续。项目核准或备案后，实施机构依据相关要求完善和确定 PPP 项目实施方案。

纳入 PPP 项目库的投资项目，应在批复可行性研究报告或核准项目申请报告时，明确规定可以根据社会资本方选择结果依法变更项目法人。

4.PPP 项目实施方案审查审批

鼓励地方政府建立 PPP 项目实施方案联审机制。按照“多评合一，统一评审”的要求，由发展改革部门和有关行业主管部门牵头，会同项目涉及的财政、规划、国土、价格、公共资源交易管理、审计、法制等政府相关部门，对 PPP 项目实施方案进行联合评审。必要时可先组织相关专家进行评议或委托第三方专业机构出具评估意见，然后再进行联合评审。

通过实施方案审查的 PPP 项目，可以开展下一步工作；按规定需报当地政府批准的，应报当地政府批准同意后开展下一步工作。未通过审查的，可在调整实施方案后重新审查；经重新审查仍不能通过的，不再采用 PPP 模式。

五、PPP 项目采购方式及流程

（一）项目采购方式

《中华人民共和国政府采购法（2014 修正）》主席令第 14 号第二十六条：政府采购采用以下方式：（一）公开招标；（二）邀请招标；（三）竞争性谈判；（四）单一来源采购；（五）询价；（六）国务院政府采购监督管理部门认定的其他采购方式。公开招标应作为政府采购的主要采购方式。

同样，财金〔2014〕113 号文关于政府采购方式也做出了同样的规定，PPP 项目采购可通过公开招标、邀请招标、竞争性谈判、竞争性磋商和单一来源采购五种方式。项目实施机构应根据项目采购需求特点，依法选择适当采购方式。

（二）项目采购综合考虑因素

2016 年 9 月 24 日，财政部《关于印发〈政府和社会资本合作项目财政管理暂行办法〉的通知》（财金〔2016〕92 号）中，对于项目政府采购的综合考虑因素规定如下：

第十一条　项目实施机构应当优先采用公开招标、竞争性谈判、竞争性磋商等竞争性方式采购社会资本方，鼓励社会资本积极参与、充分竞争。根据项目需求必须采用单一来源采购方式的，应当严格符合法定条件和程序。

第十二条　项目实施机构应当根据项目特点和建设运营需求，综合考虑专业资质、技术能力、管理经验和财务实力等因素合理设置社会资本的资格条件，保证国有企业、民营企业、外资企业平等参与。

第十三条 项目实施机构应当综合考虑社会资本竞争者的技术方案、商务报价、融资能力等因素合理设置采购评审标准，确保项目的长期稳定运营和质量效益提升。

（三）项目采购流程

PPP 项目在项目采购阶段的操作流程，按照财金〔2014〕113 号文规定如图 1-5 所示。

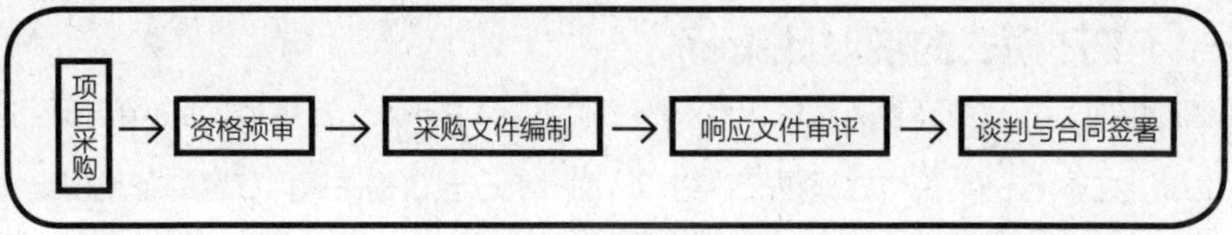

图 1-5 PPP 项目采购阶段操作流程

1. 资格预审

财政部《关于印发〈政府和社会资本合作项目政府采购管理办法〉的通知》（财库〔2014〕215 号）中规定，PPP 项目采购实行资格预审制度。项目机构应当根据项目需要准备资格预审文件，发布资格预审公告，邀请社会资本和与其合作的金融机构参与资格预审，验证项目能否获得社会资本响应和市场充分竞争。

2. 采购文件编制

在 PPP 项目中，在采购文件的编制上由于采购方式的不同，因此并未有类似于国家发展和改革委员会等发布的“标准施工招标资格预审文件”和“标准施工招标文件”等标准的采购文件范本可供使用。实践中，PPP 项目中的采购人或其代理机构应结合相关法律、财务专家的意见以及具体的项目情况，编制招标文件及资格预审文件。

3. 响应文件评审

按照采购文件的规定对供应商提交的响应文件进行评审是政府采购操作流程中的重要环节之一。具体是由项目实施机构、采购代理机构成立的评审小组，负责 PPP 项目采购评审工作。

4. 谈判与合同签署

PPP 项目采购评审结束后，项目实施机构应当成立专门的采购结果确认谈判工作组，负责采购结果确认前的谈判和最终的采购结果确认工作。

第三节　PPP 项目相关财税政策分析

PPP 项目作为一种新兴业态，国家尚未针对其出台特定的财税政策，目前的税收判断依据主要有两类：各地税务机关关于 BT 模式的税收政策、各地税务机关关于 PPP 项目的税收政策。

现统计不同地区关于 BT 模式、PPP 模式的财税政策执行口径，具体情况如下：

一、PPP 模式的税收政策

“营改增”后，较少有税务机关出台 PPP 项目的财税政策，各地目前的执行口径差异也较大，很多地方执行的纳税方式只是口头约定，现分析已出台相关操作口径的征税规定情况，具体如下：

1. 按照项目立项主体的不同，区分纳税（湖北省）

1）以投融资人的名义立项建设

在建设阶段，投融资人建设期间发生的支出为取得该项目（一般为不动产）所有权的成本，所取得的进项税额可以抵扣。投融资人将建筑工程承包给其他施工企业的，该施工企业为建筑业增值税纳税人，按“建筑业”税目征收增值税，其销售额为工程承包总额。

在经营阶段，投融资人对所取得的收入按照其销售的货物、服务适用的税率计税。

在转让阶段，就所取得收入按照“销售不动产”税目征收增值税，其销售额为实际取得的全部回购价款（包括工程建设费用、融资费用、管理费用和合理回报等收入）。

2）以项目业主的名义立项建设

在建设阶段，投融资人建设期间发生的支出为取得该项目（一般为不动产）经营权的成本，作为“其他权益性无形资产——基础设施资产经营权”核算，所取得的进项税额可以抵扣。投融资人将建筑工程承包给其他施工企业的，该施工企业为建筑业增值税纳税人，按“建筑业”税目征收增值税，其销售额为工程承包总额。

在经营阶段，投融资人对所取得的收入按照其销售的货物、服务适用的税率计税。

在交付阶段，就所取得收入按照“销售无形资产”税目征收增值税，其销售额为实际取得的全部回购价款。

2. 按照项目建成后提供服务项目的不同，区分纳税（河南省）

纳税人投资 BOT 项目，以项目建成后实际运营中取得的全部价款和价外费用，根据实际提供的服务项目所对应的征收率或者税率计算缴纳增值税。纳税人未分别准确核算各服务项目收入的，一律从高适用征收率或者税率。

BT、BOT、PPP 项目建成以后，纳税人为项目资产提供管理和维护等服务取得的全部价款和价外费用，分别准确核算各服务项目收入的，按照各服务项目所对应的征收率或者税率计算缴纳增值税。纳税人未分别准确核算各服务项目收入的，一律从高适用征收率或者税率。

二、BT 模式的税收政策

（一）BT 模式的营业税政策

BT 模式是指一个项目的运作通过项目公司总承包，融资、建设验收合格后移交给业主，业主向投资方支付项目总投资加上合理回报的过程。

营业税下 BT 模式的税收政策，各个税务机关执行口径相差较大。营改增后，多数税务机关没有出台 BT 模式进一步的税收政策，如果将营业税平移到增值税，可参考营业税下的规定。

营业税下具体执行口径的类型如下：

1. 项目公司取得的回购价款扣除其支付给其他单位的分包款后的“差额”，按“建筑业”税目缴纳营业税（广西壮族自治区、吉林省、河北省、天津市、安徽省宣城市）

项目公司取得的回购价款，包括工程建设费用、融资费用、管理费用和合理回报等应税收入，应按“建筑业”税目缴纳营业税。项目公司将建筑工程分包给其他单位的，以其取得的上款所列应税收入，扣除其支付给其他单位的分包款后的余额为营业额缴纳营业税。

2. 项目公司取得的回购价款“全额”，按“建筑业”税目缴纳营业税（重庆市）

融资方取得的回购价款，包括工程建设费用、融资费用、管理费用和合理回报等收入，应全额交纳建筑业营业税，并全额开具建安发票。

3. 按照项目的建设方与施工企业是否为同一单位，区分纳税（广东省惠州市、河南省）

1）项目的建设方与施工企业为同一单位的

以项目的建设方为纳税人，在取得业主支付回购款项时以实际取得的回购款项为计税营业额。

2）建设方将建筑安装工程承包给其他施工企业

该施工企业应为建筑业营业税纳税人，计税营业额为工程承包总额；建设方在取得业主支付回购款项时按扣除支付给施工企业工程承包总额后的余额缴纳建筑安装营业税。

4. 按照项目立项主体的不同，区分纳税（江西省）

1）以投融资人的名义立项建设

工程完工交付业主，对投融资人应按照“销售不动产”税目征收营业税，其计税营业额为取得的全部回购价款（包括工程建设费用、融资费用、管理费用和合理回报等收入）。

2）以项目业主的名义立项建设

对投融资人无论其是否具备建筑总承包资质，均应认定为建筑工程的总承包人，按“建筑业”税目的现行规定征收营业税；同时项目业主委托投融资人建设的行为属于委托代建行为，对投融资人应按照“服务业—代理业”税目征收营业税，其计税营业额为取得的全部回购价款（包括工程建设费用、融资费用、管理费用和合理回报等收入）扣除代建工程成本后的余额。

5. 按照项目立项主体不同、项目的建设方与施工企业是否为同一单位，区分纳税（湖南省）

1）以投融资人的名义立项建设

工程完工交付业主，对投融资人应按照“销售不动产”税目征收营业税，其计税营业额为取得的全部回购价款（包括工程建设费用、融资费用、管理费用和合理回报等收入）。

2）以项目业主的名义立项建设

对投融资人无论其是否具备建筑工程总承包资质，均应作为建筑工程的总承包人，按“建筑业”税目的现行规定征收营业税。营业额按以下方式确定：

（1）项目的建设方（或投资方）与施工企业为同一单位。

建设方（或投资方）在取得业主支付回购款项时以实际取得的回购款项作为计税营业额全额征收营业税，施工环节不再征收营业税。（回购价款包括工程建设费用、融资费用、管理费用和合理回报等收入。）

（2）建设方（或投资方）将建筑安装工程承包或分包给其他施工企业。

建设方（或投资方）在取得业主支付回购款项时按扣除支付给施工企业工程承包额或分包价款后的余额作为计税营业额，施工企业计税营业额为工程承包额或取得的分包价款。

6. 按照项目立项主体的不同、投融资人是否参与施工、项目的建设方与施工企业是否为同一单位，区分纳税（四川省）

1）以项目业主的名义立项建设

（1）投融资人参与项目施工。

对投融资人无论其是否具备建筑工程总承包资质，均应作为建筑工程的总承包人，按“建筑业”税目的现行规定征收营业税，营业额按以下方式确定：

① 项目的建设方（或投资方）与施工企业为同一单位。

建设方（或投资方）在取得业主支付回购款项时以实际取得的回购款项作为计税营业额全额征收营业税，施工环节不再征收营业税。（回购款项包括工程建设费用、融资费用、管理费用和合理回报等收入）。

② 建设方（或投资方）将建筑安装工程承包或分包给其他施工企业。

建设方（或投资方）在取得业主支付回购款项时、按扣除支付给施工企业工程承包额或分包价款后的余额作为计税营业额，施工企业计税营业额为工程承包额或取得的分包价款。

（2）投融资人不参与项目的施工。

投融资人不参与项目的施工，但又按 BT、BOT 方式签订项目合同，只负责提供项目建设资金，并取得资金投资回报收入的，按“金融保险业”税目征收营业税。

2）以投融资人的名义立项建设

工程完工交付业主的，对投融资人所取得收入应按照“销售不动产”税目征收营业税，其计税营业额为取得的全部回购价款（包括工程建设费用、融资费用、管理费用和合理回报等收入）。

（二）BT 模式的增值税政策

营改增后，出台的 BT 模式税收政策较少，具体执行情况如下：

1. 按照项目立项主体的不同，区分纳税（湖北省）

1）以投融资人的名义立项建设

在建设阶段，投融资人将建筑工程承包给其他施工企业的，该施工企业为建筑业增值税纳税人，按“建筑业”税目征收增值税，其销售额为工程承包总额。

在交付阶段，投融资人取得的全部回购价款（包括工程建设费用、融资费用、管理费用和合理回报等收入）按照“销售不动产”征收增值税。

2）以项目业主的名义立项建设

在建设阶段，投融资人将建筑工程承包给其他施工企业的，该施工企业为建筑业增值税纳税人，按“建筑业”税目征收增值税，其销售额为工程承包总额。

在交付阶段，就所取得收入按照“提供建筑服务”征收增值税，其销售额为取得的全部回购价款。

2. 按照合同对工程投资金额和投资回报是否单独约定，区分纳税（河南省）

1）合同中对工程投资金额和投资回报分别进行明确约定

投资方和业主方共同确认的工程投资金额由投资方按照“建筑业”计算缴纳增值税，取得的回报收入按照“利息收入”缴纳增值税。

2）合同中对工程投资金额和投资回报没有分别进行明确约定

投资方取得的全部收入按照“建筑业”缴纳增值税。

本章主要根据国家 PPP 现行政策法规及 PPP 理论对 PPP 的基本概念、基本特点、PPP 的运作模式、PPP 模式的适用范围等进行了阐述。

具体政策详见附录一。

第二章　PPP 项目谈判和签约

PPP 项目的复杂性，决定了 PPP 项目与一般建筑工程项目的不同，如不提前筹划，后期执行中将给社会资本方带来不可预测的风险。因此，社会资本方只有做好前期的应对，才能保证项目后期的顺利执行，才能有效降低投资的风险。

第一节　投标流程

一、项目筛选

社会资本方从各区域获取 PPP 项目信息，初步评估需符合社会资本方公司内部区域化布局方案、政府项目的合法合规性、商务条件、投资条件、保障标准等的要求。

1. 合法合规性

项目的合法合规性主要体现在：项目可行性研究报告、规划选址、用地预审、环境影响评价等是否履行了审批程序；项目财政承受能力评价、物有所值验证、PPP 模式实施的方案是否获得政府验证及批准等。

2. 项目的保障措施

项目的保障措施主要是该项目是否具备当地政府出具的关于纳入财政预算的确认函、是否按《预算法》要求报同级或以上人大批准、是否按规定将项目纳入中长期财政规划。

3. 商务条件

（1）施工总承包利润率：工程造价是否合理，投资该项目施工总承包利润率是否在要求区间。

（2）内部收益率：内部收益率是否符合相关指标的要求。

（3）合作期：建设期和运营期，政策规定不低于 10 年。

（4）运营方案：运营费用的构成、运营主体的限制等。

（5）技术难度：社会资本方是否能够承受工程施工的技术难度。

（6）建安工程总投比重：建安要达到一定比重。

（7）退出预案。

通过与政府方初步洽谈，对项目进行定性分析，社会资本方主要关注事项基本符合要求时，该 PPP 项目进入评估阶段，对项目进行定量评估。

二、项目评估

PPP 项目满足相关条件后，就会发布项目采购公告，社会资本方根据项目采购文件对 PPP 项目的可行性做进一步的定量评估。

项目采购文件应包括采购邀请、竞争者须知（包括密封、签署、盖章要求等）、竞争者应提供的资格、资信及业绩证明文件、采购方式、政府对项目实施机构的授权、实施方案的批复和项目相关审批文件、采购程序、响应文件编制要求、提交响应文件截止时间、开启时间及地点、强制担保的保证金交纳数额和形式、评审方法、评审标准、政府采购政策要求、项目合同草案及其他法律文本等。

（1）研究项目采购文件，对采购文件中的各项内容进行分析。根据采购文件中披露的各项内容定性分析自身实施项目的可行性，尤其是项目的实施方案，特别关注采购文件中对投标主体的要求。实施方案中对项目概况、风险分配基本框架、PPP 项目运作模式、交易结构、合同体系、监管架构、采购方式等都做了具体的说明。

（2）结合采购文件中的相关资料，制定 PPP 项目的经营策划书，测算利润、现金流量及各项财务指标，如内部投资收益率等，进行定量分析。相关测算数据从可行性研究报告中及其他相关资料中获取。

（3）针对定性及定量分析的结果上报相关部门审批，通过审批后，准备投标。

三、项目投标

对于审批通过的 PPP 项目，社会资本方应积极准备投标，在投标的过程中，主要注意以下事项：

1. 编制标书

PPP 项目实践中，招标文件通常会对投标文件的编制提出具体要求，不同项目类型、不同政府部门的招标文件要求也将有所区别。

（1）仔细研究招标文件的实质性要求和条件。实质性要求和条件是指招标文件中有关招标项目的价格、计划、技术规范、合同主要条款等。投标文件应当满足招标文件提出的实质性要求和条件，按照其要求提供充分的相关资料予以证明，如任何一项实质性要求不能满足，或者满足要求但是由于资料准备的不完善，将会导致投标文件被拒绝。

（2）招标文件的格式要求。投标人要按照招标文件中对文档的格式、排序等方面的要求进行编制、装订和胶装。

2. 提交标书

（1）投标文件的提交截止时间。招标文件中通常会明确规定投标文件提交的时间，投标文件必须在招标文件规定的投标截止时间之前送达。

（2）投标文件的送达方式。投标文件可以直接送达，即投标人派授权代表直接将投标文件按照规定的时间和地点送达；也可以通过邮寄方式送达，邮寄方式送达应以招标人实际收到时间为准，而不是以“邮戳”为准。

（3）投标文件的送达地点。投标人应严格按照招标文件规定的地址送达，特别是采用邮寄送达方式的，更需仔细核实地址。投标人因递交地点发生错误而逾期送达投标文件的，将被招标人拒绝接收。

第二节 项目立项、用地等法律事项

一、项目立项主体

1. 基本概述

目前，PPP 项目前期大多都是政府或其平台公司立项。国家发展改革委关于印发《传统基础设施领域实施政府和社会资本合作项目工作导则》的通知（发改投资〔2016〕2231 号）中规定 PPP 项目法人选择确定后，如与审批、核准、备案时的项目法人不一致，应按照有关规定依法办理项目法人变更手续，由此可见项目前期立项主体是可以变更的。因此，有些政府方可能会针对项目的情况要求项目公司成立后，将立项主体变更到项目公司。

2. 涉税分析

目前，湖北省国税在营改增后，对 BT 和 BOT 项目出台了相关明细操作指引。对于 BOT 项目，湖北省国税政策规定以政府立项的，在交付阶段，项目公司按照“销售无形资产”税目征收增值税；以投融资人立项的，在转让阶段，项目公司按照“销售不动产”税目征收增值税。但此政策仅适用于湖北省内的项目情况，其他省份该如何操作，还需要与当地主管税务机关协商。因此，立项主体可能会对项目公司适用税目和税率产生影响。

3. 操作提示

（1）社会资本方应与政府方提前沟通项目立项主体问题，如立项主体对项目公司除涉税外并无其他影响，与政府方沟通尽量不变更立项主体，由政府方授权项目公司完成项目建设。

（2）PPP 合同签订前，如果政府方要求必须变更立项主体，在合同中约定因变更增加的相关税费由政府方承担。

（3）PPP 合同签订后，若政府方要求变更立项主体，应签订补充协议明确增加的相关税费由政府方承担。

二、项目用地

（一）项目用地取得方式

符合划拨用地目录的 PPP 项目，可按划拨方式取得项目用地，但不得改变土地用途。建成的项目经依法批准可以抵押，土地使用权性质不变，待合同经营期满后，连同公共设施一并移交政府；实现抵押权后改变项目性质应该以有偿方式取得土地使用权的，应依法办理土地有偿使用手续。

不符合划拨用地目录的项目，可通过出让方式、租赁方式及作价出资、无偿使用或者入股方式取得土地使用权。

项目用地的不同取得方式适用项目及参考法规见表 2-1。

表 2-1　不同取得方式的用地适用项目及参考法规一览

取得方式	适用项目	参考法规
划拨用地	1. 国家机关用地和军事用地； 2. 城市基础设施用地和公益事业用地； 3. 国家重点扶持的能源、交通、水利等基础设施用地； 4. 以营利为目的，非国家重点扶持的能源、交通、水利等基础设施用地项目，应当以有偿方式提供土地使用权	《土地管理法》
招拍挂出让土地	1. 供应商业、旅游、娱乐和商品住宅等各类经营性用地以及有竞争要求的工业用地； 2. 划拨土地使用权改变用途； 3. 划拨土地使用权转让； 4. 出让土地使用权改变用途	《招标拍卖挂牌出让国有土地使用权规范（试行）》

续表 2-1

取得方式	适用项目	参考法规
协议出让土地	1. 供应商业、旅游、娱乐和商品住宅等各类经营性用地以外用途的土地，其供地计划公布后同一宗地只有一个意向用地者的； 2. 原划拨、承租土地使用权人申请办理协议出让，经依法批准，可以采取协议方式； 3. 划拨土地使用权转让申请办理协议出让，经依法批准，可以采取协议方式	《协议出让国有土地使用权规范（试行）》
租赁土地	养老服务设施用地以租赁方式供应的，租赁年限在合同中约定，最长租赁期限不得超过同类用途土地出让最高年限（最高年限 50 年）	关于印发《养老服务设施用地指导意见》的通知（国土资厅发〔2014〕11 号）
作价出资或者入股方式	原则上应当以市、县人民政府作为出资人，制定作价出资或者入股方案，经市、县人民政府批准后实施	—

常见的 PPP 项目，如高速公路、城市轻轨、地下铁路线路、市政道路、市政广场等，取得土地的方式为划拨方式，而棚户区改造、商业、旅游开发等 PPP 项目取得土地的方式一般为出让方式。

目前 PPP 项目采用土地使用权出租以及国有土地使用权作价出资入股的比较少见。

（二）取得土地使用权环节涉税分析

1. 划拨方式取得

1）契税

转移土地使用权，以承受土地使用权的单位为契税的纳税人，土地使用权转让，包括出售、赠予和交换，因此项目公司以划拨方式取得土地不用缴纳契税。

先以划拨方式取得土地使用权，后经批准改为出让方式取得该土地使用权的，应依法缴纳契税，其计税依据为应补缴的土地出让金和其他出让费用。

依据《财政部 国家税务总局关于进一步支持企业事业单位改制重组有关契税政策的通知》（财税〔2015〕37 号）的规定，对承受县级以上人民政府或国有资产管理部门进行行政性调整、划转国有土地、房屋权属的单位，免征契税。

对于当地政府或其他政府部门因鼓励企业落户减免的土地出让金，企业应当作为承受土地计税依据的组成部分缴纳契税。

2）印花税

划拨方式取得土地使用权所签订的书据不属于印花税列举的应税凭证，不需要缴纳印花税。

2.“招、拍、挂”方式取得

1）契税

以招拍挂方式出让国有土地使用权的，纳税人为最终与土地管理部门签订出让合同的土地使用权承受人。

出让国有土地使用权，契税计税价格为承受人为取得该土地使用权而支付的全部经济利益。对通过“招、拍、挂”程序承受国有土地使用权的，应按照土地成交总价款计征契税，其中的土地前期开发成本不得扣除。

2）印花税

对土地使用权出让合同，按产权转移书据，缴纳万分之五的印花税。

3. 协议转让方式取得

1）契税

（1）以协议方式出让的，其契税计税价格为成交价格。成交价格包括土地出让金、土地补偿费、安置补助费、地上附着物和青苗补偿费、拆迁补偿费、市政建设配套费等承受者应支付的货币、实物、无形资产及其他经济利益。

没有成交价格或者成交价格明显偏低的，征收机关可依次按照下列两种方式确定：

① 评估价格：由政府批准设立的房地产评估机构根据相同地段、同类房地产进行综合评定，并经当地税务机关确认的价格。

② 土地基准地价：由县以上人民政府公示的土地基准地价。

（2）以竞价方式出让的，其契税计税价格，一般应确定为竞价的成交价格，土地出让金、市政建设配套费以及各种补偿费用应包括在内。

（3）对纳税人因改变土地用途而签订土地使用权出让合同变更协议或者重新签订土地使用权出让合同的，应征收契税。计税依据为因改变土地用途应补缴的土地收益金及应补缴政府的其他费用。

2）印花税

对土地使用权出让合同和土地使用权转让合同，按产权转移书据，缴纳万分之五的印花税。

4. 以作价出资（入股）方式取得

1）契税

以土地、房屋权属作价投资、入股方式转移土地、房屋权属的，视同土地使用权转让征税。

依据《财政部 国家税务总局关于进一步支持企业事业单位改制重组有关契税政策的通知》

（财税〔2015〕37 号）的相关规定，以出让方式或国家作价出资（入股）方式承受原改制重组企业、事业单位划拨用地的，不属免税范围，对承受方应征收契税。

因此，对以国家作价出资（入股）方式转移国有土地使用权的行为，应视同土地使用权转让，由土地使用权的承受方按规定缴纳契税。

2）印花税

项目公司实收资本增加，“记载资金的账簿”的印花税计税依据为“实收资本”与“资本公积”两项的合计金额。

因此，应按实收资本和资本公积的当年净增加金额，缴纳万分之五的印花税。

项目公司取得土地使用权，税务机关可能认定项目资产移交时，需缴纳增值税、土地增值税。具体分析详见本节“三、项目其他法律事项办理”。

（三）使用土地环节涉税分析

项目公司在征地和项目建设过程中，如果占用耕地，将涉及耕地占用税；使用土地过程中，将涉及土地使用税。以下将对项目征地和建设过程中涉及的耕地占用税、土地使用税进行具体分析。

1. 耕地占用税

1）纳税义务人

（1）占用耕地建房或者从事非农业建设的单位或个人，为耕地占用税的纳税人。

（2）经申请批准占用应税土地的，纳税人为农用地转用审批文件中标明的建设用地人；农用地转用审批文件中未标明建设用地人的，纳税人为用地申请人。

（3）未经批准占用应税土地的，纳税人为实际用地人。

（4）城市和村庄、集镇建设用地审批中，按土地利用年度计划分批次批准的农用地转用审批，批准文件中未标明建设用地人且用地申请人为各级人民政府的，由同级土地储备中心履行耕地占用税申报纳税义务。

（5）没有设立土地储备中心的，由国土资源管理部门或政府委托的其他部门履行耕地占用税申报纳税义务。

因此，对于 PPP 项目的项目公司占用耕地，如果是由项目公司作为用地申请人，则项目公司应作为纳税义务人缴纳耕地占用税。如果是政府作为用地申请人，且批准文件中未标明建设用地人，则项目公司不属于纳税义务人，不用缴纳耕地占用税。

2）纳税义务时间

经批准占用应税土地的，耕地占用税纳税义务发生时间为收到土地管理部门办理占用农用地手续通知的当天；未经批准占用应税土地的，耕地占用税纳税义务发生时间为实际占地的当天。

因此，项目公司应根据土地取得手续或实际占地的时间及时缴纳耕地占用税。

3）适用税额

耕地占用税的税额各地不同，由省、自治区、直辖市人民政府根据本地区情况核定。因此，项目公司占用耕地需要根据项目所在省、市规定的税额计算缴纳耕地占用税。

耕地占用税以纳税人实际占用的应税土地面积（包括经批准占用面积和未经批准占用面积）为计税依据，以平方米为单位，按所占土地当地适用税额计税，实行一次性征收。

耕地占用税计算公式为：

应纳税额 = 应税土地面积 × 适用税额

4）减免税优惠

建设学校、幼儿园、养老院、医院占用耕地的免征耕地占用税。

建设铁路线路、公路线路、飞机场跑道、停机坪、港口、航道等占用耕地的项目，耕地占用税减按每平方米 2 元的税额征收。

（1）减税的铁路线路，具体范围限于铁路路基、桥梁、涵洞、隧道及其按照规定两侧留地。专用铁路和铁路专用线占用应税土地的，按照当地适用税额缴纳耕地占用税。

（2）减税的公路线路，具体范围限于经批准建设的国道、省道、县道、乡道和属于农村公路的村道的主体工程以及两侧边沟或者截水沟。

（3）专用公路和城区内机动车道占用耕地的，按照当地适用税额缴纳耕地占用税。

（4）减税的飞机场跑道、停机坪，具体范围限于经批准建设的民用机场专门用于民用航空器起降、滑行、停放的场所。

（5）减税的港口，具体范围限于经批准建设的港口内供船舶进出、停靠以及旅客上下、货物装卸的场所。

（6）减税的航道，具体范围限于在江、河、湖泊、港湾等水域内供船舶安全航行的通道。

因此，需要注意涉及铁路线路、公路线路、飞机场跑道、停机坪、港口、航道占用耕地的 PPP 项目，此类 PPP 项目耕地占用税可以享受减免优惠。

5）临时占用耕地

临时占用耕地，是指因建设项目施工、地质勘查等需要，在一般不超过 2 年内临时使用耕地并且没有修建永久性建筑物的行为。

纳税人临时占用耕地，应当依照规定缴纳耕地占用税。纳税人在批准临时占用耕地的期限内恢复所占用耕地原状的，全额退还已经缴纳的耕地占用税。超过 2 年未恢复耕地原状的，已征税款不予退还。

因此，社会资本方作为施工总承包方，在施工过程中临时占用耕地，要按照纳税义务时间申报缴纳耕地占用税。而对于临时耕地满足条件恢复耕地原状的，可以申请全额退还已经缴纳的耕地占用税。

实际执行中，总承包方一般会和当地政府有关部门签订临时占用耕地协议，要求政府有关部门负责复耕，并支付一定复耕费用，总承包方也不缴纳耕地占用税。由于部分地方政府并未履行合同在规定时间内复耕，导致总承包方少缴纳了耕地占用税，存在税务风险。

建议总承包方应按临时用地的规定及时缴纳耕地占用税，并在与当地政府签订的临时用地协议中，明确约定政府复耕时间，根据规定及时向税务机关申请退税。如果政府不履行协议规定，导致耕地占用税无法返还，形成的损失由政府承担或补偿。

2. 土地使用税

在城市、县城、建制镇、工矿区范围内使用土地的单位和个人，为城镇土地使用税的纳税义务人，因此在土地使用税规定范围内的建设用地，需要缴纳土地使用税。

1）纳税义务人

对于出让及投资入股方式取得建设用地的 PPP 项目，项目公司合法拥有土地的使用权，其作为纳税义务人应按照规定申报缴纳土地使用税。

因此，项目公司作为建设单位，属于土地使用税的纳税义务人，无论是否取得土地使用证，都应按照税收相关规定申报纳税。

2）纳税义务发生时间

（1）以出让或转让方式有偿取得土地使用权的，应由受让方从合同约定交付土地时间的次月起缴纳城镇土地使用税。

（2）合同未约定交付土地时间的，由受让方从合同签订的次月起缴纳城镇土地使用税。

（3）对于有偿取得土地使用权的，通常为先签订合同后交付土地，企业在签订合同时应注意以下问题：

① 在土地出让、转让合同中应明确土地实际交付使用的时间，避免在合同签订但土地尚未交付使用时产生纳税义务。

② 对于分期取得土地使用权的情况，应在出让或转让合同中注明每期土地的交付时间，避免后期取得的土地也从第一期土地交付时产生纳税义务。

3）适用税额

土地使用税的税额各地不同，省、自治区、直辖市人民政府，应当根据市政建设状况、经济繁荣程度等条件，确定所辖地区的适用税额幅度。因此，项目公司使用土地需要根据项目所在省、市规定的税额计算缴纳土地使用税。

土地使用税以纳税人实际占用的土地面积为计税依据，以平方米为单位，按所占土地当地适用税额标准，在使用期间征收。

土地使用税计算公式为：

应纳税额 = 应税土地面积 × 适用税额

4）免缴土地使用税

（1）能源、交通、水利设施用地和其他用地。

《中华人民共和国城镇土地使用税暂行条例》（国务院令第 17 号）规定，财政部另行规定免税的能源、交通、水利设施用地和其他用地，可以免征土地使用税。

（2）安置住房建设用地。

依据《财政部 国家税务总局关于棚户区改造有关税收政策的通知》（财税〔2013〕101 号）的相关规定，对改造安置住房建设用地免征城镇土地使用税。

（3）廉租住房、经济适用住房用地。

依据《财政部 国家税务总局关于促进公共租赁住房发展有关税收优惠政策的通知》（财税〔2014〕52 号）的相关规定，对廉租住房、经济适用住房建设用地以及廉租住房经营管理单位按照政府规定价格、向规定保障对象出租的廉租住房用地，免征城镇土地使用税。

（四）案例分析

1. 案例描述

某管廊项目建设期 2 年，运营期 13 年。PPP 合同约定以无偿划拨方式取得项目所需土地的土地使用权，土地面积 55 万平方米且均为城镇范围的土地。此外，总承包方在该项目建设期需临时占用耕地 5 万平方米，并与当地政府签订临时占用耕地协议，约定支付政府复耕费，由政府有关部门负责复耕，并向土地管理部门办理占用农用地手续。项目建设完成后，政府有关部门并未按照协议复耕。

2. 案例解析

1）临时占用耕地

在施工过程中临时占用耕地，需按照纳税义务时间申报缴纳耕地占用税。而对于临时耕地满足条件恢复耕地原状的，可以申请全额退还已经缴纳的耕地占用税。

该项目中项目公司与当地政府签订临时占用耕地协议，约定支付政府复耕费，由政府有关部门负责复耕。但此项协议并不能消除项目公司占用耕地的纳税义务，项目公司需在收到土地管理部门办理占用农用地手续通知时申报缴纳耕地占用税，但由于本项目政府有关部门并未按照协议复耕，项目公司缴纳的耕地占用税将不能退回。

2）契税

项目公司以划拨方式取得土地不用缴纳契税。

3）印花税

划拨形式取得土地使用权所签订的书据不属于印花税列举的应税凭证，不需要缴纳印花税。

4）土地使用税

该项目用地属于城镇范围内土地，且管廊项目不属于免缴土地使用税的项目，所以，项目公司应作为建设单位，应当在无偿划拨合同约定交付土地时间的次月起缴纳城镇土地使用税。

三、项目其他法律事项办理

1. 基本概述

项目其他法律手续办理是指项目所需的土地使用权证、建设工程规划许可证、建设用地规划许可证、建设工程施工许可证（上述四种证照简称“四证”）是否办理在项目公司名下。目前，多数 PPP 项目的建设工程施工许可证办理在项目公司名下，建设工程规划许可证、建设用地规划许可证政府方也要求办理在项目公司名下。

2. 涉税分析

项目公司为项目的建设单位，依据我国《建筑法》规定，在建筑工程开工前，建设单位应当按照国家有关规定向工程所在地县级以上人民政府建设行政主管部门申请领取施工许可证，所以建设工程施工许可证需要办理在项目公司名下。

如果将土地使用权证、建设工程规划许可证、建设用地规划许可证均办理在项目公司名下，税务机关可能会认定项目资产所有权属于项目公司，在资产移交时，则会认定需要按照“销售不动产”税目计算缴纳增值税、土地增值税。

3. 操作提示

（1）社会资本方应与政府方提前沟通项目法律手续办理的问题，如果项目权利、证照办理在政府方对项目公司无其他影响，与政府方沟通尽量由政府方办理相关手续。

（2）PPP 合同签订前，如果政府方要求必须由项目公司办理相关权利、证照的，在合同中约定增加的相关税费由政府方承担。

（3）PPP 合同签订后，如果政府方要求项目公司办理相关权利、证照的，应签订补充协议明确增加的相关税费由政府方承担。

第三节　PPP 项目费用处理分析

一、前期费用

社会资本方承接的 PPP 项目，大多单独对工程前期费用进行了约定，包括勘察、设计、监理、海域使用金、拆迁、征地、政策处理补偿、临时水电用地等费用，此费用由项目公司直接支付给政府方，由于政府无法开具增值税专用发票，导致项目公司无法抵扣此部分进项税额而多承担税费。

由于征地拆迁费用比较复杂，应对其单独进行分析，详见本节“二、征地拆迁费用”。

工程前期费用包含的种类比较多，各种费用的执行主体及执行进度不同，因此，项目公司应对工程前期费用进行分类，根据不同类别的费用有针对性地与政府进行谈判。根据目前工程前期费用的形式，主要分为以下几种方式：

（一）已执行完费用

工程前期费用中如勘察、设计等费用，项目公司成立前期可能已经发生，政府方已经承担了代付功能。以下针对不同的代付主体进行分析：

1. 政府代垫费用

1）现状描述

前期费用由政府方支付，对方单位将发票开具给政府方。后期通过公开招标，政府方与社会资本方达成合作协议，并约定由项目公司承担此 PPP 项目前期发生的各项费用，项目公司成立后由其将前期费用支付给政府方，政府方开具资金往来收据作为支付凭证，项目公司凭此收据入账，计入资产的价值，并在企业所得税税前扣除。

2）涉税分析

（1）增值税。

根据相关税收规定，进项税额抵扣必须取得增值税专用发票，政府方承担的前期费用发票开具抬头为政府方，而项目公司只收到政府开具的资金往来收据，造成进项税额无法抵扣。

（2）企业所得税。

根据相关税收规定，未按规定取得的合法有效凭据不得在税前扣除。项目公司应从政府方取得行政事业性收费收据，而不是取得政府开具的资金往来收据。资金往来收据不属于合法有效凭据，项目公司取得的前期费用凭据不合规，在企业所得税税前扣除上存在风险。

3）操作提示

（1）针对政府方代垫的前期费用通过第三方中介机构进行确认，确认其费用的真实性，并要求政府方提供有关票据的复印件及支付资金的行政事业性收费收据作为原始凭证入账。

如果因政府方无法提供行政事业收费收据，导致前期费用无法税前扣除，项目公司多承担的税费，建议与政府协商，由政府方承担。

如果政府无法提供行政事业收费收据，可与开具发票的单位协商，签订补充协议，由开具发票的单位重新开具发票给项目公司，此种方式实际操作比较困难。

（2）与主管税务机关协商，能够针对此部分工程前期费用作代收转付处理，政府付费时，开具零税率的增值税发票。

2. 政府平台公司代垫费用

1）现状描述

前期费用支付由政府方通过平台公司支付，平台公司为签订 PPP 项目合作协议中政府指定的平台公司，供应商将发票开具给平台公司。

后期通过公开招标，政府方与社会资本方达成合作协议，并约定由项目公司承担此项目前期发生的费用，项目公司成立后由其直接支付给平台公司，平台公司开具资金往来收据作为支付凭证，项目公司据此入账，在企业所得税税前扣除。

2）涉税分析

平台公司作为企业法人，自负盈亏，独立承担责任，可以办理增值税一般纳税人认定。平台公司作为独立的纳税人，前期发生的费用转由项目公司承担，属于两个纳税人的交易，如果项目公司不取得发票，直接以收据作为凭据在税前扣除前期费用，存在一定的风险。

3）操作提示

（1）平台公司承担的前期费用需通过第三方中介机构进行确认，确认其费用的真实性。

（2）与平台公司签订服务协议，要求其针对前期发生的费用按照适用税目税率开具增值税专用发票。如果平台公司为一般纳税人，且前期发生的费用取得增值税专用发票，平台公司可以抵扣相应的进项税额，此时向项目公司开具增值税专用发票不会多承担税金；如果平台公司不开具增值税专用发票，项目公司支付前期费用的进项税额无法抵扣。

（3）如果平台公司不同意签订服务协议、开具增值税专用发票，需与主管税务机关协商，针对此部分工程前期费用做代收转付处理，政府付费时，协商开具零税率的增值税发票。

（4）项目公司应与政府方协商，如确实无法开具发票，导致前期费用无法税前扣除，则项目公司多承担的税费，由政府方承担。

（二）未执行或未执行完的费用

1. 现状描述

项目前期费用签订的合同可能存在没有执行完毕或者后期需要支付尾款的情况，此时将面临合同是否继续执行及项目后期支付尾款如何开具发票的问题。

如果未执行完毕的合同不进行合同主体的变更，直接将发票开具给项目公司，并由项目公司支付相关款项，则项目公司存在“三流不一致”无法抵扣进项税的风险。

2. 操作提示

未执行或未执行完的费用，政府方、项目公司、第三方应协商签订三方协议，由第三方直接与项目公司进行业务结算、开具发票及资金支付。

二、征地拆迁费用

征地拆迁是 PPP 项目一项非常重要的行为，根据拆迁的主体不同，可分为两类：第一类，是政府作为拆迁主体，项目公司不参与拆迁，但需要负担拆迁的资金；第二类，是项目公司作为拆迁主体，委托政府或政府的平台公司进行拆迁。

拆迁的主体不同，项目公司的涉税情况也不同。由于拆迁金额在整个 PPP 项目中的占比较大，涉税问题处理不好，可能导致整个 PPP 项目的税负增加，收益下降。因此以下针对不同的拆迁主体，分析项目公司的涉税处理。

（一）政府作为拆迁主体

对于部分政府付费的 PPP 项目或投资政府土地改造的项目，土地拆迁、移民安置及补偿以及相关的审批手续工作由政府作为责任主体，负责组织实施，项目公司负责按计划支付土地拆迁补偿所需的资金。项目公司的成本支出通过后期政府付费方式予以补偿。一般有两种方式，一种是自负盈亏方式，一种是固定收益方式。

1. 自负盈亏方式

1）现状描述

地方政府作为拆迁主体，指定规划设计和施工单位，项目公司作为建设方与规划设计单位、施工单位签订合同，协助地方政府完成土地规划设计、场地平整、地块周边绿化等工作，并直接向规划设计单位和施工单位支付设计费和工程款。当该地块符合国家土地出让条件时，由土地收储中心收储，地方政府将该地块挂牌出让，以成交价支付给项目公司。若成交价低于项目公司投入的所有资金，亏损由项目公司自行承担；若成交价超过项目公司投入的资金，收益归项目公司。

2）涉税分析

根据《国家税务总局关于纳税人投资政府土地改造项目有关营业税问题的公告》（国家税务总局公告 2013 年第 15 号）的规定，一些纳税人（以下称投资方）与地方政府合作，投资政府土地改造项目（包括企业搬迁、危房拆除、土地平整等土地整理工作）。其中，土地拆迁、安置及补偿工作由地方政府指定其他纳税人进行，投资方负责按计划支付土地整理所需资金；同时，投资方作为建设方与规划设计单位、施工单位签订合同，协助地方政府完成土地规划设计、场地平整、地块周边绿化等工作，并直接向规划设计单位和施工单位支付设计费和工程款。当该地块符合国家土地出让条件时，地方政府将该地块进行挂牌出让，若成交价低于投资方投入的所有资金，亏损由投资方自行承担；若成交价超过投资方投入的所有资金，则所获收益归投资方。在上述过程中，投资方的行为属于投资行为，不属于营业税征税范围，其取得的投资收益不征收营业税。

因此，自负盈亏的模式符合国家税务总局 2013 年第 15 号公告规定的情形，投资方的行为属于投资行为，不属于营业税征税范围，其取得的投资收益不征收营业税。由于营改增后，没有出台进一步的税收政策，其平移到增值税下，作为投资行为取得的投资收益也不征收增值税。

3）操作提示

（1）签订合同时，应符合国家税务总局 2013 年第 15 号公告规定的情形，合同中应明确项目公司自负盈亏，不享有固定回报。

（2）收到相应的款项时，因为属于不征税的收入，一般不能开具增值税发票，建议在合同中予以明确约定，从政府收取的资金不提供发票，可以提供行政事业性收费收据。

2. 收取固定收益的方式

1）现状描述

地方政府机关作为拆迁主体，委托项目公司代地方政府机关向原土地使用权人支付拆迁补偿费，在项目完成政府付费时，按一定的收益率向项目公司支付垫付资金的利息。

2）涉税分析

根据《国家税务总局关于政府收回土地使用权及纳税人代垫拆迁补偿费有关营业税问题的通知》（国税函〔2009〕520 号）的规定，纳税人受托代委托人向原土地使用权人支付拆迁补偿费的行为属于“服务业—代理业”行为，应以提供代理劳务取得的全部收入减去其代委托方支付的拆迁补偿费后的余额为营业额计算缴纳营业税。

根据《北京市规划和国土资源管理委员会 北京市国家税务局 北京市地方税务局 北京市财政局关于土地一级开发项目涉及增值税发票等有关问题的通知》（市规划国土发〔2017〕186 号）的规定，政府土地储备机构为主体，政府委托企业实施的土地一级开发项目中，受托企业从政府收取款项并代为支付的行为属于代收转付，不属于增值税征收范围，不开具增值税发票。

目前，仅北京市出台此政策，其他地方未出台相关政策，对于北京外的地区，还需要参考当地税务机关的意见。

3）操作提示

（1）与政府签订拆迁协议时，应明确是代政府支付拆迁补偿的行为。因此，拆迁补偿协议应由政府与原土地使用人签订补偿协议。

（2）拆迁协议中应明确对于代政府支付的拆迁补偿费用和征地费用不能开具增值税发票，只能提供行政事业性收费收据。

（3）作为代收转付的拆迁补偿费用和征地费用不能确认为项目公司的收入，应通过往来科目核算。

4）案例分析

（1）案例描述

某环城道路建设项目 PPP 合同中约定，本项目的土地征迁、房屋征收安置补偿等工作由政府平台公司负责，项目公司负责筹措并以借款形式提供拆迁资金，作为非建安费用纳入项目决算审计投资额。该项目政府方按照固定利率支付项目公司拆迁资金的投资回报。

（2）案例解析

① 该项目政府方作为拆迁主体，项目公司垫付拆迁资金，拆迁资金计入投资总额，项目公司按照固定利率收取投资回报，属于收取固定收益的方式支付征地拆迁补偿费。

② 建议参照北京市国土发〔2017〕186 号文，项目公司与政府方协商拆迁补偿款按照代收转付处理，并在 PPP 合同中进行明确。

（二）项目公司作为拆迁主体

1. 委托政府机关实施

1）现状描述

项目公司作为拆迁主体，一般委托政府的相关机构实施拆迁行为，并签订拆迁协议。项目公司按照与政府相关机构的结算形式不同，通常分为包干或者据实结算两种情形。

2）涉税分析

项目公司作为拆迁主体，土地拆迁补偿费用和征地费用作为投资总额，构成建设成本。但由于征地拆迁的特殊性，委托政府实施拆迁，政府相关机构不能开具增值税发票，征地拆迁费用无法抵扣进项税。

3）操作提示

（1）提出政策诉求，针对项目公司的征地拆迁费用可以计算抵扣进项税或在计算销项税额中扣除。

（2）与政府签订拆迁协议时，明确拆迁补偿标准及支付方式，政府应向项目公司提供支付拆迁补偿的原始凭证，包括但不限于与原土地使用人签订的补偿协议，原土地使用人领取拆迁补偿费的签字凭据等。

（3）在投资预计的拆迁补偿费范围内，尽量与政府签订包干协议，如果采用据实结算的方式，拆迁成本不好控制，可能导致整个项目的成本增加。如果确实无法采用包干形式，应制定征地拆迁结算金额的区间值，尽量控制其在区间值范围内，约定超出区间范围的部分由政府相关机构自行承担。

（4）如果实际拆迁成本超出投资估算的范围确实较大，应就投资额与政府方进行协商，对于增加拆迁成本部分予以补偿。

2. 政府机关收取协调费

1）现状描述

PPP 项目在征地拆迁执行过程中，委托政府实施拆迁，政府会要求项目公司支付拆迁经费，这部分费用主要作为政府相关机构在拆迁工作中的日常费用支出，政府机关收取该协调费时不提供相关发票。

2）涉税分析

项目公司对于支付给政府相关机构的拆迁工作经费，这部分费用将构成建安成本，如果无法取得增值税发票，未来企业所得税税前扣除时，存在涉税风险。

3）操作提示

建议与政府相关机构协商，能够提供行政事业收费收据。行政事业收费收据属于合规票据，可以在企业所得税税前扣除。

3. 委托政府平台公司实施

1）现状描述

与平台公司签订拆迁协议，一般采用包干的形式，并且在拆迁协议中明确约定，拆迁款项由项目公司支付给平台公司，与平台公司进行结算。

2）涉税分析

平台公司代项目公司实施征地拆迁行为，项目公司支付一定比例的费用给平台公司。根据业务性质，可以理解为平台公司代理拆迁的行为，平台公司收取的全部价款扣除支付的拆迁和征地费用后的余额，按代理业 6% 缴纳增值税。平台公司就拆迁和征地费用以外的部分可以开具增值税专用发票。支付的拆迁和征地费用不能开具增值税专用发票，可以开具普通发票。

3）操作提示

（1）建议与平台公司单独签订拆迁协议，就适用代理业按 6% 缴纳增值税，提前与当地主管税务机关进行沟通，并在协议中明确约定提供发票的类型及适用税率。

（2）针对与主管税务机关沟通的结果，形成会议纪要，规避后期税企纠纷。

（3）项目公司取得平台公司的发票要在有效期内认证留抵，在运营期抵扣进项，并作为成本税前扣除。

第四节 PPP 项目收益涉税谈判分析

由于 PPP 项目所属行业的特殊性，在政府购买服务的模式下，其适用增值税税目和税率存在不确定性。因此，要针对政府购买服务适用的税目和税率与主管税务机关进行沟通。在沟通之前要针对以下情况进行分析。

一、项目总投资额构成

分析投资项目成本构成的目的在于确定不同成本类型所占比重、是否可以取得发票及取得发票的税率情况，以便能够在与政府方或者税务机关沟通时做好应对，而且这几项直接影响项目收益。因此以某基础设施项目为例，具体分析见表 2-2。

表 2-2　某基础设施项目总投资明细

费用名称	建安工程费	工程建设其他费用	预备费	征地拆迁费	建设期利息	投资总额
预计税率	11%	—	—	无	无专票	—
预计金额 / 万元	114 990	9000	4000	9000	3549	140 539
可取得进项税额 / 万元	11 395.41	—	—	—	—	—

二、收入模式分析

（一）收入模式

分析投资项目收入模式，在于确定项目的交易实质、付费机制以及不同收入类型适用税率，针对收入的类型与税务机关进行沟通，确定适用的税目、税率，以便能够准确地测算投资指标。

上述基础设施项目，交易实质属于固定收益模式，付费机制为“运营维护费 + 政府付费”，项目回购金额 230 000 万元，具体收入构成如下：

（1）项目运营维护付费 4000 万元。按 13 年估算每年的运营维护费收入。

（2）政府付费 226 000 万元。以项目总投资额 140 539 万元为基础通过银行贷款等额本息方式计算得出项目可用性付费 226 000 万元，减去项目总投资额 140 539 万元后的差额 85 461 万元为项目公司投资收益。

（二）税目及税率

接上例，根据上述收入模式，政府付费适用的税目、税率分析如下：

1.“投资本金 + 投资收益”两方面分析

1）投资收益部分

项目公司作为建设方与测绘、设计和施工单位签订合同，由测绘、设计和施工单位具体完成相关工作，取得的全部价款和价外费用中相当于投资款的部分 140 539 万元视同贷款本金，超出投资款的部分 85 461 万元固定收益按照贷款服务 6% 的税率计算缴纳增值税。

2）投资本金部分

最优方案为本金 140 539 万元作为项目公司投资本金，不需要开票给政府方，此部分金额不征税。

但是，实际征管的 PPP 项目中，政府要求项目公司就本金部分开具发票的很多。如果政府方要求项目公司开具发票，可按照投资结构分情况开票，具体如下：

（1）施工方建安工程费按照 11% 计算缴纳增值税，项目公司以工程结算金额开具相同金额、税目、税率的增值税普通发票给政府方。

（2）项目投资额中取得 6% 增值税发票的成本项目，如监理费、造价咨询费、试验检测费、设计费、勘察测绘费按 6% 计算缴纳增值税，项目公司开具相同金额、税目、税率的增值税普通发票给政府方。

（3）存量工程经营权、征地拆迁费、建设期利息等无法抵扣增值税进项税的成本项目，其实质是项目公司的投资本金，作为“代收转付”不计算缴纳增值税。因此，项目公司在收取存量工程付费、征地拆迁费、建设期利息的等额政府付费时不再开具增值税发票给政府方。

2. 投资回报全额分析

收取项目回报 226 000 万元时，不区分投资本金、投资收益，具体分析如下：

政府付费 226 000 万元按照“现代服务业—商务辅助服务—企业管理服务”6% 或者“建筑服务”11% 的税率缴纳增值税。

三、与政府沟通资金往来和票据形式

1. 支付给政府方的资金取得票据形式

PPP 项目合同中，一般规定政府方负责工程前期费用的支付，包括征地拆迁、设计、监理等费用，此部分费用项目公司先支付给政府方，后期政府方根据购买服务进行回购。因此，项目公司在与政府方沟通向政府方支付时，应明确其能够提供的票据。

具体按照基础设施项目的投资成本及回购情况分析如下：

1）存量工程经营权

如 PPP 合同中部分工程政府方已支付部分款项，但仍纳入项目总投资额，该工程建设费用需由项目公司支付给政府方。项目公司支付给政府方项目款项时，一般情况下，政府方无法提供增值税发票，只能提供行政事业性收据。

2）设计、监理等工程前期费用

如 PPP 合同约定设计、勘察、监理、造价咨询、测绘费、建设单位管理费等其他前期费用（含已由市政府垫付费用 100 万元），均由项目公司承担，计入项目总投资。

通常，项目公司支付监理费、造价咨询费、试验检测费、设计费、勘察测绘费等可取得 6% 税率的增值税专用发票。但支付市政府垫付的前期费用 100 万元时，通常无法取得增值税发票，只能取得行政事业性收据。

2. 政府支付时需要提供的票据形式

1）存量工程经营权

政府方后期回购时，针对存量工程经营权本金的部分，项目公司需要提供什么形式的票据。沟通结果主要为：

（1）提供收据。

（2）提供增值税发票，按适用税目、税率。

2）征地拆迁费

政府方后期回购时，针对征地拆迁费本金的部分，项目公司需要提供什么形式的票据。沟通结果主要为：

（1）提供收据。

（2）提供增值税发票，按适用税目、税率。

3）设计、监理等工程前期费用

政府方后期回购时，针对设计、监理等工程前期费用本金的部分，项目公司需要提供什么形式的票据。沟通结果主要为：

（1）提供收据。

（2）提供增值税发票，按照各自服务分别适用税目和税率。

（3）提供增值税发票，适用建筑服务 11% 开具发票。

4）建设期利息

项目建设期利息计入投资总额，项目公司支付贷款利息给银行等金融机构，项目公司可以取得利息增值税发票但不能抵扣增值税进项税，项目公司收取建设期利息部分的可用性付费时需要提供什么形式的票据。沟通结果主要为：

（1）提供收据。

（2）提供增值税发票，按照金融服务适用 6% 开具发票。

5）建安工程本金

建安工程费按照 11% 或 3% 计算缴纳增值税，项目公司收取该部分的可用性付费时是否可以开具等额 11% 的增值税发票。沟通结果如下：

提供增值税发票，适用建筑服务 11% 开具发票。

四、与主管税务机关沟通确定适用税目和税率

实务中，对于全部由使用者付费的项目，运营期间收取的运营收入按照业务适用的税目征税没有争议。但对于完全由政府付费的项目及政府支付缺口性补助的项目运营期收入如何纳税，争议较大。社会资本方应根据项目取得的进项发票取得情况，设计应对方案，按照最有利于项目公司的增值税缴纳方式与主管税务机关沟通，最终确定项目公司政府付费部分适用的税目和税率。

（一）“投资本金＋投资收益”两方面谈判

针对政府支付的可行性付费各地均没有统一的执行口径，优先选择“投资本金＋投资收益”两方面分析并据此与税务机关谈判。

1. 投资总额（本金）适用税目、税率方案

方案一：“投资本金”部分不征税。

投资本金作为“代收转付”不计算缴纳增值税，但须提前沟通开具何种票据给政府方。

方案二：“平进平出”的原则。

根据投资总额中成本构成的增值税进项税抵扣情况，所有成本项目都按照“平进平出”的原则，开具相应税率（11%、6%、0%）的票据给政府方（表 2-3）。

表 2-3　“平进平出”原则下不同成本项目的票据类型对应

成本项目	票据取得类型	抵扣税率	收入类型	开具票据类型	销项税率
征地补偿费	无	0%	代收转付	收据、增值税发票	0%
存量工程经营权	无	0%	代收转付	收据、增值税发票	0%
建设期银行利息	普通发票	0%	代收转付	收据、增值税发票	0%

续表 2-3

成本项目	票据取得类型	抵扣税率	收入类型	开具票据类型	销项税率
勘察设计费用等	增值税专用发票	6%	勘察设计	增值税发票	6%
建安工程费用	增值税专用发票	11%	建筑服务	增值税发票	11%

方案三：除征地拆迁、存量工程外按照建筑服务。

投资总额中除存量工程经营权、征地拆迁费开具资金往来收据给政府方外，其他投资成本建设期利息按照建筑服务 11% 开具增值税发票，其他勘察设计费用和建安工程费用开具建筑服务 11% 的增值税发票给政府方（表 2-4）。

表 2-4　除征地拆迁、存量工程外按照建筑服务标准不同成本项目的票据类型对应

成本项目	票据取得类型	抵扣税率	收入类型	开具票据类型	销项税率
征地拆迁费	无	0%	代收转付	收据、增值税发票	0%
存量工程经营权	无	0%	代收转付	收据、增值税发票	0%
建设期利息	普通发票	0%	金融服务	增值税发票	11%
勘察设计费用等	增值税专用发票	6%	勘察设计	增值税发票	11%
建安工程费用	增值税专用发票	11%	建筑服务	增值税发票	11%

方案四：全部按照建筑服务。

投资总额全部开具建筑服务 11% 的增值税发票给政府方（表 2-5）。

表 2-5　全部按照建筑服务标准不同成本项目的票据类型对应

成本项目	票据取得类型	抵扣税率	收入类型	开具票据类型	销项税率
征地补偿费	无	0%	建筑服务	增值税发票	11%
存量工程经营权	无	0%	建筑服务	增值税发票	11%
建设期银行利息	普通发票	0%	建筑服务	增值税发票	11%
勘察设计费用等	增值税专用发票	6%	建筑服务	增值税发票	11%
建安工程费用	增值税专用发票	11%	建筑服务	增值税发票	11%

2. 投资收益适用税目税率方案

方案一：按照贷款服务。

财政可行性付费与投资本金的差额是政府支付的建安成本、运营成本及合理回报。投资收益全部按“贷款服务”6% 的税率缴纳增值税。

方案二：按照企业管理服务。

投资收益按“企业管理服务”6% 的税率缴纳增值税。财政部《关于推广运用政府和社会资本合作模式有关问题的通知》（财金〔2014〕76 号）明确规定，政府和社会资本合作模式的实质是政府购买服务。本项目实质是社会资本方给政府提供服务，政府支付服务款项。因此，该投资收益可以按照“现代服务业—商务辅助服务—企业管理服务”6% 的税率缴纳增值税。

方案三：按照建筑服务。

投资收益开具建筑服务 11% 的增值税发票给政府方。

（二）投资回报谈判

针对政府的可行性付费各地均没有统一的执行口径，投资回报谈判即不区分“投资本金 + 投资收益”，按照收回的政府付费全额与税务机关谈判。

方案一：6% 模式。

政府付费全部按 6% 税率缴纳增值税。财政部《关于推广运用政府和社会资本合作模式有关问题的通知》（财金〔2014〕76 号）明确规定，政府和社会资本合作模式的实质是政府购买服务。本项目实质是社会资本方给政府提供服务，政府支付服务款项。因此，该政府付费可以按照“现代服务业—商务辅助服务—企业管理服务”6% 的税率缴纳增值税。

方案二：11% 模式。

PPP 项目相当于项目公司提供建筑服务，政府付费全部按建筑服务 11% 的税率缴纳增值税。

五、操作提示

根据与税务机关沟通的结果与政府方进行谈判，提示内容如下：

（1）工程前期费用中无法取得发票的费用，如存量工程费用，需要政府出具授权书或代收款证明；征地拆迁费用，争取与政府签订委托拆迁协议，支付款项至政府或征地拆迁专户并取得政府财政收据。

（2）按照最终谈判结果的计税方法确定项目总投资额，若政府方不同意更改项目总投资额，建议与政府谈判，增加的税费由政府方承担。

（3）将与税务机关和政府方沟通结果在 PPP 合同中约定或保存会议记录，为项目后期执行提供有力证据。

第五节　PPP 项目合同签署分析

项目中标后，必定展开 PPP 合同的签署。PPP 项目周期长、交易结构复杂、各方主体非对称等项目特性，决定了 PPP 项目全生命周期中必然存在着一定的风险。并且在前期 PPP 项目的实践中由于各种原因导致双方对相关风险责任承担产生分歧，严重影响项目的进展，而社会资本方相对政府方处于弱势，如果前期没有对相关条款提前明确，会导致后期出现问题时十分被动。

因此，在 PPP 项目签订协议前期针对各项问题与政府方谈判清楚是非常必要的，避免后期引起纠纷造成不必要的损失。

一、一般签约流程

1. 确定谈判要点

社会资本方负责 PPP 项目的相关部门在谈判前，首先要梳理出 PPP 项目涉及其切身利益的谈判要点，并制定有效的谈判策略，做好充分的前期准备。

2. 展开谈判

根据 PPP 项目的类型，按照梳理的谈判点，与政府方展开谈判，具体见本节“二、合同签署注意事项”。

3. 确认谈判结果

根据谈判结果，签订协议，明确相关涉税事项的谈判结果。

二、合同签署注意事项

（一）与税务机关沟通要点

在政府方谈判前，财务部门尽量能够与税务机关沟通以下事项，以便确定后期谈判的方向。

1. 项目适用税目和税率

（1）工程前期费用（征地拆迁、勘察、设计、监理等）能否做代收转付处理，本金部分不涉及增值税。

（2）可用性付费中设备、建安、设计费等分别适用税目和税率（17%、11%、6%）或者统一按建筑服务适用税率 11%。

（3）投资回报适用税目和税率（企业管理服务 6%、金融服务 6%、建筑服务 11%等）。

具体谈判方案详见本章第四节“PPP 项目收益涉税谈判分析”，结合分析理解关注点。

2. 项目立项主体

如果政府方要求变更项目立项主体，提前与税务机关沟通主体变更对后期项目公司涉税的影响。

具体细节详见本章第二节“一、项目立项主体”的详细分析，结合分析理解关注点。

3. 政府补助

除政府购买服务付费，其他政府补助（中央财政补助除外）能否参照中央财政补助不征增值税。

4. 政府放弃分红

如果项目公司所在地工商局采用标准章程范本，无法增加政府放弃分红条款，应与当地税务机关进行沟通，能否以股东投资协议代替公司章程进行备案，避免后期无法享受超比例分红免税政策。

具体细节详见第三章第一节“一、股权结构设置”的详细分析，结合分析理解关注点。

5. 税收优惠

（1）西部大开发政策：与税务机关沟通项目公司行业认定及政府付费是否符合营业收入范围的问题，特别是金融资产核算模式下的收入范围问题。

（2）总承包方城建税、土地使用税等适用税率不一致问题：针对跨不同市区、县区建设的 PPP 项目，社会资本方可能承担的税率不统一，就适用统一税率进行谈判。

（3）三免三减半政策：企业所得税三免三减半的规定从取得第一笔运营收入那年开始享受政策，如果部分企业提前运营导致取得了第一笔运营收入，但实际 PPP 项目并未达到运营条件，则要求主管税务机关不能以此为基准确定享受税收优惠的时点，而应以实际达到运营条件为准。

（4）纳税地点的选择，对于建设期，社会资本方需要跨区建设 PPP 项目，针对面临多地税务机关征管的情况，就能否统一在同一税务机关缴纳相关税费进行谈判，再由其进行内部分配税款。

（5）项目公司能够享受的其他税收优惠，如个税返还、房产税和土地使用税减免等。

（二）与政府沟通要点

1. 项目立项及“四证”主体

（1）与政府方沟通在投资合同中明确立项及“四证”主体为政府方。

（2）如果变更立项及“四证”主体，可能导致项目公司增值税适用税目、税率变动，还可能增加房产税、土地使用税、土地增值税等相关税费，因此，在谈判时应明确增加的税费由政府方承担。

（3）如果立项主体及“四证”需要变更，相关批复文件需要重新审批，要求政府方给予协助，因政府方协助不到位导致无法变更立项主体的损失由政府方承担。

具体细节详见本章第二节“三、项目其他法律事项办理”的详细分析，结合分析理解关注点。

2. 建设项目用地

（1）明确建设项目用地土地的取得方式，如划拨、招拍挂、协议转让或作价入股等，如符合划拨范围建议在合同中明确为划拨用地。

（2）明确对土地使用证件使用的限制条件，如不允许融资抵押、转让、出租等限制。

具体细节详见本章第二节“二、项目用地”的详细分析，结合分析理解关注点。

3. 征地拆迁的处理

（1）确定拆迁主体，针对政府方负责和项目公司负责，建议尽量选择政府方负责。

（2）确定拆迁金额的结算方式，针对固定包干结算和据实结算，建议尽量选择包干结算。

（3）与政府方沟通拆迁费用作代收转付处理，以正式收据方式结算。

（4）如果无法针对征地拆迁及与征地拆迁相关的协调费用做代收转付处理，在合同签订中约定其提供“经税务部门认可的票据”，且要求政府方承担增加的税费。

具体细节详见本章第三节“二、征地拆迁费用”的详细分析，结合分析理解关注点。

4. 前期费用的处理

（1）与政府方沟通前期费用作为代收转付处理。

（2）如果不能作为代收转付处理，针对由第三方负责的勘察设计等费用，由政府方、项目公司与第三方签订三方协议，明确项目公司与第三方结算，取得第三方开具的增值税专用发票。

（3）对于无法取得增值税专用发票的政府方代垫费用，在合同签订中约定其提供“经税务部门认可的票据”，且要求政府方承担增加的税费。

具体细节详见本章第三节“一、前期费用”的详细分析，结合分析理解关注点。

5. 项目公司股权架构

（1）明确政府参股的方式、资金来源及形式、收益分配形式。

（2）对股权架构的限制，如引入基金公司、结构化融资等。

（3）对股权变更的限制，如社会资本方中途退出等。

具体细节详见第三章第一节“一、股权结构设置”的详细分析，结合分析理解关注点。

6. 注册资本金的到位时间

如果政府要求出资一次到位，谈判注册资金到位与投资建设进度用款应相匹配，否则投资回报从注册资本金到账当日开始计算以补偿资金占用成本。

具体细节详见第三章第一节“二、项目投资金额控制”的详细分析，结合分析理解关注点。

7. 项目公司注册地

项目所在城市如果跨不同区域，每个区域的税收环境不同，则选择税收环境好的区域，并在合同中明确项目公司的注册地。

具体细节详见第三章第二节“一、注册地及税收优惠”的详细分析，结合分析理解关注点。

8. 项目资产产权的约定

（1）在合同中明确项目资产产权归政府方所有，如归项目公司所有，则增加的房产税、土地使用税、土地增值税等相关税费由政府方承担。

（2）针对经营性的附属设施收取的营业收入，政府方要求提成但不提供发票能否按照净额缴纳相关税费，如果不能按照净额缴纳，政府方需要承担此部分税费。

9. 关注激励机制、风险分担条款

（1）建设期与运营期分开规定相应年限。如果建设期提前完工，提前完工期限不应扣减运营期限；如果建设期滞后完工，运营期限应从达到运营条件后计算运营期。

（2）如果 PPP 项目部分工程建设达到了运营的条件，提前运营的，不应计入运营期限，而应在整个项目全部达到运营条件后才开始计算运营期。

（3）PPP 项目是基于目前相关税收政策签订，后期由于税收政策的变动减少相关税费的，政府方应给予社会资本方享受政策带来的红利，如果税收政策的变动增加相关税费的，政府方应该承担政策变动给社会资本方带来的损失。

10. 政府补助（政府购买服务除外）

（1）政府补助（政府付费除外）参照中央财政补助不征收增值税谈判，否则，重新评估实施方案中的投资回报计算方法。

（2）在合同中明确补助的来源（中央或地方）、补助的形式（以项目资本金的形式或其他）、补助资产的形式（货币或非货币）及补助的支付时点（建设期或运营期）。

（3）提供补助批复文件的要求。在合同中明确政府方针对各种形式的补助提供相关批复文件及资金管理办法，以便享受企业所得税免税的优惠政策。

（4）明确政府补助是否作为注册资本金形式进入项目公司。

① 如果政府方申请到除政府购买服务付费外的政府补助（中央财政补助、财政专项资金），尽量谈判使该补助不能用于增加政府方对项目公司的持股比例或增加政府方的注册资本金。

② 如果政府方要求政府补助必须以注册资本金的形式进入项目公司，且政府缺口性补助的计算公式中扣除“政府补助”时，需明确该计算公式中的“政府补助”不包含已计入项目公司注册资本金部分的补助金额；项目公司存续期内再次申请到政府补助时，不能用于增加政府方对项目公司的持股比例或增加政府方的注册资本金。项目公司增资时，需要求政府方和社会资本方同比例注资，避免股权被稀释。

11. 付费机制

（1）政府付费 PPP 项目，政府方可用性及绩效考核应设置最低考核标准，保证社会资本方的合理权益。

（2）非政府付费 PPP 项目，经营期间，政府方应制定合理的调价机制，适用当期经济形势。如收费公路的通行费收费标准应有相应调价机制，不能采用固定标准。

12. 退出方式的约定

（1）确定资产移交的形式，资产是无偿移交还是有偿移交，资产移交的范围，相应产权的变更手续等。

（2）社会投资人股权退出的方式，如：通过政府方收购社会资本方的股权、社会资本方撤资等多种形式。

（3）允许社会资本方采用资产支持证券化的形式或者其他的方式退出。

（4）在投资协议中应该明确约定项目满足一定条件后，社会资本方可以要求中途退出，中途退出后政府方必须满足社会投资方投资回报的基本保障。

13. 税收落地

有些政府会要求总承包方的有关该项目的所有税费也在项目所在地缴纳，需和政府方提前沟通的要点如下：

（1）针对税收落地弊端，协商能否不限制总承包方税费全部在项目所在地。可以测算一下项目实际税负与预缴 2% 增值税及 0.2% 企业所得税之间的差额，以便能够更好应对，差额小，税收不落地对当地税收影响不大。

（2）如果必须要求总承包方税收落地，在子公司和分公司之间，选择成立分公司的形式进行谈判。

具体细节详见第三章第二节“三、税收落地”的详细分析，结合分析理解关注点。

第六节　其他相关合同签署分析

一、联合体协议

1. 资金来源

政府投资资金如果来源为中央专项资金投资补助，项目公司可将中央专项资金计入实收资本或资本公积。

因此，在签订股东协议时，根据中央专项资金的有关批复，股东需在股东协议中说明政府入股资金的来源和处理方法。

2. 注资时间

股东各方注册资本金的时间影响资金的占用成本，因此，股东协议的注册资金的投入时间尽量与投资建设进度相匹配。

3. 同股不同权（放弃分红、不参与管理等）

《公司法》第三十四条规定，在全体股东约定的情况下，可以不按照出资比例分取红利。现行《税法》规定，不按比例分红享受股息、红利免征企业所得税时应有合理的理由且在公司章程中明确约定。所以，对于政府放弃分红的情形，社会资本方分取股息、红利时也可以享受免征企业所得税的优惠。

因此，在签订股东协议或公司章程时，应明确不按投资比例分红的具体方式、是否参与管理等情况。

具体详见第三章第一节“一、股权结构设置” 的详细分析，结合分析理解关注点。

4. 明股实债

通过股权形式引入资管产品（包括资产、信托、基金等），如支付的固定利息作为利息税前列支，需在股东协议中明确约定以下条件：

① 被投资企业接受投资后，需要按投资合同或协议约定的利率定期支付利息（或定期支付保底利息、固定利润、固定股息，下同）；

② 有明确的投资期限或特定的投资条件，并在投资期满或者满足特定投资条件后，被投资企业需要赎回投资或偿还本金；

③ 投资企业对被投资企业净资产不拥有所有权；

④ 投资企业不具有选举权和被选举权；

⑤ 投资企业不参与被投资企业日常生产经营活动。

5. 股权退出

社会资本方退出的时间和退出方式将适用不同的税收政策，涉及的税额也不尽相同。因此，在签订股东协议时，应明确社会资本方股权可以退出的时间和方式，包括但不限于政府方回购股权。

二、融资协议

1. 一般注意事项

（1）融资服务纳税义务发生时间一般为合同约定的应付利息时间，在签订融资合同时，尽量明确利息的付款时间、还款方式和逾期处理的约定。

（2）明确支付利息提供发票的类型。

2. 抵押担保协议注意事项

抵押担保的形式和充足率直接影响融资利率的高低，在签订融资合同时，应综合考虑企业的实际情况，选择合适的抵押担保物并在合同中明确。

3. 保理融资协议注意事项

（1）保理融资中，有无追索权约定直接影响到企业的交易性质、会计处理和财务报告披露，因此企业在融资时，应结合上述因素确定融资目的并在合同中明确。

（2）无追索权的保理融资，避免出现利息字样或者与利息相关的条款。

4. 资管产品协议注意事项

（1）通过股权形式引入资管产品（包括资产、信托、基金等），如支付的固定利息作为利息税前列支，需在股东协议中明确约定以下条件：

① 被投资企业接受投资后，需要按投资合同或协议约定的利率定期支付利息（或定期支付保底利息、固定利润、固定股息，下同）；

② 有明确的投资期限或特定的投资条件，并在投资期满或者满足特定投资条件后，被投资企业需要赎回投资或偿还本金；

③ 投资企业对被投资企业净资产不拥有所有权；

④ 投资企业不具有选举权和被选举权；

⑤ 投资企业不参与被投资企业日常生产经营活动。

（2）对于资管合同中（包含资管、信托、基金合同）涉及的信托计划或者资管计划，信托合同中避免出现保本字样或者与保本相关的条款。

（3）通过股权或者债权引入资管产品（包括资产、信托、基金等），对资管产品管理人提供的发票、适用税率等做出明确约定。

（4）基金协议特殊签订要点：

① 结构化设计约定。

结构化设计是基金募集的关键，在签订基金协议时，应重点从一般合作人（General Parter，GP）的数量、基金管理公司出资比例、控制权的约定、有限合作人（Limit Parter，LP）间出资比例的分配和退出机制等方面约定。

② 决策权约定。

决策权的约定直接影响基金合并主体的确定，在签订基金协议时，根据基金设立的目的和结构化设计的情况，具体应从控制权、可变回报以及控制权与可变回报的关系三个方面约定。

③ 收益与风险分配约定。

基金收益与风险分配的约定属于基金重大经济条款，在签订基金协议时，基金收益的分配模式和风险的合理分担应关注本金的返还次序、收益的分配次序、超额收益提成比例以及回拨机制等。

④ 管理费约定。

管理费的计算方法是投资人谈判的重点问题。一般来说包括：管理费的计算基数、基金收益提成比例、管理费的降低机制等。

⑤ 基金份额退出或转让机制。

科学多样的退出机制，是投资安全的关键。基金管理公司必须在基金实施投资前就设计出合适的投资退出机制，保障投资人未来能从已投资的项目或企业中收回投资和收益。退出方式一般有清算退出、基金份额退出和基金份额转让。

5. 资产支持证券化协议注意事项

（1）对于基础资产打包转让给证券公司进行资产支持证券化，签订合同时，约定以基础资产未来收益权所产生的现金流作为偿付，以此基础资产进行资产支持证券化，不要明确约定转让基础资产的收益权。

（2）在进行资产支持证券化时，根据企业融资目的和商业实质的判断，在签订合同时应明确结构化设计方案、决策权归属、收益与风险分配、管理费标准、基金份额退出或转让机制等。

三、总承包协议

1. 预付款开票

《财政部 税务总局关于建筑服务等营改增试点政策的通知》（财税〔2017〕58 号）规定：

纳税人提供建筑服务取得预收款，应在收到预收款时，以取得的预收款扣除支付的分包款后的余额，按照本条第三款规定的预征率预缴增值税。

因此，在提供建筑服务并收到预付款时，需按规定预缴增值税，但是可以先不开票，按照纳税义务时间开票。

另外，在签订合同时，在政策允许的情况下，尽量合理安排预付款比例和时间，最大限度降低资金的占用。

2. 明确计税方法

业务模式直接影响计税方法的选择，经过测算确定计税方法后，应调整适合计税方式的业务模式，如甲供时总承包方才可以选择简易计税，因此在签订总承包合同时应明确相应的条款。

3. 甲供、甲指、甲控

由于甲供、甲指、甲控对总承包投资额、收入、建筑业绩的影响不同和“三流一致”的要求，在签订总承包合同时需综合考虑以上因素的影响，明确相应的条款，以满足营改增后的核算要求。

4. 发票类型和税率

对于 EPC 总承包合同，是兼营还是混合销售，目前全国没有统一的税收政策，如：天津按兼营处理，而深圳按混合销售处理。

由于各地的增值税政策不同，因此在签订总承包合同时，首先要咨询主管税务机关以明确 EPC 有关税收政策，然后在合同中明确开具发票的类型和税率。

5. 质保金的形式与发票开具

质保金的形式直接影响合同双方的现金流，在签订总承包合同时有必要明确质保金的形式，如：现金、抵押或保函。

根据《国家税务总局关于在境外提供建筑服务等有关问题的公告》（国家税务总局公告 2016 年第 69 号）的规定，纳税人提供建筑服务，被工程发包方从应支付的工程款中扣押的质押金、保证金，未开具发票的，以纳税人实际收到质押金、保证金的当天为纳税义务发生时间。

质保金发票开具时点，合同双方应综合考虑资金占用、收入确认和成本扣除等因素后，在总承包合同中予以明确。

第七节　项目融资工具

一、PPP 融资方案的分类

依据PPP项目投融资结构的不同，可以分为债权融资、股权融资、股权和债权合并融资（股债联动融资）模式。对于社会资本方来说，一般如果需要股权融资，则会用到债权融资。

1. 债权融资模式

债权融资模式的工具，主要包括银行贷款、发行债券、签发票据、融资租赁、资产支持证券化等，目前国内 PPP 项目的债权融资集中在银行贷款。

依据《财政部关于印发政府和社会资本合作模式操作指南（试行）的通知》（财金〔2014〕113 号）的规定，政府方不对融资提供担保或其他直接增信。目前，多数 PPP 项目由项目公司依靠自身现金流做支撑，向金融机构申请债权融资。

2. 股权融资模式

股权融资在项目融资里，也通常被称为（项目）资本金融资。资金来源一般情况下是银行理财或保险资金（原因是银行理财资金和保险资金成本较低），在少数情况下也有其他资金，但按照相关制度要求，不能直接投资项目公司股权，通常是要通过一些资管通道投资到 PPP 项目公司，资管通道通常有：信托计划、券商资管计划、保险资管计划、私募基金（有限合伙、契约型、公司型）以及其他合法通道。在金融资本结构里，可以是多资金来源、多资管渠道相结合。

3. 股债联动融资

股债联动融资，是指项目公司既吸收融资工具的股权资金，也通过贷款方式吸收融资工具的债权资金，吸收的股权资金通常满足项目公司成立时的注册资本金或项目资本金，项目建设的资金通常通过债权形式进入项目公司。

二、PPP 融资工具的涉税分析

（一）贷款融资

1. 银行贷款

1）商业银行贷款

商业性银行在保证资金安全的基础上，以盈利为首要目的的特点使得贷款人较难获得利率上的优惠。

2）政策性银行贷款

中国国家开发银行、中国进出口银行、中国农业发展银行是我国三大政策性银行。其中，中国国家开发银行围绕国家战略重点和开发性金融机构定位，不断加大对城市基础设施建设、棚户区改造等新型城镇化建设重点领域融资支持，助力产业结构调整与优化升级。政策性银行较商业银行在贷款规模、期限、利率等方面能使贷款人享受优惠。

3）国家开发银行重点支持的行业贷款

（1）棚户区改造。

支持范围：城市扩容提质及新区建设涉及的棚改、三旧改造涉及的棚改、国有工矿及华侨农场涉及的棚改、新型城镇化建设涉及的棚改、重大项目和园区建设涉及的棚改。

（2）水利工程。

支持范围：国家 172 项重大水利工程、城市防洪排涝与内河治理工程、其他薄弱环节水利工程、贫困地区涉水项目。

（3）地下综合管廊。

地下综合管廊支持范围：城市地下综合管廊是指在城市地下用于集中敷设电力、通信、广播电视、给水、排水、热力、燃气等市政管线的公共隧道。在城市新区、各类园区、成片开发区域的新建道路，根据功能需求，管廊采取同步建设；在老城区，结合旧城更新、道路改造、河道治理、地下空间开发等，因地制宜、统筹安排建设。

建设内容：综合管廊本体、进入管廊的专业管线，以及与管廊工程同步施工的道路等配套基础设施。

（4）海绵城市。

建设重点：海绵型建设与小区、海绵型道路与广场、海绵型公园与绿地、水体治理与修复、排水与调蓄设施等。

支持范围：优先支持与棚户区改造、危房改造、老旧小区有机更新结合的建设项目；鼓励以总承包方式整体打包运作海绵城市建设项目，打造大型专业化建设运营主体；对海绵城市建设项目实施主体提供专项建设基金，补充项目资本金；对纳入住建部项目储备库并采用 PPP 模式整体打包运作的项目，给予贷款规模倾斜。

（5）医疗卫生。

支持范围：现有市县人民医院及中医院改扩建；新建公立医院；儿童、精神病、妇产、肿瘤、传染病、康复护理等专科医疗机构建设；标准化乡镇卫生院或社区卫生服务中心建设；

医学检验检查机构、病理诊断机构、消毒供应机构和血液净化机构等建设；环境污染风险治理，如提高饮用水安全水平和无公害卫生厕所建设；药品生产、供应保障、流通领域改革项目；医学院校、重大科研项目；医养结合、健康服务项目；设备装备购置、医疗卫生服务项目；市县政府关心的其他项目等。

（6）教育机构设施。

支持范围：中小学和职业学校的新建、改造和搬迁。

（7）扶贫开发。

支持范围：易地扶贫搬迁项目；整村推进基础设施建设项目；特色产业项目；生态建设和环境保护项目；教育、医疗、健康养老、文化等项目。

（8）城市轨道交通。

支持范围：城市地铁建设项目、轻轨铁路建设项目、城市现代有轨电车项目。

项目资本金：项目资本金占总投资比例不低于 20%。

（9）节能环保。

支持范围：水环境保护项目；工业污染治理、循环经济项目；固体废物处理项目；土壤修复项目。

（10）健康养老。

支持范围：居家养老服务设施建设项目、社区养老服务设施建设项目、养老机构服务设施建设项目。

（11）文化旅游基础设施。

支持范围：突出文化内涵的旅游景区及其基础设施；优秀文化传承保护、开发利用类项目；文化旅游实验区、示范区、特色产业集聚区；红色旅游精品示范区及其基础设施。

4）银行贷款涉税分析

银行贷款模式主要是项目公司与贷款银行直接签订贷款合同，并将项目公司未来运营受益权作为质押，政府方不提供额外担保。

（1）增值税。

根据《财政部 国家税务总局关于全面推开营业税改征增值税试点的通知》（财税〔2016〕36号）的相关规定，项目公司接受贷款服务向贷款方支付的利息及与该笔贷款直接相关的投融资顾问费、手续费、咨询费等费用，不能抵扣进项税。

因此，项目取得的与贷款直接相关的利息、手续费等增值税专业发票不能抵扣进项税额。

（2）企业所得税。

根据企业所得税的相关规定，预提的利息支出不能在企业所得税税前扣除，应在实际发生利息支出并取得贷款方开具的合规票据后，方可在企业所得税税前扣除。

（3）印花税。

项目公司签订贷款协议，按照借款合同适用 0.005% 税率申报缴纳印花税；签订的抵押、质押协议不需要缴纳印花税。

2. 股东贷款

1）贷款模式

根据《贷款通则》的相关规定，企业之间不得违反国家规定办理借贷或者变相借贷融资业务，因此股东贷款一般是指股东提供合法资金转入委托银行，委托银行根据股东确定的贷款对象（项目公司）、用途、金额、期限、利率等代为发放、监督使用并协助收回的贷款业务。

2）涉税分析

（1）增值税。

根据《财政部 国家税务总局关于全面推开营业税改征增值税试点的通知》（财税〔2016〕36 号）的相关规定，项目公司接受贷款服务向贷款方支付的利息及与该笔贷款直接相关的投融资顾问费、手续费、咨询费等费用，不能抵扣进项税。

因此，项目取得的与股东贷款直接相关的利息、手续费等增值税专业发票不能抵扣进项税额。

（2）企业所得税。

项目公司支付给股东方非金融企业的利息应凭增值税发票作为税前扣除的凭证。

股东作为法人单位，其通过银行或者财务公司直接贷给项目公司的资金，均应受关联方利息支出税前扣除的限制。

根据《财政部 国家税务总局关于企业关联方利息支出税前扣除标准有关税收政策问题的通知》（财税〔2008〕121 号）的相关规定，关联企业之间发生借款交易，如果能够提供资料证明借款交易符合独立交易原则或者借款方的企业所得税实际税负不高于关联贷款方的实际税负，不受债资比 2 ：1（其他企业）或 5 ：1（金融企业）的限制，借款方支付给关联贷款方的利息支出，允许在企业所得税前扣除；如果不能够提供资料证明符合上述条件的，借款方债资比超出比例部分对应的利息支出，不允许在企业所得税前扣除。

（3）印花税。

实际执行中，委托贷款合同的签订形式主要有两种：一种是签订两个双方合同，即资金提供方与金融单位签订委托合同，金融单位与资金需求方签订借款合同；一种是签订三方协议，即资金提供方、金融单位、资金需求方三方签订委托贷款协议。

根据相关税收法规规定，在委托贷款业务中，无论是签订两个双方合同还是签订一个三方合同，资金提供方作为委托人均不需缴纳印花税，而金融机构和资金需求方作为资金借贷关系人均需按规定缴纳印花税。

因此，项目公司作为委贷合同中的借款方，需要按规定缴纳印花税。

3. 统借统还

1）统借统还概述

统借统还是指：

① 企业集团或者企业集团中的核心企业向金融机构借款或对外发行债券取得资金后，将所借资金分拨给下属单位（包括独立核算单位和非独立核算单位，下同），并向下属单位收取用于归还金融机构或债券购买方本息的业务。

② 企业集团向金融机构借款或对外发行债券取得资金后，由集团所属财务公司与企业集团或者集团内下属单位签订统借统还贷款合同并分拨资金，并向企业集团或者集团内下属单位收取本息，再转付企业集团，由企业集团统一归还金融机构或债券购买方的业务。交易流程如图 2-1 所示。

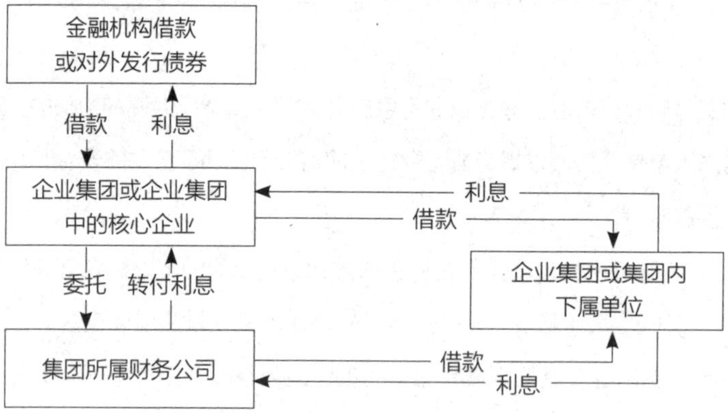

图 2-1　统借统还融资模式常规交易流程

2）涉税分析

统借统还业务中，企业集团或企业集团中的核心企业以及集团所属财务公司按不高于支付给金融机构的借款利率水平或者支付的债券票面利率水平，向企业集团或者集团内下属单位收取的利息免征增值税。

统借方向资金使用单位收取的利息，高于支付给金融机构借款利率水平或者支付的债券票面利率水平的，应全额缴纳增值税。

3）操作提示

项目公司的股东方如果选择适用统借统还政策，应严格按照统借统还的条件管理内部的贷款合同，避免因管理不规范增加不必要的税收负担。统借统还政策的具体操作要点如下：

① 资金贷出方是集团所属财务公司、企业集团或集团内的核心企业。

② 资金贷出方的资金是来源于金融机构的借款、对外发行债券取得的资金、而不能是以资金集中管理、内部借款等其他筹资手段取得的资金。

③ 资金贷出方收取利息的贷款利率不能高于从金融机构的借款利率。

④ 贷出资金的贷款期限不得长于向金融机构的借款期限。

⑤ 向项目公司收取利息的同时，不能收取代办费、手续费等其他附加费用。

⑥ 项目公司支付利息时需单独记账，并取得资金贷出方开具的增值税发票。根据《财政部 国家税务总局关于全面推开营业税改征增值税试点的通知》（财税〔2016〕36 号）的规定，符合统借统还业务相关条件，资金贷出方收取的利息免征增值税，资金贷出方可开具零税率的增值税发票。

⑦ 在内部借款合同中明确资金来源，建立贷出款项与借入款项的对应关系。

⑧ 资金贷出方建立统借统还备查登记簿或明细台账，在主管税务机关检查时能够提供证据证明符合统借统还政策。

（二）发行债券融资

1. 发行债券简介

作为直接融资工具，发行债券也是 PPP 项目的一个主要融资途径。在项目建设期可以通过发行企业债券、项目收益债券、公司债券、中期票据等进行融资，其中项目收益债券最适合 PPP 项目。在项目运营期也可以通过发行资产支持证券化产品等进行再融资。具体见本节“（七）资产支持证券化融资”。

专项债券、债券创新规定对部分领域 PPP 项目有较大支持。国家发展改革委先后下发了地下综合管廊、停车场、养老产业、战略新兴产业、双创孵化、绿色产业、PPP 专项等 7 个专项债券质押，加之前期对保障性住房的支持，可见国家对此项融资工具的支持。

2. 发行债券涉税分析

1）增值税

根据《财政部 国家税务总局关于全面推开营业税改征增值税试点的通知》（财税〔2016〕36号）的相关规定，项目公司接受贷款服务向贷款方支付的利息及与该笔贷款直接相关的投融资顾问费、手续费、咨询费等费用不能抵扣进项税。

因此，项目取得的与发行债券直接相关的利息、手续费等增值税专业发票不能抵扣进项税额。但在债券发行业务中，发债方向承销机构支付的评估费以及向增信机构支付的咨询费等费用不属于不得抵扣进项税的范围，可以取得增值税专用发票抵扣进项税。

2）企业所得税

根据企业所得税的相关规定，预提的利息支出不能在企业所得税税前扣除，应在实际发生利息支出并取得合规票据后在企业所得税税前扣除。

3）印花税

公司发行公司债券，签订的债券承销协议，不属于与银行及其他金融组织签订具有借款合同效力的凭证，不需要按借款合同交印花税。

（三）资管产品融资

1. 资管产品简介

资管产品，包括银行理财产品、资金信托（包括集合资金信托、单一资金信托）、财产权信托、公开募集证券投资基金、特定客户资产管理计划、集合资产管理计划、定向资产管理计划、私募投资基金、债权投资计划、股权投资计划、股债结合型投资计划、资产支持计划、组合类保险资产管理产品、养老保障管理产品。

以上产品在涉税环节没有本质区别，均按照资管产品进行涉税处理。

2. 资管产品涉税分析

目前项目公司引入资管产品进行融资主要有两种模式，一种是债权融资模式直接引入资管产品，一种是股债联动融资模式引入资管产品。以下针对不同的模式结合案例（以信托产品为例）进行分析：

1）债权融资模式

（1）案例描述。

项目公司通过债权融资模式引入信托产品，融资模式概况为：

① 信托公司与项目公司签订信托贷款合同，信托公司作为借款人将信托计划募集的资金

贷给项目公司。

② 信托公司作为受托人以自己的名义，按照信托合同的约定，对信托财产进行管理、运用和处分。

③ 优先级委托人（受益人）银行或其他投资者和劣后级委托人（受益人）社会资本方，本信托计划成立时，委托人为唯一受益人。

④ 担保公司与信托公司签订保证合同，对借款合同项下的借款本金、利息及其他应付费用承担无条件的、不可撤销的连带责任保证。

（2）交易简图。

债权融资模式常规交易流程如图 2-2 所示。

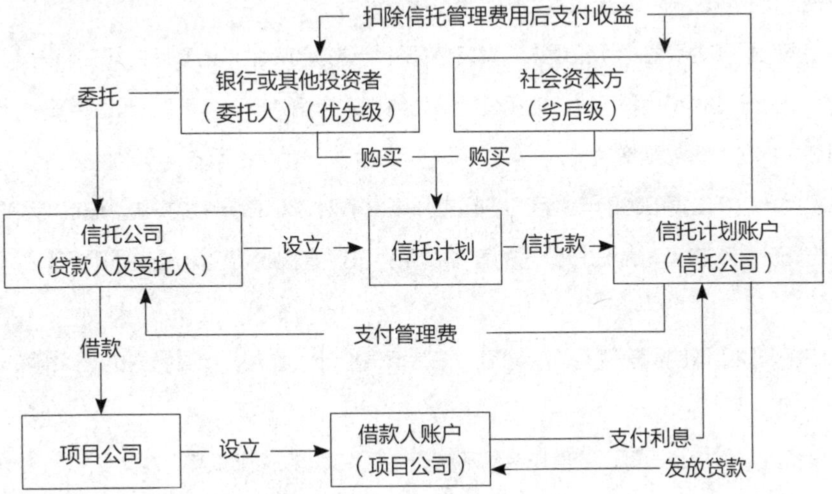

图 2-2　债权融资模式常规交易流程

（3）各关联企业涉税分析。

① 项目公司。

a. 根据印花税相关规定，银行及其他金融组织和借款人（不包括银行同业拆借）所签订的借款合同，按照借款合同适用 0.005% 税率缴纳印花税。我国的其他金融组织，是指除人民银行、各专业银行以外，由中国人民银行批准设立，领取经营金融业务许可证书的单位。

因此，信托公司属于其他金融组织。项目公司与信托公司签订的信托贷款合同应按照借款合同适用 0.005% 税率缴纳印花税。

b. 项目公司每期支付信托公司的固定利息，由于信托公司用信托计划募集的资金进行投资，并非自有资金进行投资，因此根据《财政部 国家税务总局关于资管产品增值税有关问题的通知》（财税〔2017〕56 号）的规定，信托公司为资管产品的管理人，其将信托计划募集的资金通过债权的形式直接投资于项目公司。

因此，信托公司作为纳税人在运营过程中取得的固定收益属于增值税应税范围，2018 年 1 月 1 日起应适用简易计税方法，按照 3% 的征收率缴纳增值税。因此，项目公司 2018 年 1 月 1 日起应要求信托公司开具税率为 3% 的增值税发票，以此作为利息支出凭据税前列支。

② 资管产品管理人。

信托公司与项目公司签订的信托贷款合同应按照借款合同适用 0.005% 税率缴纳印花税。

信托公司与优先级委托人（受益人）银行或其他投资者和劣后级委托人（受益人）社会资本方签订的信托合同不属于借款合同，不征收印花税。

信托公司作为资管产品管理人，其将信托计划募集的资金借给项目公司，信托计划取得的固定收益属于增值税应税行为，信托公司作为纳税人自 2018 年 1 月 1 日起适用简易计税方法，按照 3% 的征收率缴纳增值税。

因此，信托公司 2018 年 1 月 1 日起应开具税率为 3% 的增值税发票，进行纳税申报。

信托计划账户支付给信托公司的管理费用，按照直接收费金融服务适用 6% 税率缴纳增值税。

信托公司收取的管理费用价税分离后扣除增值税计入收入，计算缴纳企业所得税。

③ 投资人。

投资人与信托公司签订的信托合同不属于借款合同，不征收印花税。

投资人从信托计划取得的投资收益，需依据信托合同中规定的相应条款判断是属于保本收益还是非保本收益。如属于保本收益，则应属于利息收入，按照贷款服务适用 6% 缴纳增值税；如属于非保本收益，不征收增值税。

根据《财政部 国家税务总局关于明确金融 房地产开发 教育辅助服务等增值税政策的通知》（财税〔2016〕140 号）的相关规定，投资收益是指合同中明确承诺到期本金可全部收回的投资收益。因此，信托合同相应条款的规定决定着投资人的涉税处理。

对于保本收益的判断，各地税务机关执行过程中可能会出现偏差，各投资人应结合各地的执行口径进行涉税处理。

投资人将购买的信托计划持有至到期，不属于金融商品转让。如果投资人中途转让此信托计划，应按照金融商品转让适用 6% 税率依据价差缴纳增值税。

2）股债联动融资模式

（1）案例描述。

项目公司通过股权 + 债权合并融资模式引入信托产品，融资模式概况为：

① 信托公司与项目公司签订投资合作协议，信托公司通过持股的方式增资项目公司。投资协议中明确约定项目公司每年向信托公司以项目公司分红的形式支付固定利率的投资回报款。

② 信托公司与项目公司另签订信托贷款合同，信托公司作为借款人将信托计划募集的资金贷给项目公司。

③ 信托公司作为受托人以自己的名义，按照信托合同的约定，对信托财产进行管理、运用和处分。

④ 证券公司通过设立资管计划募集资金购买信托公司设立的信托计划。

（2）交易简图。

股债联动融资模式常规交易流程如图 2-3 所示。

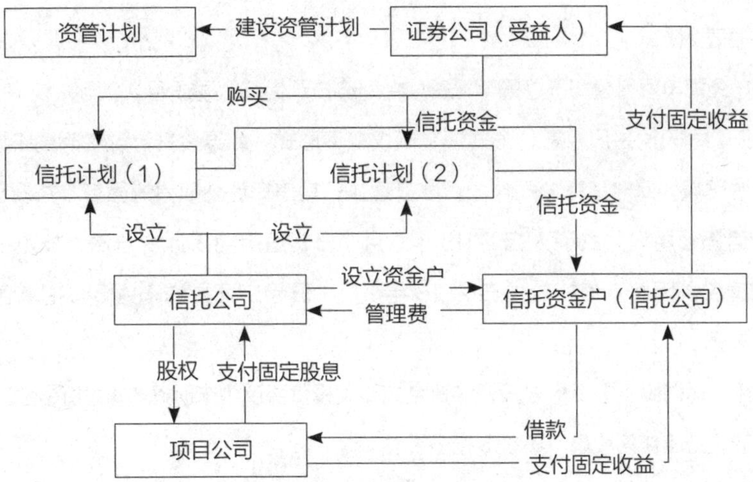

图 2-3　股债联动融资模式常规交易流程

（3）各关联企业涉税分析。

① 项目公司。

项目公司与信托公司签订的信托贷款合同应按照借款合同适用 0.005% 税率缴纳印花税。

项目公司与信托公司按照信托贷款合同支付的固定利息，与通过债权融资模式投资的涉税处理相同，项目公司 2018 年 1 月 1 日起应要求信托公司开具税率为 3% 的增值税发票，以此作为利息支出凭据税前列支。

项目公司与信托公司通过投资合作协议以股权融资模式投入的资金，投资协议中约定项目公司每年需支付固定股息。根据《财政部 国家税务总局关于全面推开营业税改征增值税试点的通知》（财税〔2016〕36号）的相关规定，信托公司以货币资金投资收取固定利润，应按照贷款服务缴纳增值税。对于收取的固定利润，信托公司作为资管产品的管理人，需自2018年1月1日起适用简易计税方法，按照3%的征收率缴纳增值税。项目公司取得此发票凭据能否作为利息税前列支，需依据企业所得税税前扣除相关规定进行判断。

根据《国家税务总局关于企业混合性投资业务企业所得税处理问题的公告》（国家税务总局公告2013年第41号）的相关规定，项目公司企业所得税税前扣除必须同时满足要求的五个条件。如果未同时满足所要求的条件，则不可在税前扣除。

如果项目公司与信托公司通过投资合作协议以股权融资模式投资的资金，未约定固定收益。信托公司取得投资收益应属于股息，不属于增值税应税范围，不征收增值税。项目公司支付股息通过未分配利润核算，对项目公司的损益不产生影响。

② 管理人。

信托公司与项目公司签订的信托贷款合同应按照借款合同适用0.005%税率缴纳印花税。

信托公司无论是股权融资形式还是债权融资形式，如果投资协议中明确了按照固定利率收取投资回报，此时信托公司作为资产管理人，其信托计划取得的固定收益属于增值税应税范围，信托公司作为纳税人自2018年1月1日起适用简易计税方法，按照3%的征收率缴纳增值税。因此，信托公司自2018年1月1日起应开具税率为3%的增值税发票，进行纳税申报。

信托公司以股权融资形式投资的资金，如果投资协议中未明确收取固定投资回报，信托公司收到的收益应作为股息，不征收增值税。

信托计划账户支付给信托公司的管理费用，按照直接收费金融服务适用6%税率缴纳增值税。

③ 投资人。

此处投资人的涉税处理，与通过债权融资引入方式投资人的涉税处理相同，此处不再累述。

（四）基金产品融资

1. 基金产品简介

PPP基金分类有多种，按照基金组织形式的不同，可以分为公司型基金、合伙型基金和契约型基金；按照设立目的的不同，可分为政府引导型基金和社会资本融资型基金。

1） 公司型基金、合伙型基金、契约型基金

公司型基金是股份投资公司的一种形式，公司由具有共同投资目标的股东组成，并设有股东大会、董事会和监事会。通过对这三大机关进行相应的权力配置和制衡，使公司尽最大努力为股东的利益服务。同时，投资者通过购买公司的基金份额，即成为该公司的股东，并享有《公司法》所规定的参与管理权、决策权、收益分配权及剩余资产的分配权等。

合伙型基金，是一种主流也是非常常见的私募基金模式，它以特殊规则的形式将普通合伙人（管理者）和有限合伙人（投资者）的责任与义务规范起来，达成价值共同化，具有较强的生命力。投资者通过设立基金管理公司，联合其他合伙人一起发起设立基金，基金管理公司通过对基金的管理、经营，实现对项目公司、企业的投资和收益。

契约型基金，又叫信托型基金，是通过契约将投资人、管理人和托管人的经济利益关系联系在一起并作为事前约定。它将资金管理人、基金托管人和基金持有人，根据信托契约确立相互之间的权利和义务关系，并通过发行收益凭证来募集基金。

目前，合伙型基金、契约型基金是主流基金形式。

2） 政府引导基金和社会资本融资型基金

（1）政府引导基金。

由政府主动发起，引导金融机构或其他投资人参与设立的 PPP 基金，为政府引导型 PPP 基金。交易流程如图 2-4 所示。

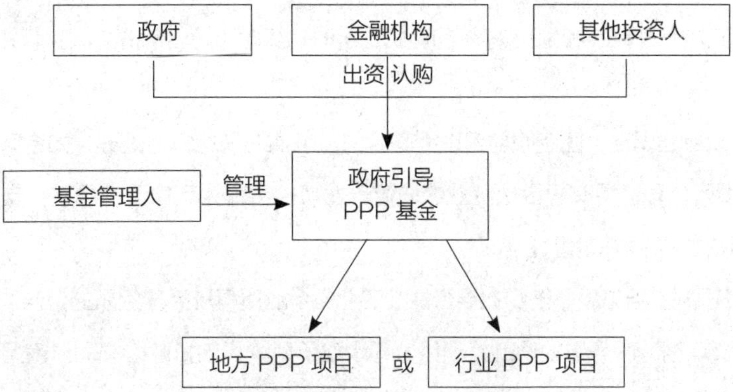

图 2-4 政府引导基金常规交易流程

（2）社会资本融资型基金。

由社会资本作为发起主体，与金融机构或其他投资人共同设立的用于帮助社会资本进行PPP 项目融资的基金，为社会资本融资型基金。交易流程如图 2-5 所示。

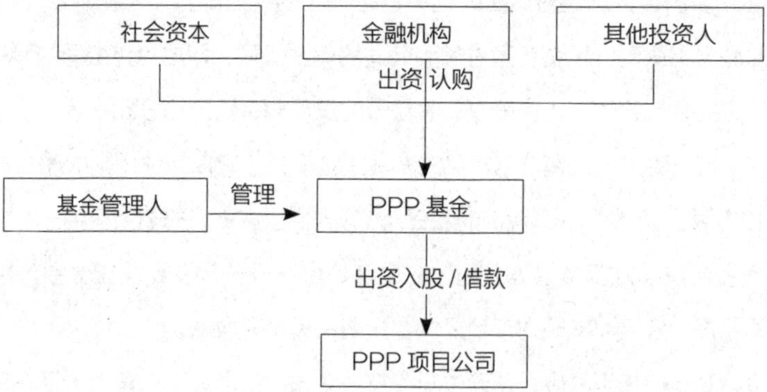

图 2-5 社会资本融资型基金常规交易流程

社会资本融资型基金可以按照组织形式的不同，设立公司型基金、有限合伙型基金和契约型基金。

2. 基金产品涉税分析

1）项目公司

（1）根据印花税相关规定，项目公司实际收到基金的投资款时，按照资金账簿记载的金额适用 0.05% 税率缴纳印花税。

基金通过股权转让或者股权撤资的形式退出时，资金账簿记载的金额实际并未增加，无涉税事项。

（2）项目公司支付固定收益时根据基金的涉税情况进行具体处理，如合同中规定收取固定收益，项目公司取得有限合伙企业的增值税发票能否作为利息支出税前列支，需依据企业所得税税前扣除相关规定进行判断。

根据《国家税务总局关于企业混合性投资业务企业所得税处理问题的公告》（国家税务总局公告 2013 年第 41 号）的规定，项目公司企业所得税税前扣除必须同时满足要求的以下五个条件。如果未同时满足所要求的条件，则不可税前扣除。

① 被投资企业接受投资后，需要按投资合同或协议约定的利率定期支付利息（或定期支付保底利息、固定利润、固定股息，下同）；

② 有明确的投资期限或特定的投资条件，并在投资期满或者满足特定投资条件后，被投资企业需要赎回投资或偿还本金；

③ 投资企业对被投资企业净资产不拥有所有权；

④ 投资企业不具有选举权和被选举权；

⑤ 投资企业不参与被投资企业日常生产经营活动。

因此，项目公司如果想税前扣除，需要在投资协议中明确此五个条件。

如果未规定收取固定收益，项目公司支付收益应为股息，通过股东会对利润分配的决议做利润分配处理。

（3）以基金借款进入项目公司时，项目公司按接受贷款处理，预提的利息支出不能在企业所得税税前扣除，应在实际发生利息支出并取得贷款方开具的合规票据后，方可在企业所得税税前扣除。

2）基金及其投资人

（1）公司型基金。

公司型私募基金注册登记操作简单，存续期较长，与 PPP 项目匹配程度较高；股东对基金的控制力较强，基金管理人可能会受到股东（投资人）和董事会的影响，从而导致投资决策效率较低；受股东人数的限制，基金规模发展对基金管理者的投资能力要求较高。公司型基金必须先缴纳企业所得税后才向股东分配利润，先税后分的纳税方式使其存在“双重征税”的问题。

公司型私募基金作为法人主体，需要依法缴纳企业所得税；投资人作为公司股东在分红后还要缴纳个人所得税。

（2）合伙型基金。

合伙型基金设立程序简单，税费相对较低；经营管理较为灵活，有限合伙人不参与投资决策，投资决策权由担任基金管理人的普通合伙人行使，投资决策效率较高；有限合伙人以出资为限承担风险。

合伙型基金采取“先分后税”的形式，不作为所得税纳税主体，由合伙人分别缴纳个人所得税或企业所得税。

例：以有限合伙基金股权方式投资项目公司为例，PPP 项目涉税分析如下：

① 增值税。

投资协议中明确约定收取固定收益。根据《财政部 国家税务总局关于全面推开营业税改征增值税试点的通知》（财税〔2016〕36 号）的相关规定，有限合伙企业以货币资金投资收取固定利润，应按照贷款服务适用 6% 税率缴纳增值税，如固定收益应按照贷款服务缴纳增值税。

如果投资协议中并未明确收取固定收益，则合伙基金收到的股息红利不用缴纳增值税，此时收益作为股息红利。

② 印花税。

合伙基金转让项目公司股权时，按股权转让金额的 0.05% 缴纳产权转移书据印花税。

③ 企业所得税。

合伙基金生产经营所得和其他所得采取“先分后税”的原则。生产经营所得和其他所得包括合伙企业分配给所有合伙人的所得和企业当年留存的所得（利润），如：利息所得、股权转让所得和股权撤回清算所得等。

④ 其他。

合伙基金支付基金管理公司的管理费，应取得基金管理公司按照企业管理服务适用 6% 税率的增值税专用发票。

政策依据：《财政部 国家税务总局关于合伙企业合伙人所得税问题的通知》（财税〔2008〕159 号）。

（3）契约型基金。

契约型基金不用工商注册和税务登记，不能以基金自身直接投资 PPP 项目，实际操作中一般以基金管理公司的名义投资入股项目公司；其他特点与合伙基金类似。

契约型基金本身并不是一个纳税主体，税收征管目前没有明确的规定。

可以参考《财政部 国家税务总局关于信贷资产证券化有关税收政策问题的通知》（财税〔2006〕5 号）的有关规定，与主管税务机关沟通确认后进行相应处理。

3）基金管理公司

基金管理取得基金支付的管理费用，按照企业管理服务适用 6% 税率开具增值税专用发票。

3. 基金产品退出涉税分析

目前项目公司引入的产业基金并未明确退出的方式，以下针对基金可能的退出方式进行简要分析。

1）股权回购

（1）增值税。

企业通过股权转让的方式退出，另一投资人接收其股权，由于股权转让不属于增值税征税范围，不涉及增值税。

（2）企业所得税。

企业转让股权取得收入，根据《国家税务总局关于贯彻落实企业所得税法若干税收问题的通知》（国税函〔2010〕79 号）的相关规定，企业转让股权收入，应于转让协议生效且完成股权变更手续时，确认收入。

股权转让所得为转让股权收入扣除为取得该股权所发生的成本。企业在计算股权转让所得时，不得扣除未分配利润等股东留存收益中按该项股权所可能分配的金额。

因此，对于公司型私募基金，其股权转让所得大于零时并入当年应纳税所得额计算缴纳企业所得税，股权转让所得小于零时，向主管税务机关专项申报备案后作为财产损失在企业所得税税前扣除。

对于合伙型基金，其股权转让所得大于零时，各投资人按照应分配收益并入当年应纳税所得额计算缴纳企业所得税，股权转让所得小于零时，各投资人按照应分配损失向主管税务机关专项申报备案后作为财产损失在企业所得税税前扣除。

（3）印花税。

股权转让合同按转让金额的 0.05% 申报缴纳印花税。

2）股权收益权转让

（1）增值税。

股权收益权转让不属于增值税征税范围。

（2）企业所得税。

股权收益权转让不属于股权转让，因没有办理股权变更，实质上相当于“代持股”关系。

在实际征管中，虽然受让方拥有股权收益权，但税务机关仍然将转让方作为法律意义上的纳税人。

根据《国家税务总局关于企业转让上市公司限售股有关所得税问题的公告》（国家税务总局公告 2011 年第 39 号）的规定，企业应按减持在证券登记结算机构登记的限售股取得的全部收入，计入企业当年度应税收入计算纳税。企业持有的限售股在解禁前已签订协议转让给受让方，但未变更股权登记，仍由企业持有的，企业实际减持该限售股取得的收入，依照本条第一项规定纳税后，其余额转付给受让方的，受让方不再纳税。

因此，受让方应参照企业转让上市公司限售股的相关规定，与税务机关沟通，转让方应按照转让协议价计入当年应税收入计算纳税时，转让方实际减持后取得收入按照其余额支付给受让方的，受让方不再纳税。

3）基金份额转让

（1）增值税。

基金产品份额转让属于金融商品转让，按照卖出价扣除买入价后的余额为销售额，税率6%；基金公司份额转让不属于增值税征税范围，不征收增值税。

（2）企业所得税。

基金份额转让所得大于零时并入当年应纳税所得额计算缴纳企业所得税，基金份额转让所得小于零时，向主管税务机关专项申报备案后作为财产损失在企业所得税税前扣除。

（五）保理融资

1. 保理融资简介

保理融资是指在保理业务中，以应收账款合法、有效转让为前提的保理商融资服务。

按照保理商在债务人破产、无理拖欠或无法偿付应收账款时，是否可以向债权人反转让应收账款、要求债权人回购应收账款或归还融资，可分为有追索权保理和无追索权保理。

无追索权保理是指应收账款在无商业纠纷等情况下无法得到清偿的，由保理商承担应收账款的坏账风险。

有追索权保理是指在应收账款到期无法从债务人处收回时，保理商可以向债权人反转让应收账款、要求债权人回购应收账款或归还融资。

2. 保理融资涉税分析

1）无追索权保理

在无追索权保理中，以不附追索权方式出售应收账款，应收账款所有权上几乎所有风险和报酬已经转移，会计处理时按转让应收账款处理，账面上的应收账款予以转销。

（1）增值税。

根据《财政部 国家税务总局关于全面推开营业税改征增值税试点的通知》（财税〔2016〕36号）的相关规定，金融商品转让包括转让外汇、有价证券、非货物期货、基金、信托、理财产品等各类资产管理产品和各种金融衍生品的转让。

因此，在无追索权保理中，企业应收账款转让不属于金融商品转让，不属于增值税的征税范围，债权人不需要申报缴纳增值税。

（2）企业所得税。

根据《国家税务总局关于企业取得财产转让等所得企业所得税处理问题的公告》（国家税

务总局公告 2010 年第 19 号）的相关规定，企业取得各类资产的转让收入不论是以货币形式、还是非货币形式体现，除另有规定外，均应一次性计入确认收入的年度计算缴纳企业所得税。

因此，无论企业如何核算转让的应收账款，在债权人在无追索权转让中，如应收账款转让收入大于应收账款净值时，应作为财产转让所得计入应纳税所得额；如应收账款转让收入小于应收账款净值时，应作为财产转让损失，向主管税务机关专项申报后在企业所得税税前扣除。

（3）印花税。

根据印花税的相关规定，印花税只对印花税税目税率表中列举的凭证和经财政部确定征税的其他凭证征税，应收账款保理合同不属于印花税的征收范围，合同双方不用申报缴纳印花税。

2）有追索权保理

企业采用附追索权方式出售金融资产，即保留了金融资产所有权上几乎所有风险和报酬，不应当终止确认相关金融资产。

企业如将其按照销售商品、提供劳务的销售合同所产生的应收债权提供给银行作为其向银行借款的质押，在此情况下，与应收债权有关的风险和报酬并未转移，仍由持有应收债权的企业向客户收款，并由企业自行承担应收债权可能产生的风险，同时企业应定期支付自银行等金融机构借入款项的本息。

（1）增值税。

根据《财政部 国家税务总局关于全面推开营业税改征增值税试点的通知》（财税〔2016〕36 号）的相关规定，贷款是指将资金贷与他人使用而取得利息收入的业务活动，各种占用、拆借资金取得的收入保理商或银行按照贷款服务缴纳增值税。

在有追索权保理中，企业将其应收债权提供给银行或者保理商作为质押，从银行或者保理商处取得借款。根据实质重于形式的原则，保理商和银行被认定为提供贷款服务，按 6% 缴纳增值税。

因此，企业有追索权保理中，债权人支付的相当于利息的部分应取得保理商或者银行开具的税率为 6% 的增值税发票，但不能抵扣进项税。

（2）企业所得税。

根据《国家税务总局关于确认企业所得税收入若干问题的通知》（国税函〔2008〕875 号）的相关规定，企业销售收入的确认必须遵循实质重于形式的原则。在有追索权保理中，有证据表明其不符合销售收入确认条件，因此企业取得的借款不确认收入计入应纳税所得额。

但债权人支付的相当于利息的部分取得税率为 6% 的增值税发票时，可在企业所得税税前扣除。

（3）印花税。

印花税只对印花税税目税率表中列举的凭证和经财政部确定征税的其他凭证征税，保理合同不在列举范围之内，原则上不用缴纳印花税，但是由于实质上被认定为抵押贷款，可能存在被税务机关认定为借款合同，如果保理商为银行等金融机构，则合同双方可能被要求按借款金额 0.005% 申报缴纳印花税；保理商是非金融机构时不用申报缴纳印花税。

3. 操作提示

对于无追索权保理，在签订合同时，尽量避免出现利息和与利息有关的计算和收费方式，否则可能被税务机关确认为有追索权保理，按贷款服务征收增值税。

目前，由于各地税务机关对无追索权的认定存在执行偏差，即使签订的合同为无追索权的也可能被税务机关认定为有追索权保理，按贷款服务征收增值税。

（六）融资租赁

1. 融资租赁简介

融资租赁模式主要有融资租赁和售后回租两种模式。对于稳定现金流的基础资产，可以通过融资租赁和售后回租盘活固定资产、增强流动性、缓解资金压力、优化财务报表。对供水、电、气、收费公路、旅游景区、地下综合管廊等有现金流又有资产的项目尤为适用。

1）直租

直租，是指具有融资性质和所有权转移特点的租赁活动，主要体现在以下几方面：

（1）出租人根据承租人所要求的规格、型号、性能等条件购入有形动产或者不动产租赁给承租人。

（2）合同期内租赁物所有权属于出租人，承租人只拥有使用权，合同期满付清租金后，承租人有权按照残值购入租赁物，以拥有其所有权。

（3）不论出租人是否将租赁物销售给承租人，均属于直租。

2）售后回租

融资性售后回租（以下简称“售后回租”），是指承租方以融资为目的，将资产出售给从事融资性售后回租业务的企业后，从事融资性售后回租业务的企业将该资产出租给承租方的业务活动。

2. 融资租赁涉税分析

1）增值税

（1）直租。

按照标的物的不同，融资租赁服务可分为有形动产融资租赁服务和不动产融资租赁服务。具体，其涉税分析见表 2-6。

表 2-6 融资租赁服务涉税分析一览

租赁类型	出租方		承租方
	税目 / 税率 / 计税方法	销售额	
有形动产	1. 有形动产租赁； 2.17%； 3. 一般计税	销售额 = 全部价款和价外费用 - 借款利息 - 车辆购置税	承租方取得增值税专用发票可以抵扣进项税
不动产	1. 不动产租赁； 2.11%； 3. 一般计税	销售额 = 全部价款和价外费用 - 借款利息	承租方取得增值税专用发票可以抵扣进项税

注：借款利息包括外汇借款利息、人民币借款利息、发行债券利息（下同）。

（2）售后回租。

按照标的物的不同，融资性售后回租也分为有形动产和不动产融资性售后回租，其涉税分析见表 2-7。

表 2-7 售后回租涉税分析一览

租赁类型	出租方		承租方
	税目 / 税率 / 计税方法	销售额	
有形动产 不动产	1. 贷款服务； 2. 6%； 3. 一般计税	销售额 = 全部价款（不含本金）和价外费用 - 借款利息	1. 承租方销售行为不缴纳增值税； 2. 承租方不允许抵扣进项税

融资性售后回租属于贷款服务。纳税人购进的贷款服务，以及接受贷款服务向贷款方支付的与该笔贷款直接相关的投融资顾问费、手续费、咨询费等费用，其进项税额不得从销项税额中抵扣，因此，融资性售后回租的租金及相关的费用，其进项税不允许抵扣。

2）企业所得税

（1）直租。

承租方融资租入的固定资产按照计税基础计提折旧，分期扣除。计税基础按下列方式确定:

租赁合同约定付款总额的，以租赁合同约定的付款总额和承租人在签订租赁合同过程中发生的相关费用为计税基础；租赁合同未约定付款总额的，以该资产的公允价值和承租人在签订租赁合同过程中发生的相关费用为计税基础。

（2）售后回租。

承租方出售资产的行为，不确认为销售收入，仍按承租方出售前原账面价值作为计税基础计提折旧。

租赁期间，承租方支付的属于融资利息的部分，作为企业财务费用在税前扣除。

3）印花税

根据《财政部 国家税务总局关于融资租赁合同有关印花税政策的通知》（财税〔2015〕144 号）的有关规定，对开展融资租赁业务签订的融资租赁合同（含融资性售后回租），按照其所载明的租金总额依照借款合同按 0.005% 税率缴纳印花税。

在融资性售后回租业务中，对承租人、出租人因出售租赁资产及购回租赁资产所签订的合同，不征收印花税。

3. 操作提示

（1）项目公司在进行融资时，应综合考虑不同融资方式的利率水平和进项税抵扣情况，选择不含税成本最低的融资方式。

（2）直租模式，出租方可以差额纳税，借款利息可以扣除。而承租方可以全额取得增值税专用发票进行抵扣，因此可以实现借款利息的进项税抵扣。

（3）售后回租业务属于贷款服务，承租方支付的租金不允许抵扣进项税额，因此采用售后回租模式，无法实现进项税额抵扣。

（七）资产支持证券化融资

1. 政策支持

为拓展 PPP 项目的多元化融资通道，国务院及相关监管部门对 PPP 项目的资产支持证券化采取支持态度，积极发布相关政策规定，并在很多方面给予绿色通道。目前主要的政策支持文件如下:

1）国务院政策支持

2014 年 11 月 16 日，国务院发布《国务院关于创新重点领域投融资机制鼓励社会投资的指导意见》（国发〔2014〕60 号），明确指出，大力发展债权投资计划、股权投资计划、资产支持计划等融资工具，延长投资期限，引导社保资金、保险资金等用于收益稳定、回收期长的基础设施和基础产业项目。支持重点领域建设项目采用企业债券、项目收益债券、公司债券、中期票据等方式通过债券市场筹措投资资金。推动铁路、公路、机场等交通项目建设企业应收账款证券化。建立规范的地方政府举债融资机制，支持地方政府依法依规发行债券，用于重点领域建设。

2）发改委政策支持

2015 年 4 月 25 日，国家发展和改革委员会等六部委联合发布《基础设施和公用事业特许经营管理办法》（国家发展和改革委员会 财政部 住房和城乡建设部 交通运输部 水利部 中国人民银行令第 25 号），明确了资产支持证券化的融资渠道地位。2016 年 12 月 21 日，国家发展和改革委员会发布《国家发展改革委 中国证监会关于推进传统基础设施领域政府和社会资本合作（PPP）项目资产证券化相关工作的通知》（发改投资〔2016〕2698 号），进一步明确资产支持证券化是基础设施领域重要融资方式之一，对盘活 PPP 项目存量资产、加快社会投资者的资金回收、吸引更多社会资本参与 PPP 项目建设具有重要意义。

《国家发展改革委关于加快运用 PPP 模式盘活基础设施存量资产有关工作的通知》（发改投资〔2017〕1266 号）对采用 PPP 模式盘活存量资产的基础设施项目，支持通过资产支持证券化、发行 PPP 项目专项债券等方式开展市场化融资，提高资产流动性，拓宽资金来源，吸引更多社会资本以不同方式参与。

3）证监会政策支持

在证监会发布的《证券公司及基金管理公司子公司资产证券化业务管理规定》的基础上，2014 年 12 月 24 日，基金业协会发布《资产证券化业务基础资产负面清单指引》，为 PPP 项目的财政补助通过资产支持证券化、开展证券化融资提供了良好的政策基础。

4）保监会政策支持

2015 年 8 月 25 日，中国保监会关于印发《资产支持计划业务管理暂行办法》的通知（保监发〔2015〕85 号）中第九条提出，“支持计划存续期间，基础资产预期产生的现金流，应当覆盖支持计划预期投资收益和投资本金。国家政策支持的基础设施项目、保障房和城镇化建设等领域的基础资产除外。本款所指基础资产现金流不包括回购等增信方式产生的现金流。”。

5）财政部政策支持

2017 年 6 月 13 日，财政部出台《关于规范开展政府和社会资本合作项目资产证券化有关事宜的通知》（财金〔2017〕55 号）指出，分类稳妥地推动 PPP 项目资产支持证券化、严格筛选开展资产支持证券化的 PPP 项目、完善 PPP 项目资产支持证券化工作程序、着力加强 PPP 项目资产支持证券化监督管理。

2. 业务方式

资产支持证券化，是指由特定目的信托受托机构发行的、代表特定目的的信托收益权份额。受托机构以信托财产为限向投资机构承担支付资产支持证券收益的义务。

1）信贷资产支持证券化

信贷资产支持证券化是指银行业金融机构作为发起机构，将信贷资产信托给受托机构，由受托机构以资产支持证券的形式向投资机构发行受益证券，以该资产所产生的现金支付资产支持证券收益的结构性融资活动。

2）资产支持专项计划

资产支持专项计划（Asset-Backed Plan）是指以特定基础资产或资产组合所产生单独现金流为偿付支持，通过结构化方式进行信用升级，在此基础上发行资产支持证券的业务活动。

3）资产支持票据

资产支持票据（Asset-Backed Medium-term Notes，ABN）是指非金融企业在银行间债券市场发行的，由基础资产所产生的现金流作为还款支持的，约定在一定期限内还本付息的债务融资工具。

4）资产支持计划

资产支持计划是指保险资产管理公司等专业管理机构作为受托人设立支持计划，以基础资产产生的现金流为偿付支持，面向保险机构等合格投资者发行受益凭证的业务活动。

5）非标资产支持证券化

非标资产支持证券化是指借助于信托计划、券商资管计划和基金子公司专项计划等 SPV 开展的私募资产支持证券化，产品不在银行间债券市场或证券交易所进行挂牌转让。

6）交易结构简图

资产支持专项计划常规交易流程如图 2-6 所示。

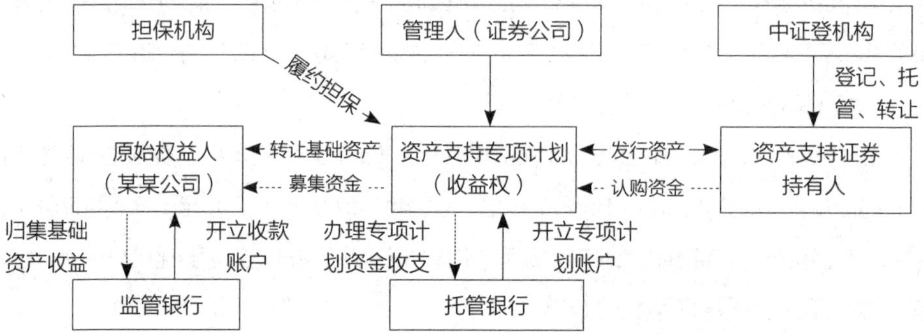

图 2-6　资产支持专项计划常规交易流程

3. 涉税分析

1）项目公司

（1）增值税。

① 基础资产转让。

项目公司在向 SPV 转让基础资产时，如果基础资产属于增值税应税范围按适用税率缴纳增值税，如特许经营权 6%；如果基础资产不属于增值税应税范围则不用缴纳增值税，如应收账款。

② 发行费用抵扣。

项目公司支付的承销费、管理费、中介机构服务费等，不属于接受贷款服务向贷款方支付的与该笔贷款直接相关的投融资顾问费、手续费、咨询费等费用，其取得的增值税专用发票可以抵扣进项税。

③ 增值税发票取得。

由于税法目前没有明确规定资产支持证券化的开票主体，对于 ABS、ABN、债券等资本市场融资产品的发票开具问题，我们分析如下：

a. 项目公司将基础资产转移至特殊目的机构（SPV），基础资产转让一般不属于增值税应税范围，因此项目公司不用开具发票给 SPV。

b.SPV 在证券公司或投资银行的帮助下发行债券，向债券投资者进行融资活动，债券销售回款在支付服务费后按约定价格返还 SPV。SPV 支付的服务费可以取得证券公司或投资银行开具的增值税发票。

c. 债券投资者取得的债券利息收入属于增值税应税收入，债券投资者可以自行开具或申请代开增值税发票给 SPV，但由于参与主体（项目公司、监管银行、托管机构、证券登记结算机构）间资金流转比较复杂，因此实际执行难度较大。

从以上分析看出：项目公司一般不用开具增值税发票，也无法取得增值税发票。

d. 项目公司购买次级资产证券获得的利息收入，应按照贷款服务 6% 计算缴纳增值税；项目公司买卖资产支持证券获得的差价收入，应按照金融商品转让 6% 计算缴纳增值税。

（2）企业所得税。

① 项目公司转让基础资产。

项目公司转让基础资产所得大于零时，按规定计算缴纳企业所得税；转让基础资产所得小于零时，经专项或清单备案后允许在企业所得税税前扣除。

② 项目公司购买次级资产证券。

项目公司购买次级资产证券获得的利息收入、买卖资产支持证券获得的差价收入以及从资产支持证券化项目清算分配中取得的收入，应按照企业所得税的有关规定计算缴纳企业所得税。

2）管理人

证券公司作为管理人，其涉税行为与本节“债权融资模式”中管理人的涉税处理一致，此处不再赘述。

3）投资人

投资人购买证券进行投资，其涉税行为与本节“债权融资模式”中投资人的涉税处理一致，此处不再赘述。

4. 操作提示

建议项目公司留存资产支持证券化相关资料备查，特别是登记结算机构的付款通知书、银行转账凭证等付款证明。

具体政策详见附录二。

（八）融资工具的对比

不同的融资工具，项目公司的融资成本在增值税下和企业所得税下的涉税影响不同，具体对比见表 2-8。

表 2-8　不同融资工具涉税影响对比

融资方式	票据类型	发票税率	增值税抵扣	企业所得税税前扣除	
银行贷款	增值税普通发票	6%	否	是	—
股东贷款	增值税普通发票	6%	否	是	限制扣除（受股债比、关联交易、金融企业同期同类贷款利率影响）
统借统还	增值税普通发票	0%	否	是	—
发行债券	增值税普通发票	6%	否	是	—
资管产品	增值税普通发票	3% 或 0%	否	是	通过股权融资引入，股资回报能否作为利息支出税前扣除受限制
基金产品	增值税普通发票	3% 或 0% 或 6%	否	是	通过股权融资引入，股资回报能否作为利息支出税前扣除受限制
有追索权保理	增值税普通发票	6%	否	是	—
无追索权保理	无法取得发票	—	否	是	应收账款转让损失专项申报后扣除
直租	增值税专用发票	17% 或 11%	是	是	计入资产原值，扣除折旧
售后回租	增值税普通发票	6%	否	是	—
资产支持证券化	增值税普通发票	3%	否	是	—

第三章　设立项目公司（SPV）

第一节　项目公司成立

一、股权结构设置

项目公司的股权结构一般在投标阶段进行确定，后期可能存在为了融资的需要，变更股权结构的情况。

（一）政府不出资项目公司

政府方不参股，股东都是社会资本方，按照相互之间的权利及义务进行 PPP 项目的投资与建设，政府方只负责对项目的监督职能。

由于 PPP 项目的复杂性，后期项目能否顺利开展，需要政府方在力所能及的范围内给予相应的协助与政策支持，比如在获取各种相关批复文件、融资需求以及与当地政府机关其他部门的沟通等。

1. 股权架构（图 3-1）

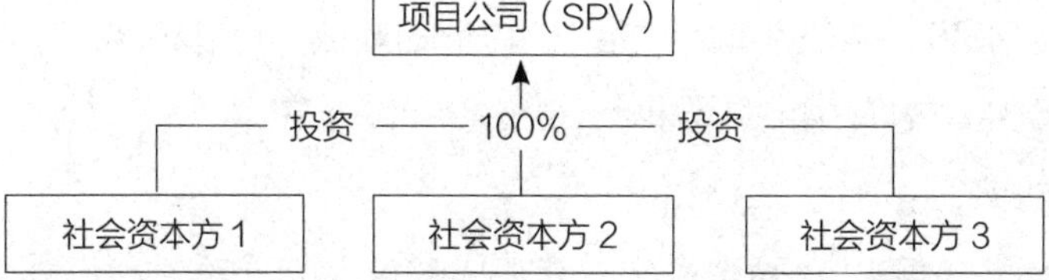

图 3-1　政府不出资项目公司股权架构

2. 操作提示

（1）与政府方确认需要其配合及协调的工作事项，并形成会议记录或者写入投资协议。

（2）提前与政府方沟通股权架构的设置有无特殊要求，并将谈判结果写入投资协议。

（3）与其他社会资本方确认相互占有的股权比例及收益分配约定，尽量约定按股权比例进行收益分配，如果不按股权比例进行收益分配，需要在章程中明确约定。

（二）政府出资项目公司

1. 股权架构（图 3–2）

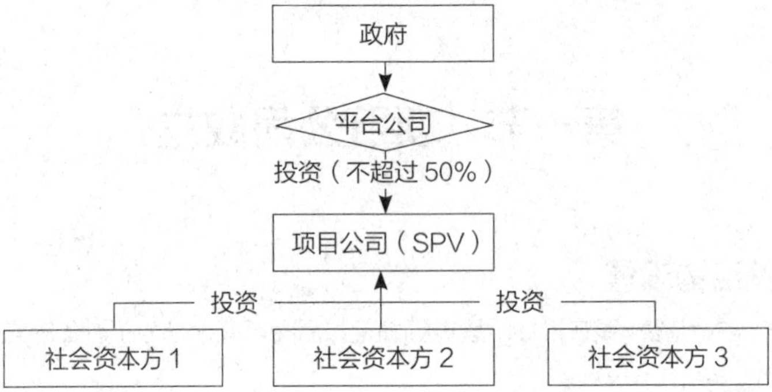

图 3-2　政府出资项目股权架构

2.PPP 协议要点

政府参股项目公司时，应在 PPP 项目协议中明确：

（1）项目公司注册资金、住所、组织形式等的限制性要求。

（2）项目公司股东结构、董事会、监事会及决策机制安排。明确政府出资人代表、投资金额、股权比例、出资方式等。

（3）政府股份享有的分配权益，如是否享有与其他股东同等的权益，在利润分配顺序上是否予以优先安排等。

（4）项目公司股权、实际控制权、重要人事变化的处理方式；政府股东代表在项目公司法人治理结构中的特殊安排，如在特定事项上是否拥有否决权等。

3. 政府放弃分红

根据相关税收政策规定，社会资本方实际取得的股息、红利等权益性投资收益金额，超过其实际投资比例的部分也可以享受免税政策。根据《国家税务总局关于发布〈企业所得税优惠政策事项办理办法〉的公告》（国家税务总局公告〔2015〕第 76 号）规定，若社会资本方取得未按股东持股比例分配的股息、红利等权益性投资收益，还需提供被投资企业的最新公司章程。

有些地方公司章程的模板为工商局提供，无法增加政府放弃分红的条款，可能导致不按照比例分红的相关事项无法在章程中明确约定。

因此，政府放弃分红权利的项目，如果当地公司章程模板能够修改，需要在章程中做出明确约定，以备在免税备案时使用。如果章程无法修改，需针对此种情况与当地税务机关进行沟通，能否以股东协议代替章程，避免后期无法享受免税政策。

（三）融资方投资项目公司

1. 引入融资方的现状

PPP 项目投资额大，政府方为了支持 PPP 项目的建设引入国家政策性基金，或者社会资本方在投资中为了融资需要引入基金产品或资管产品作为股东。

2. 股权架构（图 3-3）

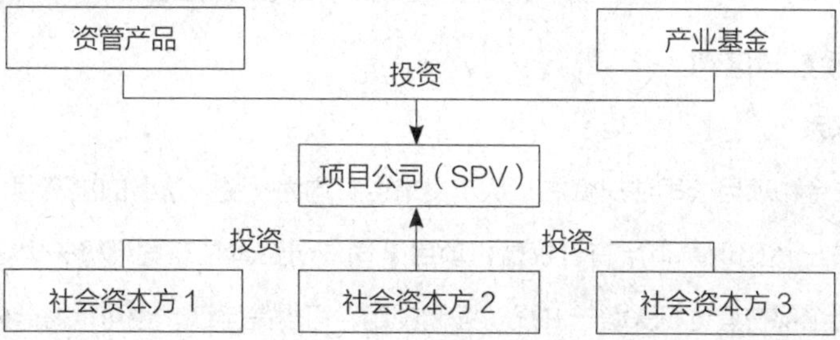

图 3-3　融资方投资项目公司股权架构

3. 操作提示

（1）社会资本方应该在项目谈判期间与政府方沟通能否引入国家政策性基金，如果符合条件，希望政府方给予相应支持，申请国家政策性基金。

（2）对于引入国家政策性基金，其投资合同或协议中明确约定定期支付固定利息、投资期限、投资期满后需要赎回投资本金、对净资产不拥有所有权、不具有选举权和被选举权、不参与日常生产经营活动的条款时，其定期支付的利息可以税前扣除，项目公司要取得增值税发票。

（3）对于引入产业基金或资管产品的项目，股权投资支付固定收益的涉税问题要提前筹划。

如投资合同或协议中能明确约定定期支付固定利息、投资期限、投资期满后需要赎回投资本金、对净资产不拥有所有权、不具有选举权和被选举权、不参与日常生产经营活动的条款时，支付给产业基金或资产产品的固定收益可凭增值税发票税前扣除。

（4）对于引入产业基金或资管产品的项目，提前与政府方谈判对股权架构的限制条件，允许引入产业基金，并将此约定写入投资协议。

（5）对于基金股东同股不同权的问题的处理参照政府参股情况处理。

二、项目投资金额控制

（一）相关概念

我国固定资产类投资项目实行项目资本金制度，PPP 模式中的固定资产建设类项目也应遵守该制度。实践中，PPP 项目的项目公司成立后需认缴公司注册资本。

（1）投资项目资本金，是指在投资项目总投资中，由投资者认缴的出资额，对投资项目来说是非债务性资金，项目法人不承担这部分资金的任何利息和债务；投资者可按其出资的比例依法享有所有者权益，也可转让其出资，但不得以任何方式抽回出资。

（2）注册资本为在公司登记机关登记的全体股东认缴的出资额。

（二）联系与区别

1. 两者联系

项目资本金和项目公司注册资本，从定义来讲，均为投资人认缴的出资额，是非债务性资金，投资者按出资比例享有所有者权益；项目公司注册资本是在登记机关登记的金额，而项目资本金是否全部在登记机关登记并没有强制规定，可以是全部，也可以是部分。

因此，从金额来看，项目资本金应该是大于或等于项目注册资本的，即当项目公司项目资本金全部在登记机关登记时，其既是注册资本同时也是项目资本金，反映的是同一笔出资。

2. 两者区别（表 3-1）

表 3-1　项目资本金和项目公司注册资本的区别

项目	项目资本金	注册资本
适用范围	适用于固定资产投资项目	适用于设立公司
出资比例	《国务院关于调整和完善固定资产投资项目资本金制度的通知》（国发〔2015〕51 号）中对不同行业要求的最低比例不同	新公司法对出资比例没有限制
出资额的确定	投资项目资本金的具体比例，由项目审批单位在审批可行性研究报告时核定，PPP 项目中一般由采购人在招标文件中规定	投资人自行协商认缴比例

因此，相关规定并未强制要求项目资本金与项目公司注册资本一致。

（三）固定资产投资项目最低资本金规定

《国务院关于调整和完善固定资产投资项目资本金制度的通知》（国发〔2015〕51 号）对固定资产投资项目资本金制度进行调整和完善。各行业固定资产投资项目的最低资本金比例按以下规定执行。

城市和交通基础设施项目：城市轨道交通项目由 25% 调整为 20%，港口、沿海及内河航运、机场项目由 30% 调整为 25%，铁路、公路项目由 25% 调整为 20%。

房地产开发项目：保障性住房和普通商品住房项目维持 20% 不变，其他项目由 30% 调整为 25%。

（四）出资未到位的税收影响

根据《关于企业投资者投资未到位而发生的利息支出企业所得税前扣除问题的批复》（国税函〔2009〕312 号）的规定，凡企业投资者在规定期限内未足额缴纳资本额的，其对外借款所发生的利息，相当于投资者实缴资本额与在规定期限内应缴资本额的差额应计付的利息，不属于企业合理的支出，应由企业投资者负担，不得在计算企业应纳税所得额时扣除。

（五）出资进度

公司的章程或者投资协议中会对注册资本金的额度、投入时间提出具体要求，以免因其他融资滞后而影响项目的建设。实际执行中，项目公司只为了建设项目而投资，因此注册资本金的投入金额及时间与建设期匹配即可。

但对部分项目，政府强制要求项目公司的注册资本在特定时间内一次性入资，如果政府支付回报的时点并非以投入时点计算，不但给社会资本方造成资金压力，还加大了资金占用成本。

（六）操作提示

（1）社会资本方在研究招标文件及政府方有关 PPP 项目的相关公告或者批复文件中，要重点关注对项目资本金的相关规定。

（2）章程规定的注册资本金额如果高于项目投资总额项目资本金最低比例，根据《国家税务总局关于企业投资者投资未到位而发生的利息支出企业所得税前扣除问题的批复》（国税函〔2009〕312 号）的规定，应缴资本额是指章程中规定的注册资本金额；如果章程中的注册资本金额低于项目投资总额资本金最低比例，依据国税函〔2009〕312 号文规定，应缴资本额是指项目投资总额项目资本金最低比例。

（3）如果章程中规定股东分次出资，分次出资可能会导致因投资未到位而发生的对外借款利息支出无法在企业所得税前扣除。因此约定股东分次出资时，要注意在规定的期限内足额缴纳出资。

（4）如果章程中规定股东分次出资，根据《国家税务总局关于资金账簿印花税问题的通知》(国税发〔1994〕25号)的规定，企业执行“两则”启用新账簿后，其“实收资本”和“资本公积”两项的合计金额大于原已贴花资金的，就增加的部分补贴印花。即项目公司可以按照每次实际收到出资时分次缴纳印花税。

(5)在和政府方谈判过程中，在满足项目实际建设需要的前提下分次出资。减少资金占用成本及违约风险，否则和政府方协商资本金投入的利息应从注册资本金到账当日开始计算以补偿资金占用成本。

第二节　税务管理要点

一、注册地及税收优惠

(一)区域性税收优惠

1. 西部大开发税收优惠

承接的PPP项目在西部地区，能否适用西部大开发税收优惠政策需结合以下规定进行判断。

1)税收优惠政策

(1)对西部地区内资鼓励类产业、外商投资鼓励类产业及优势产业的项目在投资总额内进口的自用设备，在政策规定范围内免征关税。

(2)自2011年1月1日至2020年12月31日，对设在西部地区的鼓励类产业企业减按15%的税率征收企业所得税。

2)享受优惠政策的条件

设在西部地区的企业享受15%的优惠税率，需符合以下条件：以《西部地区鼓励类产业目录》中规定的产业项目为主营业务，主营业务收入占企业收入总额70%以上。

3)西部地区的范围(表3-2)

表3-2　西部地区的范围

地区	地区
重庆市	四川省
贵州省	云南省

续表 3-2

地区	地区
陕西省	甘肃省
青海省	西藏自治区
新疆维吾尔自治区	新疆生产建设兵团
宁夏回族自治区	内蒙古自治区
广西壮族自治区	—

湖南省湘西土家族苗族自治州、湖北省恩施土家族苗族自治州、吉林省延边朝鲜族自治州，可以比照西部地区的税收政策执行。

4）操作提示

（1）如果符合政策规定的条件，项目公司可以同时申请享受西部大开发的优惠和企业所得税法及其实施条例规定的优惠政策，如国家重点鼓励的基础设施项目所得“三免三减半”的优惠。

（2）对于有特殊性的项目公司，其承接的项目如果符合《西部地区鼓励类产业目录》的产业项目，但其核算并非以项目确认主营业务，而是以其建设投资所取得的回报确认收入（如“金融资产”核算方式确认的利息收入），能否满足营业收入范围需与当地税务机关沟通。

2. 民族自治地方税收优惠

1）税收优惠政策

企业申请民族自治地方的定期减免企业所得税的优惠，应按《中华人民共和国企业所得税法》第二十九条有关“民族自治地方的自治机关对本民族自治地方的企业应缴纳的企业所得税中属于地方分享的部分，可以决定减征或者免征”的规定执行。

2）操作提示

在项目公司注册时，社会资本方应先了解民族自治地方的减免税政策，在不影响投资效果的前提下，可考虑将项目公司设在有定期减免税优惠政策的民族自治地方；如果所选择的民族自治地方没有减免税的优惠政策，应积极向地方政府申请，并争取取得关于减免税优惠的书面批复或会议纪要等书面文件。

3. 地方性税收优惠

目前，很多地区纷纷出台各种措施加快招商引资步伐，其中部分地区采取以地方税收优惠或税收返还的方式吸引投资。

因此，在不影响投资效果的前提下，项目公司可选择在优惠政策较多的地方进行注册，并与当地政府部门积极申请地方性税收优惠或财政返还，并争取获得书面批复或会议纪要等书面材料，并在会议纪要中明确税收优惠或财政返还政策的内容、计算方法、返还用途和返还期限等。

4. 充分考虑税收环境的因素

在项目公司注册阶段，社会资本方应考虑注册地的税收环境，包括地方税源是否充足以及税务人员的执法水平。

虽然税收环境不构成决定性因素，但税收环境的不同会对企业的税收成本和税收风险产生较大影响。在允许选择的情况下，可选择具有良好税收环境的地方进行公司注册，保证税收成本与税收风险的最小化。

（二）城建税及附加适用税率

城市维护建设税（以下简称“城建税”）以实际缴纳的增值税、营业税、消费税（以下简称“三税”）税额为计税依据，与“三税”同时缴纳，其征收、管理、纳税环节、奖罚等，均比照“三税”的有关规定办理。城建税根据纳税人所在地的不同，而分别适用 7%、5%、1% 等不同税率。

项目建设期间涉及的城建税主要是施工方增值税应交纳的城建税，由于施工方的城建税也会影响整个项目利润，因此，如果能争取城建税低税率，也可以降低工程成本。

项目公司在市区仍可以高速公路或公路地处农村、山区等偏远地区为由，争取项目公司仍能适用 1% 或 5% 的低税率，并获得当地政府的书面确认文件或会议纪要等书面材料。

（三）跨县市的路桥项目组织架构设计

目前，有些路桥的 PPP 项目中存在跨多个县市的项目。在成立项目公司时，需要考虑项目公司的组织架构。对于跨省内多个县市的公路项目，可以考虑在每段跨县、市的地方成立分公司，主要有以下三个方案，即：

方案一：在每段公路所在县、市不设立项目分公司。即项目公司作为独立的法人主体，只设立区域项目管理中心，作为项目公司的部门进行项目管理。

方案二：在每段公路所在县、市设立项目分公司，不汇总纳税。即项目公司作为独立的法人主体，按照公司法的规定设立非法人主体分公司，总分公司分别在所在地按照规定申报纳税。

方案三：在每段公路所在县、市设立项目分公司，汇总纳税。即项目公司作为独立的纳税主体，按照公司法的规定设立非法人主体的分公司，总公司统一申报纳税。

1. 不同方案的管理要点（表 3-3）

表 3-3　不同方案的管理要点

方案	管理要点
方案一 不设立分公司 成立项目管理中心	1. 建设期设置项目管理中心或管理处等职能部门，并明确项目管理处在建设期和经营期的主要职能。 2. 高速公路途经的各个县市，地方税务机关为了地方利益，可能会要求项目公司在当地成立机构，进行工商注册和税务登记，达到将税款留在当地的目的。 3. 为了协调地方利益，向省级税务机关申请，由项目公司集中在项目公司所在地主管税务机关缴纳项目公司建设期及运营期涉及的相关税费，包括增值税及附加，企业所得税、印花税、耕地占用税、土地使用税和房产税等。 4. 无论是建设期，还是运营期，项目公司仍需要按项目进行核算，包括运营收入、建设期成本和运营成本等
方案二 设立分公司 增值税独立纳税	1. 结合项目情况成立项目分公司，配备相关人员，办理营业执照并进行税务登记、一般纳税人认定及银行开户。 2. 分公司之间调拨使用物资及设备，属于独立纳税人之间的调拨，应进行销售处理，调出方需要缴纳增值税，调入方取得进项税发票后可以抵扣。 3. 项目公司对于项目分公司的设备物资，如果采用集中采购的方式，需要再销售给分公司，方能实现进项税抵扣
方案三 设立分公司 增值税汇总纳税	1. 需向省级国家税务机关申请增值税汇总纳税，纳税方式选择总机构统一核算销售收入、销项税额、进项税额、应纳增值税税额，由总机构汇总纳税申报，分支机构不进行纳税申报。 2. 总、分公司之间调拨使用物资及设备，不用做销售处理，不用开具发票。 3. 项目公司可以选择物资设备集中采购的方式，进项税可以实现抵扣

2. 不同方案的优缺点比较（表 3-4）

表 3-4　不同方案的优缺点比较

方案	优点	缺点
方案一 不设立分公司 成立项目管理中心	1. 不用办理分公司的营业执照和税务登记，程序简单。 2. 所有税费都在项目公司缴纳，政策统一，不用协调多个税务机关。 3. 增值税进项税可实现充分抵扣	所有税费都在项目公司缴纳，需要协调各地方利益，向省税务机关申请相关政策支持，申请难度较大
方案二 设立分公司 增值税独立纳税	不用向税务机关申请相关政策	1. 分公司需要进行税务登记、纳税申报和发票管理。 2. 各分公司需准确划分进项税，必须以各分公司独立签订施工合同，进项税发票认证抵扣。 3. 项目公司的进项税可能无法抵扣，分公司收入不均衡，可能导致进项税抵扣不充分。 4. 各分公司在项目所在地独立纳税，需协调多个税务机关，管理成本较高
方案三 设立分公司 增值税汇总纳税	增值税汇总纳税，可以充分抵扣	1. 分公司需要进行税务登记和发票管理。 2. 需要向省国税申请增值税汇总纳税政策，由于有政策支持，申请汇总纳税的难度较方案一小。 3. 总分公司其他税费仍需在项目所在地独立缴纳，仍需面对多个税务机关

社会资本方应根据 PPP 项目情况，提前对组织架构进行筹划，选择最有利的方式与政府方进行谈判，并将谈判结果写入投资协议。

二、纳税模式

从事生产、经营的纳税人应当自领取营业执照之日起 30 日内，向生产、经营地或者纳税义务发生地的主管税务机关申报办理税务登记，如实填写税务登记表，并按照税务机关的要求提供有关证件、资料。

年应税销售额未超过财政部、国家税务总局规定的小规模纳税人标准以及新开业的纳税人，同时符合以下两个条件的，主管税务机关应当为其办理一般纳税人资格认定：

（1）有固定的生产经营场所；

（2）能够按照国家统一的会计制度规定设置账簿，根据合法、有效凭证核算，能够提供准确税务资料，可以向主管税务机关申请一般纳税人资格认定。

新成立的项目公司，为实现进项税的充分抵扣，应在取得工商营业执照和办理税务登记后，尽快申请一般纳税人资格。

三、税收落地

（一）现状描述

目前很多地方政府要求其主导的 PPP 项目相关的税费尽可能在项目当地缴纳，要求社会资本方在 PPP 合同中约定保证将全部税费落在当地，直接限定了项目公司的注册地点以及总承包的计税方式。

（二）涉税分析

1. 项目公司税收落地

按照税法相关规定，如果项目公司注册在项目所在地，其增值税及企业所得税均应在项目所在地缴纳。但是，当项目涉及跨区建设经营时（例如道路、桥梁新建、污水处理等项目），如果政府没有限制项目公司注册地点，可以和各区域税务机关沟通，选择享受税收补助最多的区域注册项目公司，以减少成本支出。

2. 总承包方税收落地

一般情况下，施工总承包方的机构所在地与项目不在同一地区，此时如何将总承包方的税收留在项目当地，将是筹划的重点。根据目前的税收政策，总承包方可采用在项目所在地设立子公司、分公司、项目部（甲供工程）的模式，具体分析如下：

1）子公司

总承包方在项目所在地注册成立子公司并进行税务登记，按照规定在当地开具发票，全额纳税申报。

根据《国家税务总局关于进一步明确营改增有关征管问题的公告》（国家税务总局公告2017 年第 11 号）的规定，建筑企业可以内部授权或者三方协议等方式，授权集团内其他纳税人（以下称“第三方”）为发包方提供建筑服务，并由第三方直接与发包方结算工程款的，由第三方缴纳增值税并向发包方开具增值税发票，与发包方签订建筑合同的建筑企业不缴纳增值税。发包方可凭实际提供建筑服务的纳税人开具的增值税专用发票抵扣进项税额。

因此，总承包方可在项目当地成立子公司从事建筑服务，满足了政府方要求全部税收留在当地的要求。

社会资本方如果为国有企业，需受国资委监管，设立子公司有所限制，并且该子公司只能核算这一个项目，无法达到项目之间进项税的统抵，对项目的进销项匹配管理要求更高，否则将可能导致项目前期缴纳增值税，项目后期产生大量进项留抵。

由于施工项目的收入成本、纳税申报等均由子公司单位负责，则总承包方的收入规模会大幅下降，可能会影响总承包方的资质提升。

总承包方将工程项目全部授权给子公司单位，并不能规避《建筑法》对于违法分包的禁止性规定的法律风险。

2）分公司

总承包方在项目所在地成立分公司，虽分公司不具备企业法人资格，无法独立承担责任，但分公司可以进行税务登记开具发票。

分公司设立的程序简单，根据《国家税务总局关于进一步明确营改增有关征管问题的公告》（国家税务总局公告 2017 年第 11 号）规定，分公司可根据母公司内部授权直接与发包方进行结算开具发票，满足增值税及附加税均在项目所在地依法纳税。

企业所得税实行总分机构汇总纳税，分支机构根据分配比例在分支机构所在地缴纳。属于中央与地方共享范围的跨省市总分机构企业缴纳的企业所得税，按照统一规范、兼顾总机构和分支机构所在地利益的原则，实行“统一计算、分级管理、就地预缴、汇总清算、财政调库”的处理办法，总分机构统一计算的当期应纳税额的地方分享部分中，25%由总机构所在地分享，50%由各分支机构所在地分享，25%按一定比例在各地间进行分配。

因此，对于成立分公司的模式，无法全口径税收落地，仅增值税及部分企业所得税在项目所在地缴纳。对于成立分公司的模式，可按照子公司汇算清缴的政策测算分公司企业所得税额，并与实际根据分配比例在分公司所在地缴纳的企业所得税额进行比较，如果后者缴纳的企业所得税额较大，则可以据此与当地政府谈判，成立分公司更能满足当地政府要求。

该分公司只能核算这一个项目，无法达到与母公司的项目之间进项税的统抵，对项目的进销项匹配管理要求更高，否则将可能导致前期缴纳增值税，后期产生大量进项留抵。

3）项目部（一般计税）

总承包方成立项目部是采用最多的形式，但项目部不属于纳税人，其流转税及企业所得税均应当在总机构所在地缴纳，项目所在地只留取预缴的增值税（项目实际经营收入 的 2%）及预缴的企业所得税（项目实际经营收入 的 0.2% ）。

成立项目部可以达到公司所有项目之间进项税的统抵，降低总承包方的税款占用损失，但无法实现税收落入项目所在地的要求，将导致无法承接项目。

4）项目部（简易计税）

根据《财政部 国家税务总局关于全面推开营业税改征增值税试点的通知》（财税〔2016〕36 号）规定，一般纳税人为甲供工程提供的建筑服务，可以选择适用简易计税的方法计税。

甲供工程采用简易计税满足了总承包方增值税全额留在当地，企业所得税仍然只留取预缴的部分（项目实际经营收入的 0.2% ），但将项目公司和总承包方作为一个整体看，项目公司取得的增值税专用发票后期只能抵扣 3% 的进项税，由此可能导致项目公司后期进项税额少而承担大量增值税。此时，要结合项目公司收益的纳税方案一起分析，如果项目公司的销项税额很大，总承包方项目部选择“简易计税”不能给项目公司提供充足的进项税额，致使项目公司承担大额增值税，进而影响项目整体收益。

（三）操作提示

（1）如果政府明确要求全口径税收落入项目所在地，社会资本方应结合自身情况提前筹划总承包方施工形式，成立子公司、分公司或者选择甲供工程的方式，争取最优方案。

（2）《财政部 国家税务总局 住房和城乡建设部关于进一步做好建筑行业营改增试点工作的意见》（税总发〔2017〕99 号）规定，严禁强制或变相要求外地建筑企业在本地设立分公司或子公司。

（3）国家税务总局《关于印发〈跨地区经营汇总纳税企业所得税征收管理办法〉的公告》（国家税务总局公告 2012 年第 57 号）规定，以总机构名义进行生产经营的非法人分支机构，无法提供汇总纳税企业分支机构所得税分配表，也无法提供相关证据证明其二级及以下分支机构身份的，应视同独立纳税人计算并就地缴纳企业所得税，不执行本办法的相关规定。

（4）根据各方案的优缺点有针对性的与政府方进行谈判，争取最优方案实施。

第四章 PPP 项目工程建设税收管理

第一节 工程各方税收管理

一、总承包增值税纳税方式

项目公司成立后，一般情况下，社会资本方作为总承包方与其签订施工总承包合同，组织项目施工建设。因此，总承包方选择的计税方法，直接影响项目公司取得的进项税额。

目前，大多数 PPP 项目为政府付费的投资项目，项目公司除了绩效考核及小部分运营收入外，大部分通过政府付费的形式回收投资本金及投资回报。因此，政府购买服务时，项目公司适用的税率决定着总承包方计税方式的选择。

无论投资本金部分是分开适用税率还是统一适用税率，项目公司都采用一般计税方式；总承包方作为施工方，可以选择“一般计税”或者“简易计税”。

二、项目测算

目前，社会资本方投资的 PPP 项目，多数社会资本方既是项目公司股东，也是项目总承包方，其双重身份决定不能单纯考虑一方收益。总承包方计税方式决定了项目公司可取得进项税额，进而影响项目公司实际承担的税负，同时也影响总承包方的利润。因此，应当从项目公司、总承包整体收益的角度测算分析，以判断总承包方计税方式。

具体测算思路详见第七章“PPP 项目整体税费测算”。

第二节　建设期资金占用费

一、计息及付息方式

金融资产模式下，项目公司建设期投入的资金，政府方依据约定的利率给予一定的投资补偿。根据建设期投资回报的计息方式及支付时点，可分为以下三种情况：

1. 计息不付息

计息不付息指在建设期间以确认的投资额为基数按实际占用时间计算利息，政府方依据合同约定于建设期结束后一次或者分次支付此部分利息。

2. 计息付息

计息付息指在建设期间以确认的投资额为基数按实际占用时间计算计提利息，政府方依据合同约定在建设期内分期（月、季、年）支付此部分利息。

3. 不计息也不付息

不计息也不付息指在建设期不计算利息，建设期结束后政府方依据全部投资按照占用时间计算利息。

二、涉税分析

项目公司在会计核算时，对于利息收入的确认，遵循的是权责发生制原则。即属于当期的收入，不论款项是否收到，均作为当期的收入。而根据《中华人民共和国企业所得税法实施条例》规定，利息收入的纳税义务发生时间，是按合同约定的债务人应付利息的日期确认收入的实现。

因此，对于计息不付息的方式，会产生税会差异，项目公司在企业所得税汇算清缴时应对会计核算确认的利息调减应纳税所得额。但此种方式导致项目季度申报时，按会计利润预缴企业所得税，导致汇算清缴时产生退税。

对于计息付息的方式，无论利息实际是否收到，均应并入当期应纳税所得额。此种方式不会产生税会差异。

三、操作提示

（1）由于项目公司的特殊性，针对计息不付息产生的预缴大于实际应缴纳的企业所得税问题与当地主管税务机关进行沟通，能否在季度预缴时调整利息收入。

（2）与政府协商，尽量保持计息付息一致。

（3）如果上述协商不行，建议按照正常纳税申报，如果预缴大于实际应缴纳的企业所得税时，办理退税或者抵减后期应纳税额。

四、案例分析

1. 案例描述

某生产基地配套 PPP 项目：建设期资金占用费具体计算公式如下：当季资金占用费 =（季初累计完成实际投资额 - 季初累计到位投资补助 + 当季完成实际投资额 /2）× 费率 /4- 当季到位投资补助 × 支付日至当季末的天数 × 费率 /360；政府自项目开工后每半年向项目公司方支付当期累计的资金占用费。建设期利息在建设期结束一次性支付给项目公司。

2. 案例解析

（1）该项目合同约定按季计算并于开工后每半年支付当期累计的资金占用费。因此，投资回报的计算方式为计息且付息。

（2）该项目资金占用费会计核算时应按季确认收入，纳税义务时间为政府应付利息的日期，为项目开工后每半年应支付资金占用费的时点，可能导致项目季度申报时产生税会差异。

第五章　PPP 项目运营期税收管理

第一节　项目公司收入（销项端）

一、适用的税目和税率

由于 PPP 项目涉及的行业领域广，如交通运输、市政公用事业、综合开发、农林水利与环境保护、社会事业和其他，各个行业涉及的增值税政策和税率不尽相同，下面列举一些常见的 PPP 项目增值税适用的税率和税目。

（一）使用者付费的增值税税目及税率

常见的 PPP 项目主要包括收费公路、城市综合开发、城市轨道交通、地下综合管廊、海绵城市、污水处理等典型项目，对 PPP 项目取得的使用者付费收入进行汇总归纳，明确可能的收入类型及适用的增值税税目和税率（不包含政府可用性付费），供参考（表 5-1）。

表 5-1　常见 PPP 项目适用的增值税税目及税率

PPP 项目类型	收入描述	税目	适用税目、税率
收费公路项目	车辆通行费收入[1]	不动产经营租赁服务	一般计税：11%；简易计税：3%（高速公路的车辆通行费）；5%（一级公路、二级公路、桥、闸通行费）
	加油站特许经营	销售其他权益性无形资产	6%
	沿线广告业务	不动产经营租赁服务（出租广告牌）	11%
		销售其他权益性无形资产（广告公司自行安装广告牌）	6%
	其他服务	按具体服务内容适用税目、税率	

续表 5-1

PPP 项目类型	收入描述	税目	适用税目、税率
城市综合开发项目	与单一类别的 PPP 项目相比，城市综合开发项目包含的子项目非常多，如道路新建与整治、回迁房、保障房、电力、给排水、热力等地下管网、污水处理及垃圾焚烧、广场、公园和绿化等	需要按具体城市综合开发的内容，按照运营期收费的性质，确定适用税目、税率	
土地一级开发	建筑物拆除、平整土地	建筑服务	11%
	经纪、中介、代理服务	现代服务—商务辅助服务—经纪代理服务	6%
地下综合管廊项目	入廊费	建筑服务	11% 或 6%
	日常维护费	现代服务	6%
	入廊单位服务费	建筑服务	11%
	管廊运维服务	建筑服务	11%
海绵城市项目	主要是政府付费项目，包括可用性付费和运维维护费	按照支付服务的内容适用相应的税率	
污水处理项目	污水处理费	增值税劳务	17%
	管网可用性服务费	建筑服务	11%
	管网运维服务费	建筑服务	11%
	委托运营服务费	管理服务	6%
保障房项目	物业费	现代服务	6%
	房屋销售收入	销售不动产	11%
	车位租金	不动产经营租赁	11%
	车位管理费	现代服务	6%
	广告牌租金	不动产经营租赁	11%

注：1 施工许可证明上注明的合同开工日期在 2016 年 4 月 30 日前的高速公路、一级公路、二级公路、桥、闸，通行费收入可选择简易计税方法。

公路经营企业中的一般纳税人收取试点前开工的，高速公路车辆通行费和一级公路、二级公路、桥、闸通行费可以选择适用简易计税方法，减按 3% 的征收率计算应纳税额。试点前开工的公路，是指相关施工许可证明上注明的合同开工日期在 2016 年 4 月 30 日前的公路。

（二）可用性付费项目适用税目和税率

表 5-1 列举的项目，主要为项目公司提供的运营服务适用的税目与税率，而政府付费项目，如市政道路，政府购买服务时项目公司适用的税目和税率并不在此范围内。

因此，可用性付费项目，项目公司适用的税目和税率主要依据项目前期与政府方和地方税务机关沟通的结果，具体适用税率可参照表 5-2 选取。

表 5-2　可用性付费适用税目和税率

PPP 项目	收入描述	税目	税率
可用性付费项目	征地补偿费	代收转付或企业管理服务或建筑服务	0% 或 6% 或 11%
	存量工程经营权	代收转付或企业管理服务或建筑服务	0% 或 6% 或 11%
	建设期银行利息	代收转付或企业管理服务或建筑服务	0% 或 6% 或 11%
	勘察设计费用等	勘察设计或企业管理服务或建筑服务	6% 或 11%
	设备采购	企业管理服务或销售服务或建筑服务	6% 或 17% 或 11%
	建安工程费用	企业管理服务或建筑服务	6% 或 11%
	投资回报	贷款服务、企业管理服务或建筑服务	6% 或 11%

二、开票管理

（一）使用者付费开票

对于运营维护过程中使用者付费取得的收入，项目公司根据运营维护收入类型的适用税目和税率分别开具发票。如运营维护费按照企业管理服务适用 6% 的税率开具增值税发票，房屋租赁服务按照不动产租赁适用 11% 的税率开具增值税发票等。

（二）可用性付费开票

可用性付费按照前期与政府方沟通的结果进行开票。

1.“投资本金 + 投资收益”两方面谈判

1）投资本金

对于投资本金，项目公司根据前期与政府、税务机关沟通谈判的结果，确定适用的税目和税率，对外开具增值税发票，在实际执行中，有如下几种方式：

（1）投资本金部分不征税，全额开具收据或与税务机关沟通开具零税率的增值税发票。

（2）投资本金除征地拆迁、存量工程费外其他全部适用建筑服务。

此种情况下，政府付费时一般需要明确支付的费用为征地拆迁费、存量工程费或建筑安装服务费。征地拆迁费、存量工程费项目公司开具收据或与税务机关沟通开具零税率的增值税发票；建筑安装服务费项目公司可开具建筑服务 11% 税率的增值税发票。

（3）投资本金全部按照“平进平出”原则开具。

此种情况下，征地拆迁费、存量工程费由项目公司开具收据或0%增值税发票；其余费用可能包含设计费（6%）、建安费（11%）、设备费（17%）等，由于项目公司支付该部分费用时取得进项税适用的税率不同，项目公司需合理划分，并按照“平进平出”的原则开具增值税发票。

项目公司需要在政府支付投资本金时明确支付款项的内容，便于项目公司选取适用税目和税率，避免产生涉税风险。

（4）投资本金全部按照建筑服务11%税率开具增值税发票。

2）投资收益

项目公司根据前期与政府、税务机关沟通谈判确定的税目、税率对外开具增值税发票。投资回报部分按贷款服务（6%）或企业管理服务（6%）或建筑服务（11%）开具增值税发票。

2. 投资回报整体谈判

（1）政府付费全部按6%税率缴纳增值税。《财政部关于推广运用政府和社会资本合作模式有关问题的通知》（财金〔2014〕76号）明确规定，政府和社会资本合作模式的实质是政府购买服务。本项目实质是社会资本方给政府提供服务，政府支付服务款项。因此，该财政付费可以按照“现代服务业—商务辅助服务—企业管理服务”6%的税率缴纳增值税，并开具增值税发票。

（2）政府付费全部按建筑业11%的税率缴纳增值税，并开具增值税发票，不再区分投资本金、投资收益。

具体分析详见第二章第四节“四、与主管税务机关沟通确定适用税目和税率”。

三、会计核算要点

运营期，项目公司运营收入多样化，适用税率不同。因此，在会计核算时应参照以下建议执行：

（1）根据运营项目性质，按收入类型分别核算不同收入适用增值税的税目、税率。

（2）金融资产模式下，政府付费时，项目公司按照适用的税目、税率分别冲销长期应收款科目的明细科目，使适用税目与收入的类型相匹配。

（3）会计核算的收入金额与增值税申报数据可能存在差异，建议针对税会差异建立备查台账，以备应对“金三系统”交叉比对及税务稽查。

第二节　项目公司成本费用（进项端）

除 PPP 项目主合同外，项目公司与项目的融资方、承包商、专业运营商、原料供应商、产品或服务购买方、保险公司等其他参与方之间，还会围绕 PPP 项目合作订立一系列合同来确立和调整彼此之间的权利义务关系。项目合同会约定社会资本主体承担的成本和费用范围，如人工费、燃料动力费、修理费、财务费用、保险费、管理费、相关税费等。

在运营期间，如果因发生政府方可控的法律变更导致项目公司运营成本费用增加，项目公司有权向政府方索赔额外费用或申请延长项目合作期限。

一、进项税管理

PPP 项目增值税进项税额大、抵扣周期长，具有建设期增值税进项发票集中留抵，于运营期逐步抵扣的特点，项目公司需做好发票的认证及管理工作。

1. 进项税抵扣的总原则

增值税一般纳税人购进货物、服务、劳务等取得的进项税额，除用于税法规定的不得抵扣进项税的情况外，凭增值税专用发票、海关进口增值税专用缴款书等合规的增值税扣税凭证，均可从销项税额中抵扣。

2. 合规的增值税扣税凭证

增值税扣税凭证，是指增值税专用发票（含税控机动车销售统一发票）、海关进口增值税专用缴款书、农产品收购发票、农产品销售发票和完税凭证。

纳税人凭完税凭证抵扣进项税额的，应当具备书面合同、付款证明和境外单位的对账单或者发票。资料不全的，其进项税额不得从销项税额中抵扣。

3. 不得抵扣的情况

如果企业发生以下几种情况，其进项税额不得进行抵扣（表 5-3）：

表 5-3　不允许抵扣情况及说明

序号	不允许抵扣情况	说明
用于不可抵扣项目	用于简易计税方法计税项目、免征增值税项目、集体福利或者个人消费的购进货物、加工修理修配劳务、服务、无形资产和不动产	其中涉及的固定资产、无形资产、不动产，仅指专用于上述项目的固定资产、无形资产（不包括其他权益性无形资产）、不动产纳税人的交际应酬消费属于个人消费

续表 5-3

序号	不允许抵扣情况	说明
非正常损失	非正常损失的购进货物，以及相关的加工修理修配劳务和交通运输服务	非正常损失，是指因管理不善造成货物被盗、丢失、霉烂变质，以及因违反法律法规造成货物或者不动产被依法没收、销毁、拆除的情形。 纳税人新建、改建、扩建、修缮、装饰不动产，均属于不动产在建工程
	非正常损失的在产品、产成品所耗用的购进货物（不包括固定资产）、加工修理修配劳务和交通运输服务	
	非正常损失的不动产，以及该不动产所耗用的购进货物、设计服务和建筑服务	
	非正常损失的不动产在建工程所耗用的购进货物、设计服务和建筑服务	
不可抵服务	购进的旅客运输服务、贷款服务、餐饮服务、居民日常服务和娱乐服务	纳税人接受贷款服务向贷款方支付的与该笔贷款直接相关的投融资顾问费、手续费、咨询费等费用，其进项税额不得从销项税额中抵扣
其他	国务院财政、税务主管部门规定的纳税人自用消费品	—

4. 运营维护成本

为了更好地保障项目的运营和维护质量，在 PPP 项目合同中，通常会规定项目公司在合同生效后、开始运营日之前编制项目维护方案并提交政府方审核。维护方案中通常包括项目运营期间的维护、修理和更换的时间、费用和上述维护、修理以及更换可能对项目运营产生的影响等内容。

在 PPP 项目中，通常由项目公司负责根据合同约定及维护方案和手册的要求对项目设施进行维护和修理，承担项目维护责任，该责任不因项目公司将部分或全部维护事务分包给其他运营维护商实施而豁免或解除。

运营维护成本主要包括参照项目全生命周期内运营维护所需的原材料、设备、人工等成本，以及管理费用、销售费用和运营期财务费用等。

发生运营维护成本均需取得合规票据，以便实现企业所得税前扣除。

5. 其他运营成本

其他运营成本为燃料费、水电费、保险费等。其中，保险费涉及工程保险及第三方责任险等。除需要取得合规票据在税前扣除外，现对以下三项经常发生或者发生额较大的费用抵扣进项税提出税收管理建议。

1）燃料费

项目公司管理用车（不包括专门用于集体福利或个人消费的车辆）所消耗的汽油费、柴油费属于可抵扣进项税的范围，但去加油站零星加油不能取得增值税专用发票。项目公司可与燃油销售方进行沟通和洽谈，办理加油卡进行预充值消费，充值卡消费后，可取得 17% 税率的增值税专用发票。

2）水电费

（1）以项目公司名义独立安装水表、电表，可以取得水、电销售公司开具的增值税专用发票，其中：电费可以取得 17% 税率的增值税专用发票；从自来水公司购买其自产自来水，可以取得 3% 征收率的增值税专用发票。

（2）物业公司代收水、电费的情况下，物业公司提供的发票复印件不能作为进项税扣除凭证。如果物业公司仅代收水电费，可要求水、电销售方直接向项目公司开具水电费专用发票；若物业公司加价收取水电费，则要求物业公司开具水电费专用发票。

3）保险费

财产保险的保险费适用税率为 6%，财产保险费可以取得 6% 税率的增值税专用发票。

二、发票管理

（一）管理原则

1.“五流合一”

社会资本方发生经济业务对外付款时，必须取得合规发票，满足“五流（发票流、资金流、合同流、信息流和物流）合一”的要求。

2 . 不相容岗位分离

发票管理必须做到不相容岗位分离，即发票保管人员、开票人员及发票专用章保管人员必须做到岗位分离、不相容。

3. 交易真实

各单位要确保经济业务的真实性，严禁向对方虚开、代开发票以及接受虚假发票。

（二）发票种类

1. 增值税专用发票

增值税专用发票分为三联版和六联版两种，其中不动产增值税专用发票、机动车销售统一发票为六联版。

2. 增值税普通发票

增值税普通发票分为折叠票、卷票、增值税电子普通发票、二手车销售统一发票。

3. 增值税扣税凭证

增值税扣税凭证包括海关进口增值税专用缴款书、农产品收购发票、农产品销售发票、可以计算抵扣的凭证（如通行费）。

4. 其他凭证

航空运输电子客票行程单、火车票、火车票退票费发票、门票、过路（过桥）费发票、定额发票、客运发票，税收完税凭证的管理也可参照本章节。

（三）发票的领购、保管、缴销

1. 发票及设备领购

用票单位使用发票由本单位财务部门按规定统一在机构所在地主管国税机关领购，领购的空白发票视同现金管理，不得事先加盖发票专用章。

依据《国家税务总局关于按照纳税信用等级对增值税发票使用实行分类管理有关事项的公告》（国家税务总局公告2016年第71号），自2016年12月1日起，纳税信用A级的纳税人可一次领取不超过3个月的增值税发票用量，纳税信用B级的纳税人可一次领取不超过2个月的增值税发票用量。以上两类纳税人生产经营情况发生变化，需要调整增值税发票用量，手续齐全的，按照规定即时办理。

用票单位按税务机关要求采购防伪税控专用设备，参加防伪税控系统操作培训，办理防伪税控开票机初始发行。对于开票量较大的用票单位，可向机构所在地主管税务机关申请增加分开票机或布设网络开票系统。设置分开票机或网络开票系统的用票单位，必须对分设开票点评估开票能力，保证专职人员（开票、审核）到位、独立办公空间、保险柜及防伪税控专用硬件设备。

2. 发票保管

用票单位发票和防伪税控专用设备由各级财务部门专人保管并建立完整的“公司发票登记台账”，领购、领取增值税空白发票要求做到专车并有两人护送，确保发票安全。发票管理人员在领购纸质发票的当日，在系统中下载纳税号下所购买的发票信息，生成电子号段并将领购空白发票入库保管，增设分发票机或网络开票系统的单位根据各开票点提请的“XX公司XX开票点发票需求领用单”经审批后将发票进行分配。

领取发票的开票点由专人保管发票并建立“XX公司XX发票点发票登记台账”，及时登记发票领取的数量、号码，开出的发票号码、日期、客户、金额、领取人等，按日清算报送上级管理单位备案管理。登记发票按照买入情况保持联号不间断。

3. 发票盘点

用票单位全面掌握发票领、用、存情况，做到手续齐全、责任清晰。设置专人每月对发票领、用、存情况进行盘点，登记“XX 公司发票盘点表”，并由财务部门指定的负责人复核，复核无误后双方签字确认。

4. 发票使用

专用发票的基本联次包括发票联、抵扣联、记账联，普通发票的基本联次包括发票联、记账联。发票联作为付款原始凭证，抵扣联作为扣税凭证唯一凭据，记账联作为财务记账原始凭证。用票单位开具的发票应当按规定存放和保管，不得擅自销毁。

5. 发票缴销

用票单位在发生机构注销、变更税务登记、取消一般纳税人资格或发票改版等情况时，按机构所在地主管国税机关的要求办理发票缴销。

（四）发票开具、作废、红冲

1. 发票开具要求

开具发票时，应先对机内发票号码、字轨与机外纸质发票号码、字轨进行核对；核对一致的，应按顺序号将全部联次一次性如实开具，并在发票右下角“销售方（章）”处加盖单位发票专用章；各项目内容填写清晰、真实、完整，包括但不限于收款单位、项目、单价、数量、金额、银行账户、单位地址等；根据实际发生的业务类型开具专用发票，其中涉及不同税率的业务按各自适用的税率分别开具。其中：

（1）建筑服务在发票的备注栏注明建筑服务发生地县（市、区）名称及项目名称，备注栏的项目名称与合同名称保持一致；依据《国家税务总局关于全面推开营业税改征增值税试点有关税收征收管理事项的公告》（国家税务总局公告 2016 年第 23 号）的规定，建筑服务发票的备注栏需注明建筑服务发生地县（市、区）名称及项目名称，否则不得计入土地增值税扣除项目金额。

（2）销售不动产在发票“货物或应税劳务、服务名称”栏填写不动产名称及房屋产权证书号码（无房屋产权证书的可不填写），“单位”栏填写面积单位，备注栏注明不动产的详细地址。

（3）出租不动产，在备注栏注明不动产的详细地址。

（4）货运发票，将起运地、到达地、车种车号以及运输货物信息等内容填写在发票备注栏中，如内容较多可另附清单；汇总开具专用发票的，应同时使用防伪税控系统开具的“销售货物或者提供应税劳务清单”，并加盖单位发票专用章。

（5）出口发票，合同号、贸易方式、结算方式、外币金额、汇率等可在备注中填写，如果票面开具的是 CIF（到岸价格）价则在备注栏注明 FOB（离岸价格）价。

2. 发票作废

1）发票作废条件

办理发票作废手续要符合发生退货、开票信息有误等情形，当月收到退回专用发票的发票联、抵扣联，未抄报税，并且客户未认证。已开具发票客户认证后当月退回的、未认证发票跨月退回的，均不允许作废，需开具红字专用发票。

2）发票作废要求

作废发票操作流程首先在税控系统中将相应的数据电文按作废处理，同时在纸质发票（含未打印的发票）各联次上注明“作废”字样，全联次保存；发票作废不准许跨月；发票严禁超经营范围使用，严禁伪造、涂改、撕毁、挖补、转借、虚开、单联开具。

3）作废发票保管

发票作废要保证联次全部收回且一一对应，作废发票（含红冲发票）、发票登记簿等资料视同会计凭证进行管理；发票业务纸质资料由各单位按照公司实际管理需求，按月或季度整理装订成册，保管按照财务档案资料的要求进行。

3. 发票红冲

1）发票红冲条件

开具发票后，跨月发生销货退回、销售折让，或因开票有误、应税服务终止以及发票抵扣联、发票联均无法认证等情形，但不符合本章所列作废条件的，用票单位可申请开具红字发票。

2）红字发票开具要求

（1）专用发票已交付客户且客户已用于申报抵扣或客户未用于申报抵扣但发票联或抵扣联无法退回的，由客户在税控开票软件系统（以下简称“开票系统”）中填开并上传“开具红字增值税专用发票信息表”（以下简称信息表）。待税务机关系统校验通过后，凭税务机关系统校验通过的信息表在开票系统中以销项负数开具红字专用发票，红字专用发票应与信息表一一对应。

（2）专用发票尚未交付客户、客户拒收或已交付客户但客户未认证且发票联、抵扣联均可退回的，由开票单位在开票系统中填开并上传信息表，在填开信息表时应填写相对应的蓝字专用发票信息，税务机关对信息表内容进行系统校验通过后，方可开具红字专用发票。信息表校验通过后，必须在校验通过当月完成红字专用发票的开具工作，次月无效。

（3）普通发票取得已开发票全部联次后方可开具红字发票。

（五）发票的取得、提交、认证和抵扣

1. 发票取得原则

增值税发票的取得必须以真实交易为基础，取得的发票保证填写项目齐全，内容真实，不得涂改，收款单位及付款单位必须为单位全称，发票各要素填列必须完整准确。自 2017 年 7 月 1 日起，取得的有“购买方纳税人识别号”一栏的增值税普通发票，必须填写购买方统一社会信用代码或税务登记证号，否则不能作为企业所得税税前列支凭证。

2. 发票取得要求

用票单位在购买货物、服务、无形资产和不动产时，对属于增值税应税范围内且用于可抵扣项目的各类业务，充分取得专用发票，实现增值税进项税额的应抵尽抵，取得时应严格审核其真伪、内容开具是否合规；单位财务人员根据实际取得专用发票情况登记“某某公司增值税进项发票统计表”。重大经济业务发生后，用票单位首次取得专用发票时，向对方索取税务登记证或统一社会信用代码证，税务机关审批的增值税一般纳税人资格登记表复印件备案，以确定其是否具有开具专用发票的资格。

3. 认证抵扣期限

2017 年 7 月 1 日起，增值税进项发票认证的期限有所放宽，由自开具之日起“180 日”改为“360 日”。

4. 不得抵扣的情况

下列项目取得扣税凭证的进项税额不得抵扣：

（1）用于简易计税方法计税项目、免征增值税项目、集体福利或者个人消费的购进货物、加工修理修配劳务、服务、无形资产和不动产。其中涉及的固定资产、无形资产、不动产，仅指专用于上述项目的固定资产、无形资产（不包括其他权益性无形资产）、不动产。纳税人的交际应酬消费属于个人消费。

（2）非正常损失的购进货物，以及相关的加工修理修配劳务和交通运输服务。

（3）非正常损失的在产品、产成品所耗用的购进货物（不包括固定资产）、加工修理修配劳务和交通运输服务。

（4）非正常损失的不动产，以及该不动产所耗用的购进货物、设计服务和建筑服务。

（5）非正常损失的不动产在建工程所耗用的购进货物、设计服务和建筑服务。

（6）购进的旅客运输服务、贷款服务、餐饮服务、居民日常服务和娱乐服务。

（7）支付的贷款利息以及与支付该贷款直接相关的投融资顾问费、手续费、咨询费等费用。

（8）财政部和国家税务总局规定的其他情形。

（9）简易征收项目取得的分包专用发票。

5. 发票取得审核

用票单位经办人员在取得增值税专用发票后，为保证其认证和抵扣，要对票面进行审核，包括但不限于字迹是否清晰、是否有压线、错格，项目填写是否齐全，发票联和抵扣联是否加盖发票专用章，且发票专用章税号与销货单位纳税人识别号相符。为避免折痕、污迹等影响认证，扣税凭证经手人员应妥善保管扣税凭证，确保扣税凭证安全、完整、清晰、不折叠、不装订、不粘贴、不签字。

6. 验真认证

用票单位取得普通发票后，由经办人及时验证真伪，财务部门复核；用票单位取得专用发票后，交由财务部门验证真伪。由于主观原因逾期未认证的专用发票将不得抵扣进项税额，直接增加企业成本。如发现收到不合法或无法认证的发票，应立即退回经办人员，由经办人员负责联系开票单位更换，如不能更换，财务部门拒绝付款。已经付款后发现的不合法或无法认证的发票，由经办人员负责联系开票单位更换发票，对于拒不重新开具发票的，扣减其应付款，不得再支付其他欠款，并将此公司列入采购黑名单。

1）认证方式

纳税信用等级为 A 级、B 级、C 级的用票单位，对供应商使用开票系统开具的增值税发票，可以不进行扫描认证，通过增值税发票税控开票软件登录增值税发票查询平台，查询、选择用于申报抵扣或者出口退税的增值税发票信息，认证时要注意核对电子信息和纸质发票信息，仅选择部分发票认证时要对未认证的发票设置内部管理标识。通过增值税发票查询平台未查询到对应发票信息的，仍需进行扫描认证。

2）认证结果归档

对认证相符的专用发票抵扣联、认证结果通知书和认证结果清单，用票单位按月度装订成册，留存备查。

7. 特殊情况规定

1）开具发票丢失的处理

丢失已给客户开具普通发票的，原则上不得重新开具；可根据客户要求，向客户提供发票记账联复印件或发票开具情况证明。

丢失已开销项专用发票，可根据情况分为丢失专用发票的抵扣联、丢失专用发票的发票联、同时丢失专用发票的抵扣联与发票联三种情况。

（1）丢失专用发票的抵扣联：如果丢失前未移交客户或已移交客户且客户未认证的，客户可使用专用发票的发票联认证，专用发票的发票联留存备查；如果丢失前已移交客户且客户已认证相符的，客户可使用专用发票的发票联复印件留存备查。

（2）丢失专用发票的发票联：客户可将专用发票的抵扣联作为记账凭证，专用发票的抵扣联复印件留存备查。

（3）丢失专用发票的发票联和抵扣联：如果丢失前未认证的，客户凭用票单位提供的相应专用发票记账联复印件进行认证，认证相符的凭该专用发票记账联复印件及用票单位机构所在地主管税务机关出具的“丢失增值税专用发票已报税证明单”（以下简称证明单），作为增值税进项税额的抵扣凭证；如果丢失前客户已认证相符的，客户凭用票单位提供的相应专用发票记账联复印件及其机构所在地主管税务机关出具的证明单，作为增值税进项税额的抵扣凭证；用票单位视情况协助客户办理相关手续。

2）取得发票丢失的处理

丢失普通发票的，由于客户原因丢失，原则上要求必须给社会资本方再行开具增值税普通发票，由于用票单位原因丢失，需取得客户发票记账联复印件及发票开具情况证明。

丢失增值税专用发票的，可根据情况分为认证前后同时丢失专用发票的发票联、抵扣联，丢失专用发票的抵扣联，丢失专用发票发票联三种情况。

（1）丢失已收取专用发票的发票联和抵扣联，且丢失前已认证相符的，由经办人员负责协调与供应商联系，取得相应专用发票记账联复印件（加盖发票专用章）及供应商主管税务机关出具的“丢失增值税专用发票已报税证明单”，作为增值税进项税额的抵扣凭证。专用发票记账联复印件和证明单留存备查，按照扣税凭证归档要求进行管理。

丢失已收取专用发票的发票联和抵扣联，如果丢失前未认证的，由经办人员负责协调与供应商联系，取得相应专用发票记账联复印件（加盖发票专用章）及供应商所在地主管国税机关出具的证明单，凭销售方提供的相应专用发票记账联复印件进行认证，认证相符的，可凭专用发票记账联复印件及供应商主管国税机关出具的证明单，作为增值税进项税额的抵扣凭证。

（2）丢失已开具专用发票的抵扣联的，如果丢失前已认证相符的，可使用专用发票的发票联复印件留存备查；如果丢失前未认证的，可使用专用发票的发票联认证，专用发票的发票联复印件留存备查。

（3）丢失已开具专用发票的发票联的，可将专用发票抵扣联作为记账凭证，专用发票抵扣联复印件留存备查。

3）特殊情况未认证专用发票处理

用票单位由于客观原因造成进项专用发票未按期申报抵扣的，可向主管税务机关申请办理逾期抵扣。客观原因包括如下类型：

（1）因自然灾害、社会突发事件等不可抗力因素造成增值税扣税凭证逾期。

（2）增值税扣税凭证被盗、抢，或者因邮寄丢失、误递导致逾期。

（3）有关司法、行政机关在办理业务或者检查中，扣押增值税扣税凭证，纳税人不能正常履行申报义务，或者税务机关信息系统、网络故障，未能及时处理纳税人网上认证数据等导致增值税扣税凭证逾期。

（4）买卖双方因经济纠纷，未能及时传递增值税扣税凭证，或者纳税人变更纳税地点，注销旧户和重新办理税务登记的时间过长，导致增值税扣税凭证逾期。

（5）由于企业办税人员伤亡、突发危重疾病或者擅自离职，未能办理交接手续，导致增值税扣税凭证逾期。

（6）国家税务总局规定的其他情形。

4）善意取得处理

对于用票单位善意取得的虚开增值税专用发票、大头小尾发票，不允许抵扣进项税，已经抵扣的进项税需做进项税转出，并要求供应商重新换开增值税专用发票或赔偿相关税款损失，供应商列入公司采购黑名单库管理。供应商不能重新换开发票或赔偿损失的，由相关责任人承担损失。

具体政策详见附录三。

第三节　项目公司资产管理

项目公司应根据 PPP 合同权利中风险承担安排的不同，对项目资产分别按照金融资产、无形资产、混合资产、固定资产进行核算。

具体核算方式的选择详见“第九章 PPP 项目会计核算”。

一、金融资产

金融资产模式，项目公司应当按照其有权收取的款项，即根据已提供的建造服务公允价值确认金融资产，并按摊余成本计量并确认利息收入。

1. 计税基础

企业的投资资产，以历史成本为计税基础。历史成本是指企业取得该项资产时实际发生的支出。

2. 税务处理

企业收回或处置金融资产时，形成的资产损失应按规定的程序和要求向主管税务机关申报后方能在税前扣除。未经申报的损失，不得在税前扣除。

企业形成的资产损失需以专项申报的方式向税务机关申报损失，企业需收集保管申报所需具有法律效力的外部证据和特定事项的企业内部证据。

二、无形资产

1. 税收政策

（1）无形资产按照直线法计算的摊销费用，准予扣除。

（2）无形资产的摊销年限不得低于 10 年。

（3）作为投资或者受让的无形资产，有关法律规定或者合同约定了使用年限的，可以按照规定或者约定的使用年限分期摊销。

2. 操作提示

（1）基础设施若采用流量法摊销，不符合税法规定，则存在税会差异，需按照与直线法摊销金额之间的差额进行纳税调增或调减。

（2）由于会计准则和税法规定不完全一致而产生纳税调增与纳税调减项目，使企业的会计利润与应纳税所得额并不一致，因此企业应注意甄别存在会计与税法处理差异的事项，并对时间性差异项目登记备查账簿，以便正确处理当期及以后年度的纳税调整事项。

三、混合资产

因 PPP 合同约定的运作方式不同，经常出现需求风险由政府与项目公司共担的情形。政府对项目公司依托特许经营权获得的收入提供无条件最低收益担保条款。政府承担最低收益担保部分的需求风险，项目公司承担超出部分的需求变动风险。项目公司将已获担保部分的对价确认为金融资产，剩余无担保部分确认为无形资产，即混合资产。

应采用合理的方法划分确认为金融资产的部分和无形资产的部分，再进行会计处理，确认为无形资产的部分涉及摊销的税会差异，需按税法规定进行调整。

四、固定资产

1. 税收政策

（1）计税基础的确定。

自行建造的固定资产，以竣工结算前发生的支出为计税基础；改建的固定资产，以改建过程中发生的改建支出增加计税基础。

（2）固定资产按照直线法计算的折旧，准予扣除。

企业应当自固定资产投入使用月份的次月起计算折旧；停止使用的固定资产，应当自停止使用月份的次月起停止计算折旧。

企业应当根据固定资产的性质和使用情况，合理确定固定资产的预计净残值。固定资产的预计净残值一经确定，不得变更。

（3）除国务院财政、税务主管部门另有规定外，固定资产计算折旧的最低年限如下：

① 房屋、建筑物，为 20 年；

② 飞机、火车、轮船、机器、机械和其他生产设备为 10 年；

③ 与生产经营活动有关的器具、工具、家具等为 5 年；

④ 飞机、火车、轮船以外的运输工具为 4 年；

⑤ 电子设备为 3 年。

（4）企业拥有并用于生产经营的主要或关键的固定资产，由于以下原因确需加速折旧的，可以缩短折旧年限或者采取加速折旧的方法：

① 由于技术进步，产品更新换代较快的；

② 常年处于强震动、高腐蚀状态的。

2. 操作提示

（1）符合固定资产加速折旧优惠条件的纳税人可以在企业所得税预缴申报和汇算清缴申

报中直接享受该项优惠政策，通过填写固定资产加速折旧扣除明细表相关栏次履行备案手续。

（2）企业应将建造固定资产的发票、记账凭证等有关凭证、凭据等资料留存备查，并应建立台账，准确核算税法与会计差异情况。

五、资产减值

1. 会计处理

项目公司应按照相关会计准则规定，关注已确认的无形资产和（或）金融资产、固定资产的减值迹象，并进行减值测试，在确认发生减值时，确认减值损失。

2. 税务处理

税法规定，在计算应纳税所得额时，未经核定的准备金支出不得扣除。未经核定的准备金支出，是指不符合国务院财政、税务主管部门规定的各项资产减值准备、风险准备等准备金支出。

（1）提取减值准备当期的处理。

当期提取的减值准备不允许税前扣除，应进行纳税调增处理。

（2）计提减值准备后资产的折旧或摊销额差异的处理。

企业已提取减值准备的无形资产，如果申报纳税时已调增应纳税所得额，可按提取减值准备前的账面价值确定可扣除的摊销额。

（3）已计提减值准备的资产价值恢复的处理。

企业已提取减值的金融资产和无形资产，如果在提取减值准备的当期已调增应纳税所得额，因价值恢复而转回的减值准备应进行纳税调减。

六、安全生产费及大修基金

1. 安全生产费

安全生产费用是指企业按照规定标准提取在成本中列支，专门用于完善和改进企业或者项目安全生产条件的资金。部分项目公司按收入的一定比例计提安全生产费，作为安全生产的专项储备，在实际支出时直接冲减专项储备。

1）税收政策

高危行业企业实际发生的安全生产费用支出，属于收益性支出的，可直接作为当期费用在税前扣除；属于资本性支出的，应计入有关资产成本，并按企业所得税法规定计提折旧或摊销费用在税前扣除。

企业按照有关规定预提的安全生产费用，不得在税前扣除。

2）操作提示

（1）企业计提安全生产费应区分资产性支出和收益性支出，资产性支出按该资产税法规定折旧年限计提折旧并在税前扣除，收益性支出可直接作为当前费用在税前扣除。

（2）企业应严格区分收益性支出和资本性支出，不可人为扩大收益性支出的范围，避免由此带来的税务风险。

（3）企业按照有关规定预提未实际支付的安全生产费，不得在税前扣除。

2. 大修基金

基础设施项目一般投资时间长、投资金额大，后期破损程度也将逐年加大，多数 PPP 项目需提前逐月计提大修基金。

1）税收政策

企业实际发生的与取得收入有关的、合理的支出，包括成本、费用、税金、损失和其他支出，准予在计算应纳税所得额时扣除。

2）操作提示

大修基金预提未实际支出时，不能在税前扣除，需要纳税调增。实际发生大修理时，按实际支出金额在税前扣除，进行纳税调减。实际支出时应取得合规发票。

具体政策详见附录四。

第四节　项目公司税收优惠

运营期，不同的项目类型享受不同的税收优惠，以下针对项目公司在运营的过程中可能享受的税收优惠进行解析，以便在实际执行中参考应用。

一、增值税

（一）中央财政补助不征收增值税

1. 税收政策

依据《国家税务总局关于中央财政补贴增值税有关问题的公告》（国家税务总局公告 2013 年第 3 号），纳税人取得的中央财政补助，不属于增值税应税收入，不征收增值税。

2. 操作注意事项

（1）中央财政补助有的直接支付给予销售方，有的先补给购买方，再由购买方转付给销售方。无论采取何种方式，购买者实际支付的购买价格，均为原价格扣减中央财政补助后的金额。

（2）依据国家税务总局办公厅《关于中央财政补贴增值税有关问题的公告》的解读，纳税人取得的中央财政补助，只要取得渠道是中央财政，就不征收增值税。

（3）中央财政补助属于不征税收入，不用向主管税务机关备案。

（二）增值税简易计税

（1）PPP 项目中，一般可以选择简易计税的项目包括车辆通行费收入、轨道交通的票务收入、建筑服务收入和不动产租赁收入等。

（2）一般纳税人选择简易计税，进项税不允许抵扣，成本无须取得增值税专用发票。

（3）一般纳税人选择简易计税方法，可以向购买方开具增值税专用发票。

（4）一般纳税人一经选择简易计税方法计税，36 个月内不得变更。

（5）一般纳税人选择简易计税方法需要向主管税务机关进行备案。

常见的简易计税项目见表 5-4。

表 5-4　常见简易计税项目应税范围及征收率

纳税人类型	应税范围	征收率
小规模纳税人	销售货物（不含销售适用过的固定资产、销售旧货）、提供加工修理修配劳务、销售服务（不含不动产租赁）、销售无形资产	3%

续表 5-4

<table>
<tr><th>纳税人类型</th><th colspan="3">应税范围</th><th>征收率</th></tr>
<tr><td rowspan="2">小规模纳税人</td><td colspan="3">销售自己使用过的固定资产、销售旧货</td><td>3% 减按 2%</td></tr>
<tr><td colspan="3">销售不动产（不含北京、上海、广州、深圳的个人销售其购买 2 年及 2 年以上普通住房、其他地区的个人销售其购买 2 年及 2 年以上住房）、出租不动产（不含个人出租住房）</td><td>5%</td></tr>
<tr><td rowspan="6">一般纳税人</td><td colspan="2" rowspan="2">原增值税应税项目适用简易计税方法</td><td>销售自己使用过的属于增值税条例第十条规定不得抵扣且未抵扣进项税额的固定资产</td><td rowspan="2">3% 减按 2%</td></tr>
<tr><td>销售自己使用过的、纳入营改增试点之日前取得的固定资产、销售旧货</td></tr>
<tr><td rowspan="4">营改增应税项目选择简易计税方法</td><td>金融服务</td><td>农村信用社、村镇银行、农村资金互助社、由银行业机构全资发起设立的贷款公司、法人机构在县（县级市、区、旗）及县以下地区的农村合作银行和农村商业银行提供金融服务收入</td><td rowspan="2">3%</td></tr>
<tr><td rowspan="2">现代服务</td><td>下列有形动产租赁服务：
1. 纳入营改增试点之日前签订的尚未执行完毕的有形动产租赁合同；
2. 纳入营改增试点之日前取得的有形动产为标的物提供的经营租赁服务</td></tr>
<tr><td>出租 2016 年 4 月 30 前取得的不动产</td><td rowspan="2">5%</td></tr>
<tr><td>销售不动产</td><td>销售 2016 年 4 月 30 前取得的不动产</td></tr>
</table>

（三）增值税即征即退

纳税人销售自产的资源综合利用产品和提供资源综合利用劳务，可享受增值税即征即退政策。

PPP 项目可能涉及的资源综合利用的项目见表 5-5。

表 5-5　PPP 项目可能涉及的资源综合利用项目技术标准、相关条件及退税比例

综合利用的资源名称	综合利用产品和劳务名称	技术标准和相关条件	退税比例
污水处理厂出水、工业排水（矿井水）、生活污水、垃圾处理厂渗透（滤）液等	再生水	1. 产品原料 100% 来自所列资源； 2. 产品符合《再生水水质标准》（SL 368—2006）规定的技术要求	50%
工业废气	高纯度二氧化碳、工业氢气、甲烷	1. 产品原料 95% 以上来自所列资源； 2. 高纯度二氧化碳产品符合（GB10621—2006），工业氢气产品符合（GB/T 3634.1—2006），甲烷产品符合（HG/T 3633—1999）规定的技术要求	70%
工业生产过程中产生的余热、余压	电力、热力	产品原料 100% 来自所列资源	100%

续表 5-5

综合利用的资源名称	综合利用产品和劳务名称	技术标准和相关条件	退税比例
垃圾处理、污泥处理处置劳务	—	—	70%
污水处理劳务	—	污水经加工处理后符合《城镇污水处理厂污染物排放标准》（GB18918—2002）规定的技术要求或达到相应的国家或地方水污染物排放标准中的直接排放限值	70%

1. 适用条件

申请享受增值税即征即退政策时，应同时符合下列条件：

（1）属于增值税一般纳税人；

（2）销售综合利用产品和劳务，不属于国家发展改革委《产业结构调整指导目录》中的禁止类、限制类项目；

（3）销售综合利用产品和劳务，不属于环境保护部《环境保护综合名录》中的“高污染、高环境风险”产品或者重污染工艺；

（4）纳税信用等级不属于税务机关评定的 C 级或 D 级。

2. 不允许享受即征即退政策

（1）纳税人应当单独核算适用增值税即征即退政策的综合利用产品和劳务的销售额和应纳税额。未单独核算的，不得享受增值税即征即退政策。

（2）因违反税收、环境保护的法律法规受到处罚（警告或单次 1 万元以下罚款除外）的，自处罚决定下达的次月起 36 个月内，不得享受增值税即征即退政策。

3. 操作注意事项

（1）PPP 项目公司从事符合条件的污水、垃圾处理等业务，可享受的增值税即征即退政策。

（2）必须单独核算享受增值税即征即退政策产品和劳务的销售额和应纳税额。

二、企业所得税

（一）专项财政资金

1. 税收政策

（1）企业从县级以上各级人民政府财政部门及其他部门取得的应计入收入总额的财政性资金，凡同时符合以下条件的，可以作为不征税收入，在计算应纳税所得额时从收入总额中减除：

① 企业能够提供规定资金专项用途的资金拨付文件；

② 财政部门或其他拨付资金的政府部门对该资金有专门的资金管理办法或具体管理要求；

③ 企业对该资金以及以该资金发生的支出单独进行核算。

（2）不征税收入用于支出所形成的费用，不得在计算应纳税所得额时扣除；用于支出所形成的资产，其计算的折旧、摊销不得在计算应纳税所得额时扣除。

2. 操作注意事项

项目公司取得的政府付费或者可行性缺口补助如果认定为专项用途财政性资金，则可作为不征税收入，不缴纳企业所得税，相应的支出（形成的费用、资产折旧或摊销）也不能在税前扣除。

（二）公共基础设施项目的所得税优惠

1. 税收政策

国家重点扶持的公共基础设施项目的生产经营所得，自该项目取得第一笔生产经营收入所属纳税年度起，第一年至第三年免征企业所得税，第四年至第六年减半征收企业所得税。

第一笔生产经营收入，是指公共基础设施项目已建成并投入运营后所取得的第一笔收入（包括试运行收入）。

2. 操作注意事项

1）备案管理

企业所得税的减免税分为核准类减免税和备案类减免税，国家重点扶持的公共基础设施项目生产经营所得的定期减免税优惠，属于备案类管理。纳税人享受备案类减免税，应当具备相应的减免税资质，并履行规定的备案手续。

因此，享受该优惠的企业应了解所在地主管税务机关对于备案管理的具体规定，及时备案，避免出现因未备案而不能享受减免税优惠的问题。

2）分开核算、合理分摊

企业同时从事不在《公共基础设施项目企业所得税优惠目录（2008 年版）》范围的生产经营项目取得的所得，应与享受优惠的公共基础设施项目经营所得分开核算，并合理分摊企业的期间共同费用；没有单独核算的，不得享受上述企业所得税优惠。

期间共同费用的合理分摊比例可以按照投资额、销售收入、资产额、人员工资等参数确定。上述比例一经确定，不得随意变更。凡特殊情况需要改变的，需报主管税务机关核准。

3）分期建设时，应注意地方的管理要求

项目分期建设时，部分地方的税务机关要求各期建设应设立独立账套进行核算，或者要成立独立法人公司才能分期享受公共基础设施项目所得的“三免三减半”优惠。项目公司应积极与税务机关沟通，了解当地的具体要求，避免因不符合当地税务机关的要求而无法享受该项优惠。

4）争取综合管廊项目享受公共基础设施税收优惠

综合管廊实质上应属于公共基础设施，但公共基础设施项目优惠目录未明确列举，要争取综合管廊项目享受公共基础设施税收优惠，尤其是对城市市政路灯系统、公共安防监控通信系统等公益性管线入廊产生的所得。

5）合理确认试运营收入的时间

（1）试运营时间的确定。

符合条件可以享受定期减免税优惠的企业，在其他条件允许的情况下，应合理确定试运行时间，尽量把试运行时间安排在纳税年度的前几个月，避免安排在后几个月，实际延长企业享受减免税优惠的期间。

假设试运行时间安排在 12 月，试运行收入需在 12 月确认，则试运行当年即为企业享受税收优惠的第一个年度，当年实际只有一个月的所得享受了免税优惠，缩短了实际享受税收优惠的时间，将会增加企业所得税税负。

（2）对特许经营期限的影响。

一般 PPP 合同中约定，从项目试运行开始，计算特许经营期限，如果项目是分段实施并完成的，如高速公路项目，第一段完成时，即开始计算特许经营期限，这样可能会导致特许经营期限缩短，造成收费年限减少，因此在合同签订时，应明确项目分段完成时间，以最终完成项目建设的时间开始计算特许经营期限。如果各阶段可以独立计算特许经营期限，也可以按各阶段分别计算特许经营期限。

（三）西部大开发税收优惠

项目运营后享受西部大开发税收优惠政策需注意以下几个事项：

（1）符合《西部地区鼓励类产业目录》中鼓励类产业项目的主营业务收入必须占企业收入总额的 70% 以上。

（2）享受税收优惠的时间是自 2011 年 1 月 1 日至 2020 年 12 月 31 日，如果项目公司正式投产运营预计在 2020 年时，刚好处于本政策到期之时，需密切关注财政部、国家税务总局是否会发布延续该项优惠政策的新文件。

（3）项目公司取得符合西部大开发项目收入的第一年，应当在年度汇算清缴前向主管税务机关提出书面申请并附送相关资料，进行备案。

（四）公共基础设施项目所得税优惠与西部大开发税收优惠的选择

（1）如果企业只经营公共基础设施项目，且同时符合两个优惠政策规定的条件，企业可以同时申请享受国家重点扶持的基础设施项目所得“三免三减半”的优惠，以及西部大开发的15%优惠税率。

（2）实务中，对企业所得税优惠，项目公司可做如下选择：

① 企业可以在项目取得第一笔生产经营收入后的前3年，申请享受公共基础设施项目所得免征企业所得税的优惠；

② 在项目取得第一笔生产经营收入后的第4～6年，申请同时享受公共基础设施项目所得减半和西部大开发15%的税率优惠，则第4～6年的所得税可在15%税率基础上减半，实际适用税率为7.5%。

（3）在项目取得第一笔生产经营收入后的第7年及以后年度，公共基础设施项目所得税优惠全部期满，项目公司可申请享受西部大开发15%的税率优惠，以后年度的实际适用税率为15%。

（4）案例分析。

① 案例描述：A公司在新疆投资一项风电项目，该项目拟于2015年12月开始发电，运营期为10年。

② 涉税分析：A公司在新疆投资一项风电项目，符合同时享受企业所得税“三免三减半”和西部大开发15%的企业所得税优惠税率的基本条件。项目试运行时间安排在12月，试运行收入需在12月确认，则试运行当年即为企业享受税收优惠的第一个年度，当年实际只有一个月的所得享受了免税优惠，缩短了实际享受税收优惠的时间。建议A公司延迟至2016年开始运营。

故建议A公司在2016—2018年，申请享受公共基础设施项目所得免征企业所得税的优惠；在2019—2021年，申请同时享受公共基础设施项目所得减半和西部大开发15%的税率优惠，此阶段实际企业所得税税率为7.5%；在2022年至以后年度，公共基础设施项目所得税优惠全部期满，A公司可申请享受西部大开发15%的税率优惠，以后年度的实际企业所得税税率为15%。

需要注意的是，西部大开发享受税收优惠的时间是自2011年1月1日至2020年12月31日，项目公司运营期限为2016-2026年，因此，应在本政策到期之时，密切关注财政部、国家税务总局是否会发布延续该项优惠政策的新文件。

（五）资源综合利用减计收入

1. 税收政策

企业以《资源综合利用企业所得税优惠目录（2008年版）》（财税〔2008〕117号）（以下简称《目录》）规定的资源作为主要原材料，生产国家非限制和禁止并符合国家和行业相关标准的产品取得的收入，减按90%计入收入总额。

2. 操作注意事项

（1）需同时符合以《目录》中所列资源为主要原材料、生产《目录》内符合国家或行业相关标准的产品取得的收入、所列资源占产品原料的比例符合《目录》规定的技术标准三个条件。

（2）综合利用资源类别包括废水（液）、废气、废渣，再生资源，共生、伴生矿产资源三大类，对照《目录》中列举的综合利用资源、生产产品、技术标准执行。

（3）企业同时从事其他项目而取得的非资源综合利用收入，应与资源综合利用收入分开核算，没有分开核算的，不得享受优惠政策。

（4）污水处理项目可申请按销售利用工矿废水、城市污水生产的再生水取得的收入可减计收入规定享受优惠政策。

（六）环境保护、节能节水项目减免

1. 税收政策

（1）从事符合条件的环境保护、节能节水项目的所得可以免征、减征企业所得税。符合条件的环境保护、节能节水项目，包括公共污水处理、公共垃圾处理、沼气综合开发利用、节能减排技术改造、海水淡化等。

（2）企业从事符合条件的环境保护、节能节水项目的所得，自项目取得第一笔生产经营收入所属纳税年度起，第一年至第三年免征企业所得税，第四年至第六年减半征收企业所得税。

2. 操作注意事项

（1）计算优惠的起始时间是自项目取得第一笔生产经营收入所属纳税年度起，不是自项目的盈利纳税年度起。

（2）享受税法规定的优惠项目，强调必须是“公共”，企业处理自身生产经营活动等产

生的污水、垃圾等，不属于税法规定的公共污水、垃圾处理项目。

（3）享受环境保护、节能节水减免税优惠的项目，在减免税期限内转让的，受让方自受让之日起，可以在剩余期限内享受规定的减免税优惠；减免税期限届满后转让的，受让方不得就该项目重复享受减免税优惠。

（4）环境保护、节能节水项目优惠目录见《财政部 国家税务总局 国家发展改革委关于公布环境保护节能节水项目企业所得税优惠目录（试行）的通知》（财税〔2009〕166 号）。

（5）污水处理项目可申请参照公共污水处理项目享受优惠政策。但城镇污水处理项目应具备以下 8 个条件：

① 根据全国城镇污水处理设施建设规划等全国性规划设立；

② 专门从事城镇污水的收集、贮存、运输、处置以及污泥处置（含符合国家产业政策和准入条件的水泥窑协同处置）；

③ 根据国家规定获得污水处理特许经营权，或符合环境保护行政主管部门规定的生活污水类污染治理设施运营资质条件；

④ 项目设计、施工和运行管理人员具备国家相应职业资格；

⑤ 项目按照国家法律法规要求，通过相关验收；

⑥ 项目经设区的市或者市级以上环境保护行政主管部门总量核查；

⑦ 排放水符合国家及地方规定的水污染物排放标准和重点水污染物排放总量控制指标；

⑧ 国务院财政、税务主管部门规定的其他条件。

（七）专用设备投资抵免

1. 税收政策

（1）企业购置并实际使用《环境保护专用设备企业所得税优惠目录》《节能节水专用设备企业所得税优惠目录》和《安全生产专用设备企业所得税优惠目录》规定的环境保护、节能节水、安全生产等专用设备的，该专用设备投资额的 10% 可以从企业当年的应纳税额中抵免；当年不足抵免的，可以在以后 5 个纳税年度结转抵免。

（2）专用设备投资额，是指购买专用设备发票价税合计价格，但不包括按有关规定退还的增值税税款以及设备运输、安装和调试等费用。

进项税额抵免时，如增值税进项税额允许抵扣，其专用设备投资额不再包括增值税进项税额；如增值税进项税额不允许抵扣，其专用设备投资额应为增值税专用发票上注明的价税合计金额。企业购买专用设备取得普通发票的，其专用设备投资额为普通发票上注明的金额。

2. 操作注意事项

（1）享受此项政策的项目公司，应当实际购置并自身实际投入使用专用设备。

（2）属于《节能节水和环境保护专用设备企业所得税优惠目录（2017 年版）》内的专用设备才能享受，并应详细对照财税〔2017〕71 号所列示的设备类别、名称、应用领域等。

（3）购置之日起 5 个纳税年度内转让、出租的，该专用设备停止使用当月即停止享受该项政策，并补缴已经抵免的企业所得税税款，由转让的受让方享受此项政策。

（4）利用自筹资金和银行贷款购置专用设备的投资额可以抵免，而利用财政拨款购置专用设备的投资额不得抵免。

（5）对于污水处理项目而言，购置并实际使用《节能节水和环境保护专用设备企业所得税优惠目录（2017 年版）》中的水污染治理设备，且应用于污水处理领域，其投资额的 10%可抵免当年企业所得税应纳税额。目录列举了城市公共污水处理可抵免企业所得税额的 4 种专用设备：膜生物反应器、紫外消毒灯、污泥浓缩脱水一体机和污泥干化机。

（6）专用设备投资抵免可以和其他税收优惠政策叠加享受。

三、土地使用税

（一）土地使用税免税政策

1. 税收政策

（1）市政街道、广场、绿化地带等公共用地免缴土地使用税。

（2）经批准开山填海整治的土地和改造的废弃土地，从使用的月份起免缴土地使用税 5 年至 10 年。

填海整治的土地，是指纳税人经有关部门批准后自行填海整治的土地，不包括纳税人通过出让、转让、划拨等方式取得的已填海整治的土地。

（3）对港口的码头（即泊位，包括岸边码头、伸入水中的浮码头、堤岸、堤坝、栈桥等）用地，免征土地使用税。

（4）企业办的学校、医院、托儿所、幼儿园，其用地能与企业其他用地明确区分的，可以比照由国家财政部门拨付事业经费的单位自用的土地，免征土地使用税。

（5）对廉租住房、经济适用住房建设用地、改造安置住房建设用地以及廉租住房经营管理单位按照政府规定价格向规定保障对象出租的廉租住房用地，免征城镇土地使用税。

2. 操作注意事项

（1）PPP 项目涉及市政工程道路、广场、绿化地带的公共用地、填海整治的土地、港口码头用地，均可申请免征土地使用税。

（2）应划分清楚应税土地面积和免征土地面积，并向地税机关办理免税备案手续。

（二）土地使用税减半征收

1. 税收政策

对在城镇土地使用税征税范围内单独建造的地下建筑用地，按规定对地下建筑用地暂按应征税款的 50% 征收城镇土地使用税。

2. 操作注意事项

如果地下建筑已取得地下土地使用权证的，按土地使用权证确认的土地面积计算应征税款；未取得地下土地使用权证或地下土地使用权证上未标明土地面积的，按地下建筑垂直投影面积计算应征税款。

四、房产税

（一）房产税免税政策

1. 税收政策

（1）房屋大修停用在半年以上的，经纳税人申请，在大修期间可免征房产税。

（2）公共租赁住房免征房产税。

（3）企业办的各类学校、医院、托儿所、幼儿园自用的房产，可以比照由国家财政部门拨付事业经费的单位自用的房产，免征房产税。

2. 操作注意事项

（1）对大修停用半年以上的房产及时申请免征房产税。

（2）上述税收优惠政策的公共租赁住房是指纳入省、自治区、直辖市、计划单列市人民政府及新疆生产建设兵团批准的公共租赁住房发展规划和年度计划，并按照《关于加快发展公共租赁住房的指导意见》（建保〔2010〕87 号）和市、县人民政府制定的具体管理办法进行管理的公共租赁住房。

五、耕地占用税

（一）耕地占用税免税政策

1. 税收政策

学校、幼儿园、养老院、医院占用耕地免征耕地占用税。

2. 操作提示

（1）免税的学校，具体范围包括县级以上人民政府教育行政部门批准成立的大学、中学、小学、学历性职业教育学校以及特殊教育学校。学校内经营性场所和教职工住房占用耕地的，按照当地适用税额缴纳耕地占用税。

（2）免税的幼儿园，具体范围限于县级人民政府教育行政部门登记注册或者备案的幼儿园内专门用于幼儿保育、教育的场所。

（3）免税的养老院，具体范围限于经批准设立的养老院内专门为老年人提供生活照顾的场所。

（4）免税的医院，具体范围限于县级以上人民政府卫生行政部门批准设立的医院内专门用于提供医护服务的场所及其配套设施。医院内职工住房占用耕地的，按照当地适用税额缴纳耕地占用税。

（5）纳税人改变原占地用途，不再属于免征耕地占用税情形的，应自改变用途之日起30日内按改变用途的实际占用耕地面积和当地适用税额补缴税款。

（二）耕地占用税减税政策

1. 税收政策

铁路线路、公路线路、飞机场跑道、停机坪、港口、航道占用耕地，减按每平方米2元的税额征收耕地占用税。

2. 操作注意事项

（1）减税的铁路线路，具体范围限于铁路路基、桥梁、涵洞、隧道及其按照规定两侧留地。专用铁路和铁路专用线占用耕地的，按照当地适用税额缴纳耕地占用税。

（2）减税的公路线路，具体范围限于经批准建设的国道、省道、县道、乡道和属于农村公路的村道的主体工程以及两侧边沟或者截水沟。

（3）减税的飞机场跑道、停机坪，具体范围限于经批准建设的民用机场专门用于民用航空器起降、滑行、停放的场所。

（4）减税的港口，具体范围限于经批准建设的港口内供船舶进出、停靠以及旅客上下、货物装卸的场所。

（5）减税的航道，具体范围限于在江、河、湖泊、港湾等水域内供船舶安全航行的通道。

（6）根据实际需要，国务院财政、税务主管部门商国务院有关部门并报国务院批准后，可以对前款规定的情形减征耕地占用税。

（7）纳税人改变原占地用途，不再属于减征耕地占用税情形的，应自改变用途之日起30日内按改变用途的实际占用耕地面积和当地适用税额补缴税款。

（三）临时占用耕地占退税政策

1. 税收政策

纳税人临时占用耕地，应当依照本条例的规定缴纳耕地占用税。纳税人在批准临时占用耕地的期限内恢复所占用耕地原状的，全额退还已经缴纳的耕地占用税。

2. 操作注意事项

临时占用耕地，是指纳税人因建设项目施工、地质勘查等需要，在一般不超过 2 年内临时使用耕地并且没有修建永久性建筑物的行为。

六、资源税

（一）资源税免税政策

1. 税收政策

（1）对规定限额内的农业生产取用水，免征水资源税。

（2）对取用污水处理回用水、再生水等非常规水源，免征水资源税。

（3）财政部、国家税务总局规定的其他免税情形。

2. 操作注意事项

农业生产取用水包括种植业、畜牧业、水产养殖业、林业取用水。

具体政策详见附录五。

第六章　PPP 项目退出税务管理

移交阶段，政府和社会资本按照合同约定的移交形式、移交内容和移交标准进行项目验收、资产交割等工作。依托各类产权、股权交易市场，通过股权转让等方式，实现PPP项目投资退出。

（1）按照退出方式可以划分为资产移交退出、股权转让退出；

（2）按照退出时点可以划分为合作期满终止退出和提前终止退出；

（3）按照是否补偿可以划分为无偿移交和有偿移交。

针对 PPP 项目建设的基础资产，投资合同中一般明确特许经营权期满，项目资产全部以良好的状态无偿移交给政府指定的机构，而对于项目公司如何处理，有些 PPP 项目未明确。以下针对退出方式的涉税情况进行分析，以供参考。

第一节　移交资产

一、无偿移交

项目运营期满后，项目公司根据PPP项目合同将约定资产无偿移交给政府方。资产移交后，项目公司按公司章程清算，项目公司股东从 PPP 项目退出，这是 PPP 项目标准的退出方式。

根据PPP投资合同约定的不同，项目公司会计核算的资产一般确认为金融资产、无形资产、混合资产和固定资产。

金融资产：一般适用于以政府付费为主的 BOT、DBFOT 项目。

无形资产：一般适用于以使用者付费为主的 BOT、DBFOT 项目。

混合资产：一般适用于以使用者付费、政府付费相结合的 BOT、DBFOT 项目。

固定资产：一般适用于项目公司拥有产权的 BOOT、ROT、TOT、BOO 项目。

（一）视同销售政策

1. 增值税

根据《中华人民共和国增值税暂行条例实施细则》及《营业税改征增值税试点实施办法》的规定，单位或者个人向其他单位或者个人无偿转让无形资产或者不动产视同销售无形资产或者不动产，但用于公益事业或者以社会公众为对象的除外。

将自产、委托加工或者购进的货物无偿赠送其他单位视同销售货物，缴纳增值税。

2. 企业所得税

根据《中华人民共和国企业所得税法实施条例》及《关于企业处置资产所得税处理问题的通知》（国税函〔2008〕828 号）的规定，企业将资产移送他人，因资产所有权属已发生改变而不属于内部处置资产，应按规定视同销售确定收入。

属于企业自制的资产，应按企业同类资产同期对外销售价格确定销售收入；属于外购的资产，按公允价值确定销售收入。

（二）涉税分析

1. 金融资产

1）会计核算

合同中约定，基础设施建成后的一定期间内，项目公司可以无条件地自合同授予方收取确定金额的货币资金或其他金融资产的，或在项目公司提供经营服务的收费低于某一限定金额的情况下，合同授予方按照合同规定负责将有关差价补偿给项目公司的，应当在确认收入的同时确认金融资产，并按照《企业会计准则第 22 号——金融工具确认和计量》的规定处理。

特许经营权到期后，金融资产模式下，项目公司已收到全部应收款项，金融资产余额为零。

金融资产模式通常适用可经营性系数低或不具备盈利性的公益行业。此类项目的自偿性较差，由政府承担全部或部分付费义务，在市政道路、河道治理、污水处理、垃圾焚烧等行业出现较多。

2）涉税处理

（1）项目资产及设施。

项目资产及设施是指与项目建设和管理相关的资产及设施，通常在 PPP 协议中会具体约定资产及设施内容。

项目公司以金融资产核算的 PPP 项目，项目公司并不拥有项目基础资产和设施的所有权，只是负责建设及运营，并且经营到期移交的资产范围中只是一些与项目相关的资料，并不涉及基础资产和设施所有权的转移。

因此，项目公司无偿移交约定的实物资产和设施给政府方，不属于视同销售行为，不用确认增值税和企业所得税收入。

（2）非项目资产及设施。

非项目资产及设施是指除 PPP 协议约定的项目资产及设施外的资产及设施。

该部分资产及设施的所有权属于项目公司。无论项目公司的核算方式如何，均需视同销售，缴纳增值税及其附加税、企业所得税及土地增值税等。

2. 无形资产

1）会计核算

合同约定，项目公司在特许经营期内向使用者提供服务并收取费用，但收费金额不确定，即该权利不构成一项无条件收取可确定金额的货币资金或其他金融资产的权利的，项目公司应将建造合同形成的对价确认为无形资产。

根据 PPP 合同，项目公司应将确认为无形资产的特许经营权在特许经营期内摊销完毕，特许经营权到期后，无形资产净值为零。

无形资产模式通常适用于可经营系数高、财务效益良好的行业。该类项目一般采取使用者付费的回报机制，实践中以收费高速公路、供水、供气、机场等行业项目为代表。

2）涉税处理

（1）项目资产及设施。

项目公司以无形资产核算的 PPP 项目，项目公司并不拥有项目基础资产及设施的所有权，只是负责建设及运营，并且经营到期移交的资产及设施范围中只是一些与项目相关的资料，并不涉及基础资产及设施所有权的转移。

因此，项目公司无偿移交约定资产及设施给政府方，不属于视同销售，不用确认增值税和企业所得税收入。

（2）非项目资产及设施。

与“金融资产”模式相同，此处不做赘述。

3. 混合资产模式

1）会计核算

项目公司首先要将所提供建造服务的公允价值分为两个部分——基于政府保底金额确认的金融资产和剩余金额构成的无形资产，即：建造收入的公允价值 = 金融资产 + 无形资产。

建造收入的公允价值应根据《企业会计准则第 15 号——建造合同》，按照商务部门提供的预计总建造成本并考虑合理的建造毛利确认（即预计总建造收入）。项目公司根据合同约定，合理预测未来经营期间的各年最低现金流入量（保底现金流入），并按照政府或类似信用机构发行的相似债券利率作为折现率，折现的净现值之和作为该金融资产于建造期末的公允价值。无形资产的公允价值以建造收入的公允价值扣除金融资产的剩余金额确定。

2）涉税处理

（1）项目资产及设施。

项目公司以无形资产核算的 PPP 项目，项目公司并不拥有项目基础资产及设施的所有权，只是负责建设及运营，并且经营到期移交的资产及设施范围中只是一些与项目相关的资料，并不涉及基础资产及设施所有权的转移。

因此，项目公司无偿移交约定资产及设施给政府方，不属于视同销售，不用确认增值税和企业所得税收入。

（2）非项目资产及设施。

与“金融资产”模式相同，此处不做赘述。

4. 固定资产

1）会计核算

合同约定，项目公司除取得建造有关基础设施的权利以外，在基础设施建造完成以后的一定期间内负责提供后续经营服务，并且项目公司一并取得基础设施的所有权时，当政府对项目资产不拥有控制权时则应适用《企业会计准则第 4 号——固定资产》进行会计核算，此时项目资产应视为项目公司的固定资产。

一般情况下，项目公司按照预计使用年限固定资产价值已摊销为零；如果固定资产价值尚未摊销完毕的，项目公司可以在移交时一次性摊销至零。

2）涉税处理

（1）项目资产及设施。

项目公司以固定资产核算的 PPP 项目，项目公司拥有基础资产及设施的所有权。但合同中约定，特许经营权到期后，固定资产移交是履行 PPP 合同的约定。

从项目全流程看，交易价格为零是政府方作为购买者确定的价格，应视同公允价值，此时不产生资产转让收益或损失。

因此，项目公司无偿移交约定资产及设施给政府方，不属于视同销售，不用确认增值税和企业所得税收入。但在实际执行中，各地税务可能出现执行偏差，针对此情况应提前与税务机关进行沟通，否则会将税费转嫁给政府。

（2）非项目资产及设施。

与“金融资产”模式相同，此处不做赘述。

（三）操作提示

实际征管过程中，各地税务机关对于资产移交环节如何征税口径并不一致，如果项目公司不拥有项目资产所有权，无偿移交项目资产及设施时，从税收政策原理分析应不属于视同销售，不用确认增值税和企业所得税收入。所以，在项目前期合同签订、项目立项、证照办理时应与政府方谈判（具体谈判内容详见第二章第二节“项目立项、用地等法律事项”、第二章第五节“PPP 项目合同签署分析”）相关证照权属，避免税务机关认定项目资产及设施的所有权归属于项目公司。

二、有偿移交

PPP 项目资产提前或者到期有偿移交有以下两种情况：

（1）针对金融资产、无形资产或混合资产核算模式的项目，特许经营期结束前，项目公司将项目资产按事先约定的固定或可确定的金额、移交时项目资产的公允价值有偿移交给政府，或者经过政府同意，将项目资产有偿移交给第三方。

（2）针对固定资产核算模式的项目，特许经营期结束前或者到期，项目公司将项目资产按事先约定的固定或可确定的金额、移交时项目资产的公允价值有偿移交给政府，或者经过政府同意，将项目资产有偿移交给第三方。

项目公司与政府方签订协议，有偿移交 PPP 合同约定的资产给政府。资产移交后，项目公司按清算程序注销。

（一）金融资产

1. 增值税

（1）对于项目公司在特许经营权到期前，将项目资产提前有偿移交给政府，视同政府提前回购，项目公司按照可用性付费适用税率缴纳增值税。

（2）对于项目公司在特许经营权到期前，将项目资产提前有偿移交给第三方，适用转让无形资产（公共事业特许经营权）按 6% 缴纳增值税。

2. 企业所得税

项目公司按照资产移交收入减除金融资产计税净值后的余额，作为财产转让所得计算缴纳企业所得税。

（二）无形资产

1. 增值税

对于项目公司在特许经营权到期前，将项目资产提前有偿移交政府或者给第三方，适用转让无形资产（公共事业特许经营权）按 6% 缴纳增值税。

2. 企业所得税

项目公司按照资产移交收入减除金融资产计税净值后的余额，作为财产转让所得计算缴纳企业所得税。

（三）混合资产

混合资产分为金融资产和无形资产，依据资产的不同分别按照上述（一）、（二）项的分析纳税。

（四）固定资产

1. 增值税

项目公司有偿移交固定资产按适用税率缴纳增值税，其中有形动产一般为 17%，不动产为 11%。

2. 企业所得税

项目公司按照资产移交收入减除金融资产计税净值后的余额，作为财产转让所得计算缴纳企业所得税。

3. 土地增值税

项目公司有偿移交不动产，按相关政策规定应当缴纳土地增值税。

（五）操作提示

（1）项目公司有偿移交资产时，通过交易价格的调节，将约定资产以及与其相关联的债权、负债和劳动力一并转让给政府方，根据相关政策规定，有偿移交涉及的不动产、土地使用权和货物转让不征收增值税。

（2）建议与政府方签订协议时，明确约定政府支付的是补偿款，由政府方出具收回特许经营权的正式文件，参照《营业税改征增值税试点过渡政策的规定》（财税〔2016〕36 号：附件 3）中土地使用者将土地使用权归还给土地所有者或县级以上地方人民政府或自然资源行政主管部门出让、转让或收回自然资源使用权（不含土地使用权）的行为，申请协议有偿移交免征增值税。

第二节　股权转让

PPP 合同约定，经政府同意，项目公司股东将所持股权转让给政府、其他股东或第三方，项目公司章程和股东发生变更。

股权转让方式一般有：一次转让、分期收款、分批（次）转让等。

股权转让为项目公司股东方之间的交易，对项目公司的涉税情况不产生影响，对股东方涉税分析如下：

一、转让方涉税分析

1. 增值税

股权转让不属于增值税的征税范围，不征增值税。

2. 企业所得税

股权转让形成所得时并入当年应纳税所得额计算缴纳企业所得税；股权转让形成损失时，向主管税务机关专项申报备案后作为财产损失在企业所得税税前扣除。

3. 印花税

根据印花税相关政策规定，转让双方应按股权转让合同上注明的金额的 0.05% 缴纳印花税。

二、转让流程

根据《中华人民共和国公司法》《企业国有资产监督管理暂行条例》和《企业国有产权转让管理暂行办法》以及产权交易机构的有关规定，国有股权转让交易流程图见 6-1。

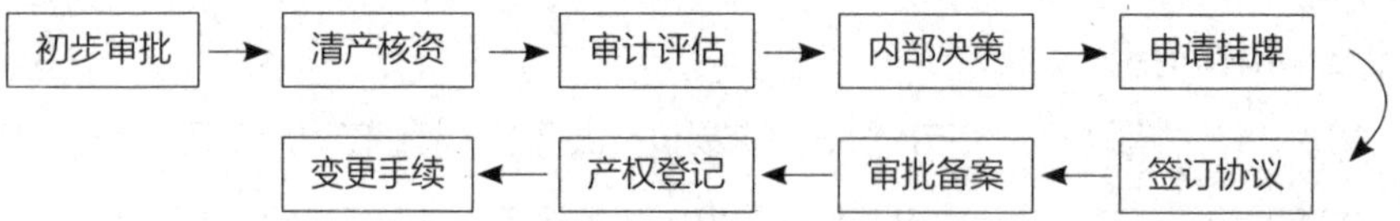

图 6-1　国有股权转让交易流程

1. 初步审批

转让方就本次股权转让的数额、交易方式、交易结果等基本情况制定转让方案，申报国有产权主管部门进行审批，在获得同意国有股权转让的批复后，进行下一步工作。

2. 清产核资

由转让方组织进行清产核资（转让所出资企业国有产权导致转让方不再拥有控股地位的，由同级国有资产监督管理机构组织进行清产核资），根据清产核资结果编制资产负债表和资产移交清册。

3. 审计评估

委托会计师事务所实施全面审计，在清产核资和审计的基础上，委托资产评估机构进行资产评估。（评估报告经核准或者备案后，作为确定企业国有股权转让价格的参考依据。）

4. 内部决策

转让股权所属企业召开股东会就股权转让事宜进行内部审议，（如果采取协议转让方式，应取得国有资产主管部门同意的批复，转让方和受让方应当草签转让合同，并按照企业内部决策程序进行审议），形成同意股权转让的决议、其他股东放弃优先购买权的承诺。涉及职工合法权益的，应当听取职代会的意见，并形成职代会同意转让的决议。

5. 申请挂牌

选择有资格的产权交易机构，申请上市交易，并提交转让方和被转让企业法人营业执照复印件、转让方和被转让企业国有产权登记证、被转让企业股东会决议、主管部门同意转让股权的批复、律师事务所的法律意见书、审计报告、资产评估报告以及交易所要求提交的其他书面材料。

6. 签订协议

转让成交后，转让方和受让方签订股权转让合同，取得产权交易机构出具的产权交易凭证。

7. 审批备案

转让方将股权转让的相关文字书面材料报国有产权主管部门备案登记。

8. 产权登记

转让方和受让方凭产权交易机构出具的产权交易凭证以及相应的材料办理产权登记手续。

9. 变更手续

交易完成，项目公司修改公司章程以及股东名册，到工商行政管理部门进行变更登记。

三、操作提示

（1）建议在股权转让前先分配利润和转增资本，降低股权转让所得。

（2）发生股权转让损失时，项目公司股东按照《企业资产损失所得税税前扣除管理办法》的规定及时办理财产损失专项备案。

第三节　股权撤出（减资）

根据 PPP 合同约定，经政府方同意，项目公司其他股东以减资的方式撤回股权投资，项目公司成为政府 100% 控制的公司，适用于有政府方参股的 PPP 项目。

一、股东方涉税分析

1. 增值税

根据增值税应税范围，股权撤回不属于增值税的征税范围，不征收增值税。

2. 企业所得税

1）投资收回

项目公司股东股权撤回取得的资产中，相当于初始出资的部分，应确认为投资收回。

2）股息所得

项目公司股东股权撤回取得的资产中，相当于被投资企业累计未分配利润和累计盈余公积按减少实收资本比例计算的部分确认为股息所得，免征企业所得税。

3）投资资产转让所得

项目公司股东股权撤回取得的资产中，其余部分确认为投资资产转让所得。

投资资产转让所得大于零时并入当年应纳税所得额计算缴纳企业所得税，投资资产转让所得小于零时，向主管税务机关专项申报备案后作为财产损失在企业所得税税前扣除。

二、减资流程

依据《公司法》《中华人民共和国公司登记管理条例》《公司注册资本登记管理暂行规定》的规定，公司减资需要遵守严格的程序，同时必须注意保护债权人的利益。公司减少注册资本的流程如图 6-2 所示。

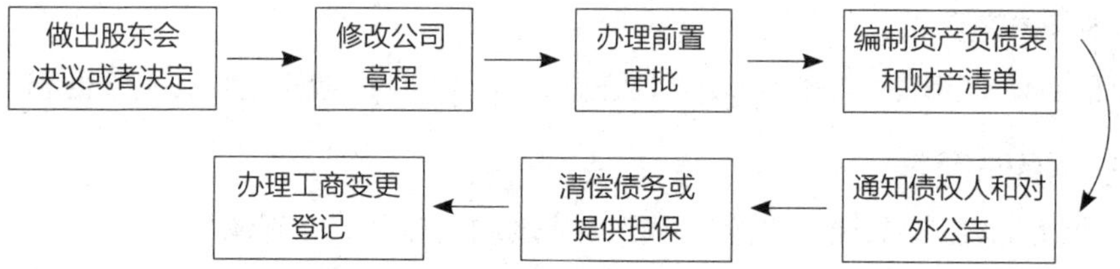

图 6-2　公司减少注册资本流程

1. 做出股东会决议或者决定

有限责任公司的决议或者决定内容应当包括：减少认缴注册资本的数额，各股东就减少认缴注册资本承担的具体数额，各股东的出资方式、出资日期，相应修改公司章程。

股份有限公司的决议内容应当包括：减少认缴注册资本的数额及具体方式，相应修改公司章程。

有限责任公司提交由代表三分之二以上表决权的股东签署的股东会决议；股份有限公司提交由会议主持人及出席会议的董事签字的股东大会会议记录；一人有限责任公司应提交股东签署的书面决定；国有独资公司提交国务院、地方人民政府或者其授权的本级人民政府国有资产监督管理机构的批准文件、企业产权登记变动表；外商投资企业提交依法做出的决议或决定。

2. 修改公司章程

根据公司减资的股东会决议或决定内容，修改公司章程。

3. 办理前置审批

法律、行政法规和国务院决定规定变更认缴注册资本必须报经批准的，需办理相关的前置审批，提交有关批准文件或者许可证复印件。例如：募集股份有限公司变更注册资本的，提交依法设立验资机构出具的验资报告及国务院证券监督管理机构的核准文件。

4. 编制资产负债表和财产清单

公司必须编制资产负债表及财产清单。

5. 通知债权人和对外公告

公司应当自做出减资决议之日起 10 日内，通知债权人，并于 30 日内在报纸上至少公告三次。债权人自接到通知书之日起 30 日内，未接到通知书的自第一次公告之日起 90 日内，有权要求公司清偿债务或者提供相应的担保。

需要注意的是，当地的工商管理部门对公告方式和次数可能有具体要求，在办理之前需要与主管工商机关进行沟通，按照其要求办理。

6. 清偿债务或提供担保

债权人自接到通知书之日起 30 日内，未接到通知书的自公告之日起 45 日内，有权要求公司清偿债务或者提供相应的担保。

PPP 项目大多通过融资取得项目资金，需考虑项目公司债权人对减资的要求。

7. 办理工商变更登记

满足变更登记要求后，依据相关规定准备变更登记资料在工商部门办理变更登记。

三、操作提示

（1）股权撤出需要征求贷款金融机构的同意。

（2）项目公司股东投资发生损失的，在减资当年需按照《企业资产损失所得税税前扣除管理办法》的规定及时办理财产损失专项备案。

（3）实务中，部分 PPP 合同签订为：政府方支付回购款时，项目公司按照政府回款情况逐年进行减资。由于减资程序的复杂性，项目公司多次减资将增加项目公司的工作难度及管理成本，建议不采取分次减资的退出方式。

第四节　项目提前终止

一、项目提前终止的事由

在 PPP 项目合同中，可能导致项目提前终止的事由通常包括：

（1）政府方违约事件——发生政府方违约事件，政府方在一定期限内未能补救的，项目公司可根据合同约定主张终止 PPP 项目合同。

（2）项目公司违约事件——发生项目公司违约事件，项目公司和融资方或融资方指定的第三方均未能在规定的期限内对该违约进行补救的，政府方可根据合同约定主张终止 PPP 项目合同。

（3）政府方选择终止——政府方在项目期限内任意时间可主张终止 PPP 项目合同。由于 PPP 项目涉及公共产品或服务供给，关系社会公共利益，因此 PPP 项目合同中，政府方应享有在特定情形下单方面决定终止项目的权利。如：PPP 项目所提供的公共产品或服务已不适合或影响公共安全、公共利益时。此时，PPP 合同应约定政府方选择终止的情形，以免被滥用；同时约定给予项目公司足额的补偿，以免打击社会资本积极性。

（4）不可抗力事件——发生不可抗力事件持续或累计达到一定期限，任何一方可主张终止 PPP 项目合同。

二、项目提前终止的税务处理

1. 项目公司违约

在 PPP 项目中，政府需要同时扮演一下两种角色：作为公共事务的管理者，政府负有向公众提供优质且价格合理的公共产品和服务的义务，承担 PPP 项目的规划、采购、管理、监督等行政管理职能，并在行使上述行政管理职能时形成与项目公司（或社会资本）之间的行政法律关系；作为公共产品或服务的购买者（或者购买者的代理人），政府基于 PPP 项目合同形成与项目公司（或社会资本）之间的平等民事主体关系，按照 PPP 项目合同的约定行使权利、履行义务。

因此，项目公司向政府支付违约金，应当区分以下两种情形：

（1）政府基于行政法律关系向项目公司收取的罚款，属于《企业所得税法》所称的“罚金、罚款和被没收财物的损失”，不得在企业所得税前申报扣除。

（2）政府基于 PPP 合同关系向项目公司收取的违约金，不属于行政罚款，税法也没有限制性规定，应当可以申报扣除。例如：

《国家税务总局关于企业所得税应纳税所得额若干税务处理问题的公告》（国家税务总局公告 2012 年第 15 号）第八条规定：“根据《企业所得税法》第二十一条规定，对企业依据财务会计制度规定，并实际在财务会计处理上已确认的支出，凡没有超过《企业所得税法》和有关税收法规规定的税前扣除范围和标准的，可按企业实际会计处理确认的支出，在企业所得税前扣除，计算其应纳税所得额。”

2. 政府违约

PPP 项目在推进过程中，政府与社会资本合作等活动中与投资主体依法签订的各类合同，但有时会因为政府换届、领导人员更替等理由违约毁约，政府因违约毁约侵犯合法权益的，要承担法律和经济责任。因国家利益、公共利益或者其他法定事由需要改变政府承诺和合同约定的，要对企业和投资人因此而受到的财产损失依法予以补偿。

项目公司基于 PPP 合同从政府取得的违约金，有可能被征收增值税，但一定应当征收企业所得税。

1）增值税

《增值税暂行条例》第六条规定：“销售额为纳税人销售货物或者应税劳务向购买方收取的全部价款和价外费用……”在 PPP 合同中政府违约，如果属于在政府采购过程中发生的，如政府采购过程中延期付费形成的资金占用利息等，应当计算缴纳增值税；如果与政府采购无关，或者与政府采购相关但没有实际履行，由于没有与政府发生实际的“交易行为”，不征收增值税。

2）企业所得税

《企业所得税法实施条例》第二十二条列举的企业所得税其他收入包括“违约金收入”。如果违约金收入是作为增值税价外费用计算缴纳了增值税，则会计审核计入主营业收入或其他营业收入，企业所得税核算可以作为计算业务招待费的基数。

如果违约金无须作为增值税价外费用计算缴纳增值税，则会计核算计入营业外收入科目。企业所得税核算不可以作为计算业务招待费的基数。

3. 资产补偿

政府或政府平台公司向项目公司支付补偿，属于有偿回购，项目公司应当计算缴纳增值税，确认企业所得税收入。

第五节　注销项目公司

企业清算的所得税处理，是指企业在不再持续经营，发生结束自身业务、处置资产、偿还债务以及向所有者分配剩余财产等经济行为时，对清算所得、清算所得税、股息分配等事项的处理。

一、项目公司清算

1. 清算的内容

企业清算的所得税处理包括以下内容：

（1）全部资产均应按可变现价值或交易价格，确认资产转让所得或损失；

（2）确认债权清理、债务清偿的所得或损失；

（3）改变持续经营核算原则，对预提或待摊性质的费用进行处理；

（4）依法弥补亏损，确定清算所得；

（5）计算并缴纳清算所得税；

（6）确定可向股东分配的剩余财产、应付股息等。

2. 清算所得的处理

（1）企业的全部资产可变现价值或交易价格，减除资产的计税基础、清算费用、相关税费，加上债务清偿损益等后的余额，为清算所得。企业应将整个清算期作为一个独立的纳税年度计算清算所得。

（2）企业全部资产的可变现价值或交易价格减除清算费用、职工的工资、社会保险费用和法定补偿金，结清清算所得税、以前年度欠税等税款，清偿企业债务，按规定计算可以向所有者分配的剩余资产。

3. 清算的要求

（1）企业应当自清算结束之日起 15 日内，向主管税务机关报送企业清算所得税纳税申报表，结清税款。企业未按照规定的期限办理纳税申报或者未按照规定期限缴纳税款的，应根据《中华人民共和国税收征收管理法》的相关规定加收滞纳金。

（2）进入清算期的企业应对清算事项，报主管税务机关备案。

二、涉税分析

1. 项目公司

根据企业清算的相关规定，项目公司应按规定进行清算备案并纳税申报结清税款。

2. 社会资本方

（1）项目公司清算后，社会资本方中的企业股东直接从被项目公司分得的剩余资产，其中相当于从项目公司累计未分配利润和累计盈余公积中应当分得的部分，应当确认为股息所得，享受股息、红利免征企业所得税；剩余资产减除上述股息所得后的余额，超过或者低于投资成本的部分，应当确认为投资资产转让所得或者损失，按规定缴纳企业所得税。

（2）社会资本方从项目公司分得的资产应按可变现价值或实际交易价格确定计税基础。

（3）项目公司清算后，社会资本方中的合伙基金本身不属于纳税人，合伙基金中的企业出资人，间接来源于项目公司的利润分配部分，不能享受居民企业股息、红利免征企业所得税。

三、工商注销

项目公司清算后应及时办理工商注销手续，避免未按规定注销而影响社会资本方和项目公司高级管理人员的信用评价。

具体政策详见附录六。

第七章　PPP 项目税费测算

第一节　PPP 项目可行性测算

一、测算目的

税务成本贯穿于 PPP 项目的整个生命周期，对企业的盈利能力和现金流，最终对投资者的投资回报率有重大影响。在投标前社会资本方应根据项目采购文件对 PPP 项目的可行性做进一步的评估。因此，社会资本方应结合采购文件中的相关资料，建立 PPP 项目的投资测算模型，通过测算项目投资内含收益率和项目资本金内含收益率指标，与社会资本方的基准值进行定量分析，以确定 PPP 项目是否可行。

二、测算思路及基础

（一）测算思路

1. 税收政策变化及影响

1）建设期

根据《财政部 国家税务总局关于全面推开营业税改征增值税试点的通知》（财税〔2016〕36 号）相关规定，开工日期在 2016 年 4 月 30 日之后，建筑企业提供建筑服务应适用一般计税方法，税率为 11%，但符合甲供工程条件的，建筑企业可以选择简易计税方法，征收率为 3%。社会资本方作为总承包人，需要考虑计税方法的选择对项目的影响。

2）运营期

目前投标的 PPP 项目，开工日期在 2016 年 4 月 30 日之后，根据《财政部 国家税务总局关于全面推开营业税改征增值税试点的通知》（财税〔2016〕36 号）相关规定，PPP 项目运营期将适用一般计税方法。

2. 具体测算思路

1）测算口径

PPP 项目测算时主要依据可研报告中的基础数据及投标方案实际数据，但目前的可研报告中，其投资相关预算数据一般为含税收入、成本等。测算项目口径均应调整为不含税口径。即项目收入、成本均以不含税口径进行测算。

2）确定测算涉税事项

（1）建设期项目公司、总承包方进项税额估算。

（2）总承包方计税方法的选择。

（3）项目公司运营维护收入和维护成本。

项目公司运营维护收入按照实际业务判断增值税税目、税率。项目公司运营维护成本，假定项目公司委托专业运营单位运营，能够取得进项税发票；假定项目公司自行运营，需估算进项税发票取票情况。

（4）项目公司可用性付费的核算。

政府可用性付费税目税率依据前期与税务机关谈判结果核算。

（5）增值税及其他税额的测算。

项目公司在运营期依据增值税的计算方法，按照当期的销项税额减去建设期留抵的进项税额和运营期的进项税额。首先抵减全部进项税额，直到全部进项税额抵减为零后产生增值税，依据实际缴纳的增值税计算缴纳城市建设税及附加税。

（6）现金流量净额的测算。

项目公司根据基础数据计算出每期的现金流量净额。现金流量净额需分别考虑项目投资现金净流量和项目资本金现金净流量，并考虑企业所得税对相关指标的影响。

3）确定测算基准数据对比口径

测算结果应以社会资本方要求的项目投资内含收益率与项目资本金内含收益率为基准，在既定方案下，项目投资内含收益率与项目资本金内含收益率是否达到社会资本方的基准值，要注意相关指标与基准值的计算口径保持一致。

其中：项目投资内含收益率是指项目在整个计算期内全部建设投入时各年财务净现金流量的现值之和等于零时的折现率，也就是使项目的财务净现值等于零时的折现率。

项目资本金内含收益率是指项目在整个计算期内自有资金投入时各年财务净现金流量的现值之和等于零时的折现率，也就是使项目的财务净现值等于零时的折现率。

（二）测算依据

（1）PPP 项目可行性研究报告；

（2）投资方案实际数据；

（3）《关于全面推开营业税改征增值税试点的通知》（财税〔2016〕36 号）。

测算中依据的数据为 PPP 项目可行性研究报告中的相关数据，如果社会资本方对 PPP 项目有更具体的数据，如融资方案等，可以实际数据为基础进行测算。

（三）主要测算基础

可研报告中针对 PPP 项目的建设投资金额、投资进度、融资情况、付费方式、绩效考核及项目的基本情况进行了描述，社会资本方以此为依据确定可调变量及不可调变量。

（1）可调变量一般为融资情况（包括利率、期限、还款额度等）、项目建设的投资金额、投资进度、总包对分包下浮比例、总包进度款支付比例等。

（2）不可调变量为付费方式、建设期限、运营期限等。

（3）将可调变量确定为可变参数，测算实际参数下项目投资内含收益率和项目资本金内含收益率。

可研报告数据中的项目投资内含收益率和项目资本金内含收益率为政府对 PPP 项目既定方案下可行性的参考数据，社会资本方需要根据自身的实际情况，调整可调变量测算整个项目的实际项目投资内含收益率和项目资本金内含收益率。

三、确定测算主体

项目公司和总承包方分别测算项目投资内含收益率和项目资本金内含收益率。

一般 PPP 项目中，整个项目投资收益率应当包括项目公司和总承包方两部分，如果项目公司和总承包方属于同一集团，应站在集团整体的角度进行相关测算。

测算中，总包对分包的下浮比例是指总承包方直接对外（不含集团内）分包的下浮比例。

四、测算分析

根据测算的最低项目投资内部收益率与项目资本金内部收益率与社会资本方的设定的内部基准值进行比较，如果测算值大于基准值，则项目可行，如果测算值小于基准值，则方案不可行。

以上测算的整体思路为 PPP 项目的投资测算提供指导方向，并不完全适用所有 PPP 项目。实际应用中，需根据实际 PPP 项目的基本情况相应调整测算的基础数据。

针对定性及定量分析的结果编写内部投资可行性报告，上报相关部门审批，通过审批后，准备投标。

第二节 PPP 项目整体税费测算

一、测算目的

社会资本方作为 PPP 项目的投资方和参建方，取得 PPP 项目市场信息后，需要从项目多方、项目整体角度考虑 PPP 项目的现金流量净现值。针对单个项目比较不同纳税方案下项目整体的现金流量净现值，并依据定量数据与税务机关谈判涉税事项。

二、测算思路及基础

（一）测算思路

1. 税收政策变化及影响

1）建设期

根据《财政部 国家税务总局关于全面推开营业税改征增值税试点的通知》（财税〔2016〕36 号）的规定，开工日期在 2016 年 4 月 30 日之后，建筑企业提供建筑服务应适用一般计税方法，税率为 11%，但符合甲供工程条件的，建筑企业可以选择简易计税方法，征收率为 3%。

2）运营期

PPP 项目一般涉及金额较大，根据《财政部 国家税务总局关于全面推开营业税改征增值税试点的通知》（财税〔2016〕36 号），应税行为的年应征增值税销售额超过 500 万元的纳税人为一般纳税人，未超过规定标准的纳税人为小规模纳税人。项目公司收入金额大，不能适用小规模纳税人 3% 的征收率纳税。

3）工程概算

根据《财政部 国家税务总局关于全面推开营业税改征增值税试点的通知》（财税〔2016〕36 号）的相关规定，总承包方采用不同的计税方法，应按不同的原则进行工程计价，选择一般计税方法还是简易计税方法，会影响整个 PPP 项目的收益，因此需要对总承包方两种计税方法下的利润、税费和现金流等进行测算，分析比较优劣，选择对项目各方整体最为有利的计税方法。

2. 具体测算思路

考虑到“营改增”新政策下不同核算模式的影响，测算思路如下：

（1）以送审概算不变作为测算前提，即无论总承包对项目中的工程建安项目选择一般计税方法，还是简易计税方法，基本不影响投标概算金额。

（2）根据建设期建安工程总包方采用一般计税方法或简易计税方法，有以下两种方案。

方案一：总承包选择一般计税方法，项目公司不进行甲供材料、设备和动力。

方案二：总承包选择简易计税方法，项目公司甲供材料、设备或动力。为不影响总承包的工程项目收入，项目公司可采用象征性甲供，即选择一种使用普遍、金额较小的材料进行甲供。

注：项目若有真实甲供意图，可按照实际情况调整。

（3）分别测算总承包方选择“一般计税”或“简易税收”时，总承包方、项目公司、总承包方和项目公司的增值税及其附加税、净利润、现金流量净现值。

（4）比较分析不同核算模式对项目公司现金流量净现值的影响。

（5）项目公司取得的回报（政府付费、使用者付费）按照不同计税方案比较分析，具体方案选择可见第二章第四节 PPP 项目收益涉税谈判分析。

（二）测算依据

主要依据以下文件进行测算：

（1）PPP 项目可行性研究报告；

（2）《关于全面推开营业税改征增值税试点的通知》（财税〔2016〕36 号）；

（3）PPP 项目上报概算表；

（4）PPP 项目贷款方案。

（三）主要测算基础

（1）以送审概算数据为准，无论总承包选择何种计税方式，送审概算金额基本不发生变化。

（2）建设期内，送审概算中的第一部分建安工程费金额，即为项目公司与总承包方签订的建筑施工总承包合同金额；送审概算中除建安工程由总承包完成外，其他项目全部由项目公司自己完成，并构成整个项目的成本。

（3）根据项目概算，确定建安工程费中的工程利润，即总承包方利润，“一般计税”以建筑安装工程费（不含税）扣减直接费用、间接费用及附加税的合计金额，其中直接费用的计算方法为：以送审概算税前人材机成本 - 预计可取得的进项税额；“一般计税”建筑安装工程费（不含税）扣减直接费用、间接费用及附加税的合计金额，其中直接费用为含税人材机成本。

（4）运营期融资成本取自送审概算数据，确定付息方式。

（5）确定净现值的折现率。

（6）项目可能享受的税收优惠。

（7）项目公司、总承包方增值税进项税票的取票估计情况。

三、确定测算主体

按项目公司和总承包方分别测算项目涉及的增值税及其附加税、企业所得税、净利润、现金流量净值。站在集团的角度进行整体比较分析。

四、测算分析

根据测算项目现金净流量现值进行比较，现金净流量现值越大，项目收益越优，但还要结合可能存在的税务风险与税务机关谈判，最终确定项目公司收益纳税适用的税目、税率，总承包方的计税方法，项目公司的会计核算。

以上测算的整体思路为PPP项目的投资测算提供指导方向，并不完全适用所有PPP项目。实际应用中，需根据实际 PPP 项目的基本情况相应调整测算的基础数据。

五、案例分析

（一）案例情况

1. 案例描述

A 公司某地下综合管廊及配套基础设施 PPP 项目，付费机制为“投资建设和运营维护一体化 + 入廊管线单位付费 + 政府补助”，项目建设期 2 年，运营期 13 年。

2. 投资概算

项目总投资：131 751.00 万元，具体构成见表 7-1。

表 7-1　项目总投资估算

序号	项目	估算金额（万元）
1	建安工程费	114 990.00
2	工程建设其他费用	9478.00
3	预备费	3734.00
4	建设期财务费用	3549.00
5	建设总投资	131 751.00

本项目不涉及征地拆迁工作，项目用地以政府无偿划拨方式取得。

3. 投资回报

本项目回购金额 222 836 万元，具体收入构成如下：

（1）项目运营维护付费 4028.88 万元。按 13 年估算每年的运营维护费收入。

（2）政府缺口性补助 214 251 万元。以项目总投资额 131 752 万元、项目入廊费 3902 万元、预算的运营成本 4580 万元、运营维护收入 4683 万元为基础，通过银行贷款等额本息方式计算得出项目公司投资收益为 86 401 万元。

（3）项目入廊费 3902 万元，约定收到时冲减总投资额。

4. 总承包方及项目公司增值税情况

1）总承包方进项税情况

依据总承包方人工、材料、机械台班明细表，估算总承包方各项成本取得增值税专用发票的取票率，最终估算总承包方可以取得增值税专用发票注明的税额为 6428.64 万元。

2）总承包方销项税情况

总承包方选择的计税方法不同，销项税额有所不同。当总承包方选择“一般计税”时，销项税额 11 395.41 万元；当总承包方选择“简易计税”时，总承包方不能抵扣进项税，此时应缴纳增值税税额 3349.19 万元。

3）项目公司进项税情况

项目公司的进项税主要来自总承包，因总承包方选择的计税方法不同，可取得的进项税额不同。当总承包方选择“一般计税”时，项目公司进项税额 11 395.41 万元；当总承包方选择“简易计税”时，项目公司进项税额 3349.19 万元。

4）项目公司销项税情况

实务中，项目公司取得的投资回报如何征税并不明确，故分析所有可能的纳税方式，分别测算后与税务机关谈判。

（二）测算结果

该地下综合管廊及配套基础设施 PPP 项目中，项目公司收取的入廊费、管廊运维服务费均按照 11%“建筑服务”测算税费，然后按照以下方案排列组合后进行测算：

（1）总承包方选择“一般计税”方法、“简易计税”方法（象征性甲供）；

（2）项目公司选择无形资产核算方式和金融资产核算方式；

（3）政府可行性付费分别选择 11%、11%+6%（投资本金 11%+ 投资收益 6%）、6% 三种增值税纳税方案。

测算结果见表 7-2、表 7-3。

表 7-2　不同方案下“总承包方 + 项目公司”增值税及利润的测算结果

单位：万元

税率 项目	无形资产模式			金融资产模式		
	11%	11%+6%	6%	11%	11%+6%	6%
增值税（现值）-一般计税	10 608.04	8491.03	5715.42	10 608.04	8383.01	5715.42
增值税（现值）-简易计税（象征性甲供）	14 818.83	12 279.93	9039.68	14 818.83	12 150.19	9039.68
利润（现值）-一般计税	17 722.02	20 294.33	23 313.79	29 930.14	32 453.88	32 725.97
利润（现值）-简易计税（象征性甲供）	13 855.21	16 677.23	19 847.68	31 146.32	33 715.31	34 032.58

注：以上数据均折现至项目运营开始时点，折现率 6%。

表 7-3　不同方案下“项目公司”现金净流量的测算结果

单位：万元

税率 项目	无形资产模式			金融资产模式		
	11%	11%+6%	6%	11%	11%+6%	6%
现金净流量（现值）-一般计税	100 629.59	102 504.33	104 953.01	98 815.60	100 746.42	103 519.71
现金净流量（现值）-简易计税（象征性甲供）	94 943.50	97 451.82	100 481.28	92 756.30	95 148.31	98 382.06

注：以上数据均折现至项目运营开始时点，折现率 6%。

（三）测算比较分析

1. 总承包方和项目公司增值税分析

无论项目公司选择何种会计核算方式均不影响总承包方和项目公司需缴纳的增值税，总承包方选择“一般计税”或“简易计税”对总承包方和项目公司需缴纳的增值税的影响较大，具体见表 7-4。

表 7-4 总承包方和项目公司“增值税”情况

单位：万元

计税方法 \ 税率		无形资产模式 / 金融资产模式		
		11%	11%+6%	6%
一般计税	总承包方	4966.77	4966.77	4966.77
	项目公司	5641.27	3524.27	748.65
	合计	10 608.04	8491.04	5715.42
简易计税（象征性甲供）	总承包方	3349.19	3349.19	3349.19
	项目公司	11 469.64	8930.74	5690.49
	合计	14 818.83	12 279.93	9039.68

注：以上数据均折现至项目运营开始时点，折现率 6%。

虽然总承包方选择“一般计税”比“简易计税”多缴纳增值税 1617.58 万元，但此时项目公司经营期的应交增值税均减少，且总承包方与项目公司合计应交增值税额较小。故仅分析增值税的情况，“一般计税”方法优于“简易计税”方法。

2. 总承包方和项目公司利润分析

该项目，项目公司支付给总承包方的建筑安装工程费含税总金额已既定不变，总承包方选择“一般计税”和“简易计税”影响总承包方确认收入、成本、增值税、附加税的金额，总承包方选择“一般计税”较“简易计税”利润额减少 2121.06 万元。测算公式：

总承包方的税前利润 = 建筑安装工程费（不含税）− 直接费用 − 间接费用 − 附加税

总承包方选择“一般计税”方法还是“简易计税”方法，不影响项目公司运营期的收入、融资成本、运维成本。无形资产模式下导致运营期项目公司利润变化的主要因素：两种计税方法下无形资产的摊销额不同、应缴增值税的不同而导致的城建税及教育费附加的差异。金融资产模式下导致项目公司运营期利润变化的主要因素：两种计税方法下应缴增值税的不同而导致的城建税及教育费附加的差异。具体见表 7-5。

表 7-5　总承包方选择不同计税方法对“总承包方和项目公司”利润的影响情况

单位：万元

计税方法 \ 税率		无形资产模式			金融资产模式		
		11%	11%+6%	6%	11%	11%+6%	6%
一般计税	总承包方	1811.22	1811.22	1811.22	1811.22	1811.22	1811.22
	项目公司	15 910.80	18 483.11	21 502.57	28 118.92	30 642.66	30 914.75
	合计	17 722.02	20 294.33	23 313.79	29 930.14	32 453.88	32 725.97
简易计税（象征性甲供）	总承包方	3621.90	3621.90	3621.90	3621.90	3621.90	3621.90
	项目公司	10 233.31	13 055.33	16 225.78	27 524.42	30 093.41	30 410.68
	合计	13 855.21	16 677.23	19 847.68	31 146.32	33 715.31	34 032.58

注：以上数据均折现至项目运营开始时点，折现率 6%。

无形资产模式下，总承包方选择“简易计税”方法与“一般计税”方法相比，总承包方利润的增加不能覆盖项目公司经营期利润的减少。因此，总承包方选择“一般计税”方法比选择“简易计税”方法，使得总承包方与项目公司合计利润多。

金融资产模式下，总承包方选择“简易计税”方法与“一般计税”方法相比，总承包方利润的增加可以覆盖项目公司经营期利润的减少。因此，总承包方选择“简易计税”方法比选择“一般计税”方法，使得总承包方与项目公司合计利润多。

注：虽然缴纳增值税不影响利润，但缴纳增值税也是项目需要承担的现金流出。故我们应该分析“总承包方和项目公司合计利润－总承包方和项目公司合计应交增值税”的影响。

3. 总承包方和项目公司“利润－应缴增值税”分析

无论何种核算模式下，该项目总承包方选择“一般计税”方法与“简易计税”方法相比，“利润－应缴增值税”合计数较大，此时项目公司减少的增值税可以弥补总承包方利润的亏损。具体见表 7-6。

由上表可见，无论何种核算模式下，总承包方选择“一般计税”方法优于“简易计税”方法，此时项目公司减少的增值税可以弥补总承包方利润的亏损。

表 7-6 总承包方选择不同计税方法对“总承包方和项目公司”的“利润 - 应缴增值税”合计数的影响情况

单位：万元

核算模式 / 计税方式	无形资产模式			金融资产模式		
	11%	11%+6%	6%	11%	11%+6%	6%
（利润 - 增值税）- 一般计税	7113.97	11 803.30	17 598.37	19 322.09	24 070.87	27 010.55
（利润 - 增值税）- 简易计税（象征性甲供）	-963.63	4397.30	10 808.00	16,327.49	21 565.13	24 992.90
差额（一般计税 - 简易计税）	8077.60	7406.00	6790.37	2994.60	2505.73	2017.65

注：以上数据均折现至项目运营开始时点，折现率 6%。

4. 项目公司运营期现金净流量现值

该项目项目公司选择无形资产模式或金融资产模式，主要影响项目公司运营期的收入、无形资产的摊销。对项目公司运营期现金净流量的影响主要是企业所得税。具体见表 7-7。

表 7-7 项目公司选择不同核算模式对项目公司运营期现金净流量现值的影响情况

单位：万元

税率 / 计税方式	无形资产模式			金融资产模式		
	11%	11%+6%	6%	11%	11%+6%	6%
一般计税	100 629.59	102 504.33	104 953.01	98 815.60	100 746.42	103 519.71
简易计税（象征性甲供）	94 943.50	97 451.82	100 481.28	92 756.30	95 148.31	98 382.06
差额（一般计税 - 简易计税）	5686.09	5052.51	4471.73	6059.30	5598.11	5137.65

注：以上数据均折现至项目运营开始时点，折现率 6%。

无形资产模式下项目公司确认的收入比金融资产模式大，且运营期间收入是递增的，同时无形资产模式下项目公司会对项目无形资产进行摊销。虽然金融资产模式下项目公司确认的收入比无形资产模式小并且收入是递减的，但是金融资产模式不需要对项目无形资产进行摊销。此项目，金融资产模式比无形资产模式下项目公司的利润更大，故缴纳的企业所得税也较多，金融资产模式比无形资产模式下项目公司缴纳的企业所得税更多。

该测算方式下的金融资产模式和无形资产模式相比除企业所得税之外的其他资金流都是一样的，无形资产模式下利润少，对应的企业所得税也少，因此无形资产模式优于金融资产模式。

需要注意的是，金融资产模式下企业所得税的测算是基于估计报表数据进行的，实际业务操作时，可能存在税务机关按照 PPP 合同约定的收益时间进行纳税调整，此时结果类似于无形资产模式下所得税费用的测算。

综上所述，项目公司无论选择无形资产模式还是金融资产模式，总承包方选择“一般计税”方法均优于“简易计税”方法。该项目的具体会计核算方式，A 公司还需结合《企业会计准则》、当地税务机关关于 PPP 企业所得税的计算要求、公司内部核算要求综合选择。

（四）优缺点分析

（1）综合上述分析，总承包方选择“一般计税”和“简易计税”（象征性甲供）的优缺点总结如下，供 A 公司选择方案时参考（表 7-8）。

表 7-8 两种计税方法的优缺点

计税方法 / 项目	一般计税	简易计税（象征性甲供）
总承包方	税前利润较少	税前利润较多
	需缴纳增值税较多	需缴纳增值税较少
内部税务管理	需建立增值税完整的抵扣链条	简便易行，便于操作，节约管理成本
对项目公司的影响	无形资产模式下，项目资产原值较小	无形资产模式下，项目资产原值较大
	需缴纳增值税现值较少	需缴纳增值税现值较多
	项目公司运营期内的净现金流量较高	项目公司运营期内的净现金流量较低

（2）项目公司选择无形资产模式或金融资产模式的优缺点总结如下，供 A 公司选择方案时参考（表 7-9）。

表 7-9 两种核算模式的优缺点

核算模式 / 项目	无形资产模式	金融资产模式
企业所得税税率的影响	有利于申请西部大开发优惠政策	西部大开发优惠政策要求产业项目为主营业务，金融资产模式主营收入为利息收入，不利于申请西部大开发所得税优惠政策
政府缺口性补助纳税方案的选择	投资本金与回报未区分核算，较难按照“11%+6%”方案申请缴纳增值税	投资本金与回报区分核算，更利于按照“11%+6%”方案申请缴纳增值税

第八章　政府补助税会分析

政府补助在 PPP 项目中比较常见，并且形式多样。项目公司通常在项目投资建设期或运营期内，会获得政府提供的一次或多次各种形式的补助。各种形式的政府补助是否涉及流转税和企业所得税、具体会计核算处理，是否存在税会差异是财务人员比较关心的问题，以下结合目前相关的税收政策、会计制度对政府补助进行税务、会计分析，并提出管理建议。

第一节　政府补助概述

一、政府补助概念

政府补助（Government Grants）是指企业从政府无偿取得货币性资产或非货币性资产。

二、政府补助特征

（1）来源于政府的经济资源。对于企业收到的来自于其他方的补助，有确凿证据表明政府是补助的实际拨付者，其他方只起到代收代付作用的，该项补助也属于来源于政府的经济资源。

（2）无偿性。即企业取得来源于政府的经济资源，不需要向政府交付商品或服务等对价。

三、政府补助的分类

按照《企业会计准则第 16 号——政府补助（2017 年修订）》的相关规定，政府补助分为与资产相关的政府补助和与收益相关的政府补助。

1. 与资产相关的政府补助

与资产相关的政府补助，是指企业取得的、用于购建或以其他方式形成长期资产的政府补助。

2. 与收益相关的政府补助

与收益相关的政府补助，是指除与资产相关的政府补助之外的政府补助。

第二节 政府补助会计核算

一、会计准则的适用

企业从政府无偿取得货币性资产或非货币性资产适用《企业会计准则第 16 号——政府补助（2017 年修订）》。

企业从政府取得的经济资源，如果与企业销售商品或提供服务等活动密切相关，且是企业商品或服务的对价或者是对价的组成部分，适用《企业会计准则第 14 号——收入》等相关会计准则。

所得税减免，适用《企业会计准则第 18 号——所得税》。

政府以投资者身份向企业投入资本，享有相应的所有者权益，不适用《企业会计准则第 16 号——政府补助（2017 年修订）》。

二、不同形式补助会计处理

1. 政府补助形式

政府往往会在 PPP 项目初始阶段、建设阶段、运营阶段，为项目公司提供各种一次性补助或多次补助，政府补助主要有以下形式：

1）财政拨款

（1）专项拨款。

专项拨款是政府无偿拨付给企业的资金，通常在拨款时明确规定了资金用途。

根据《财政部 国家税务总局关于专项用途财政性资金企业所得税处理问题的通知》（财税〔2011〕70 号）“一、企业从县级以上各级人民政府财政部门及其他部门取得的应计入收入总额的财政性资金，凡同时符合以下条件的，可以作为不征税收入，在计算应纳税所得额时从收入总额中减除：（一）企业能够提供规定资金专项用途的资金拨付文件；（二）财政部门或其他拨付资金的政府部门对该资金有专门的资金管理办法或具体管理要求；（三）企业对该资金以及以该资金发生的支出单独进行核算。”

对于与资产相关的专向拨款，可以冲减相关资产的账面价值或在取得时贷记“递延收益”，具体处理如下：

冲减相关资产的账面价值的，已确认的政府补助需要退回的，应当在需要退回的当期冲减相关资产账面价值的，调整资产账面价值。

取得时贷记“递延收益”，自相关资产达到预定可使用状态时起，再将“递延收益”的金额在该资产使用寿命期内平均分配并结转，分期计入损益。若相关资产在使用寿命结束前被出售、转让、报废或毁损，应将尚未分配的“递延收益”的余额一次性转入该项资产处置当期损益。

对于与收益相关的专项拨款，应按准则分以下两种情形：

第一，用于补偿企业以后期间的相关成本费用或损失的，确认为“递延收益”，并在确认相关成本费用或损失的期间，计入当期损益或冲减相关成本；

第二，用于补偿企业已发生的相关成本费用或损失的，直接计入当期损益或冲减相关成本。

（2）包含与资产相关部分和与收益相关部分的政府补助。

企业收到此类政府补助，应当区分不同部分分别进行会计处理；难以区分的，应当整体归类为与企业收益相关，从而可按准则与收益相关规定进行会计处理。

2）财政贴息

财政贴息是政府为支持特定领域或区域发展，根据国家宏观经济形势和政策目标，对承贷企业的银行贷款利息给予的补助。财政贴息主要有两种方式：① 财政将贴息资金直接拨付给受益项目公司；② 财政将贴息资金拨付给贷款银行，由贷款银行以政策性优惠利率向项目公司提供贷款，受益项目公司按照实际发生的利率计算和确认利息费用。

此类补助，若政府下发的补助文件中明确了相关会计处理，应根据文件进行核算，除此之外，应视具体情况按照《企业会计准则第 16 号——政府补助（2017 年修订）》进行会计处理。

（1）财政将贴息资金拨付给贷款银行，由贷款银行以政策性优惠利率向项目公司提供贷款的，企业可以选择下列方法之一进行会计处理：

① 以实际收到的借款金额作为借款的入账价值，按照借款本金和该政策性优惠利率计算相关借款费用。

② 以借款的公允价值作为借款的入账价值并按照实际利率法计算借款费用，实际收到的金额与借款公允价值之间的差额确认为递延收益。递延收益在借款存续期内采用实际利率法

摊销，冲减相关借款费用。

企业选择了上述两种方法之一后，应当一致地运用，不得随意变更。

（2）政府将贴息资金直接拨付给企业，企业应当将对应的贴息冲减相关借款费用。

3）税收返还

税收返还是政府按照国家有关规定采取先征后返（退）、即征即退等办法向项目公司返还的税款，属于以税收优惠形式给予的一种政府补助。

此类补助，若政府下发的补助文件中明确了相关会计处理，应根据文件进行核算；除此之外，因其具有无偿性，且从政府处直接取得，应当视为政府补助，按照《企业会计准则第16号——政府补助（2017年修订）》进行会计处理。

4）无偿划拨非货币性资产

政府向项目公司无偿划拨非货币性资产，如划拨土地使用权或建筑物，项目公司需要从实质上区分判断政府是否作为PPP项目的授予方而向项目公司支付对价的一种方式。如果是，应将其作为服务对价的一部分，适用《企业会计准则第14号——收入》等相关会计准则。如果不是，应按照《企业会计准则第16号——政府补助（2017年修订）》进行会计处理。

5）项目运营补助

运营补助是政府在项目运营期内通过分批拨付一定的财政资金用于补助项目公司的运营成本，如可行性缺口补助等。同时，也需区分是否属于政府支付对价的一部分，可参考上述“4）无偿划拨非货币性资产”进行会计核算。

除上述外，还存在项目公司无偿使用的情况，例如城市管廊项目，政府无偿划拨土地使用权，由于所涉及的实物资产通常都是PPP项目必不可少的基础设施，实质上不属于政府补助范围。

2. 政府补助涉及的会计核算

《企业会计准则第16号——政府补助（2017年修订）》明确政府补助是“无偿性”，即无对价。从而区分企业从政府取得的经济资源是政府补助、政府资本性投入还是政府购买服务。

企业从政府取得的经济资源基本可分为三种会计处理模式，一是作为政府提供服务对价的补助；二是作为政府补助，不作为政府支付服务对价的补助；三是政府投入的资本金。具体如下：

1）作为政府提供服务对价的补助

作为政府提供服务对价的补助具体又可分为：① 作为建造服务对价的，项目公司应当作为授予方对建造服务的工程结算；② 作为经营服务对价的，项目公司应当冲减确认经营服务收入时所确认的应收款项。

（1）作为建造服务对价，在实际收到时：

借：银行存款 / 固定资产

贷：长期应收款（金融资产模式）

无形资产（无形资产模式）

（2）作为运营服务对价的：

政府在项目运营期间支付补助，如为可行性缺口补助或绩效补助，应作为服务对价的一部分，如果是地方政府授予，鉴于对于地方政府补助是否应缴纳增值税不太明晰，因此，确认时应分以下两种情况进行会计处理：

① 如果缴纳增值税：

借：应收账款

贷：营业外收入（财务内部收益率保底的补助）

主营业务收入（可行性缺口补助应作为主营业务收入的一部分）

贷：应交税费——应交增值税（销项税额）

② 如果国家政策明确后，不缴纳增值税：

借：应收账款

贷：营业外收入 / 主营业务收入

2）政府补助

如果政府无偿支付给项目公司补助，具有无偿性的特征（如：财政拨款、财政贴息、无偿划拨非货币性资产、税收返还等），这种情况下应根据《企业会计准则第 16 号——政府补助（2017 年修订）》的相关规定，区分与资产相关的政府补助和与收益相关的政府补助进行会计核算。

（1）与资产相关的政府补助。

对于与资产相关的政府补助，项目公司在能够满足政府补助所附条件且能够收到政府补助时，可选择以下两种会计处理方式之一：

① 应当确认为递延收益，并在相关资产使用寿命内平均分配，计入当期损益。

a. 收到政府补助：

借：银行存款 / 固定资产

贷：递延收益

b. 根据资产摊销期间进行摊销：

借：递延收益

贷：营业外收入 / 其他收益或冲减相关成本费用

② 冲减相关资产的账面价值。

收到政府补助：

借：银行存款 / 固定资产

贷：XX 资产科目

（2）与收益相关的政府补助。

对于与收益相关的政府补助，项目公司应当分别按照下列情况处理：① 用于补偿企业以后期间的相关费用或损失的，确认为递延收益，并在确认相关费用的期间，计入当期损益。② 用于补偿企业已发生的相关费用或损失的，直接计入当期损益。

3）政府投入资本金

政府作为资本金投入项目公司的，应计入实收资本。如果下发的补助文件中明确将相关补助款项计入政府投入的“资本公积”的，应作为资本公积进行会计核算。具体如下：

借：银行存款 / 固定资产 / 无形资产

贷：实收资本 / 资本公积

除上述外，政府无偿划拨给项目公司土地使用权、建设设施等，这些资产依然为政府资产，项目公司不具有所有权，不应确认为社会资本的自有资产，不需要进行会计处理。

第三节　政府补助涉税分析

一、政府补助分类

（一）政府补助分类

目前针对可能涉及的政府补助分类进行统计及归类整理，主要分为以下几种形式（表 8-1）。

表 8-1 政府补助分类

项目	补助类型	补助层级	补助阶段
1	车辆购置税补助	中央财政补助	建设阶段
2	投资补助、专项补助	中央财政补助、地方财政补助	建设阶段
3	税费返还	地方财政补助	建设、运营阶段
4	财政贴息	地方财政补助	建设阶段
5	奖励基金	地方财政补助	建设阶段
6	建设期收到运营期的补助	地方财政补助	运营阶段
7	土地补助（土地出让金返还）	地方财政补助	运营阶段
8	资本金内部收益补助	地方财政补助	运营阶段

（二）土地补助

（1）针对土地补助，由于土地通过招拍挂的形式出让，政府通过先征后返的方式将土地出让金补偿给项目，形式上为非货币性补助，但实质属于项目公司以出让的方式购买土地，并办理产权登记，土地的使用权属于项目公司，与 PPP 项目的建设用地存在本质区别，项目公司应以缴纳的土地出让金及相应税费作为土地成本单独核算。

（2）政府实际返还项目公司的资金（此资金不一定与土地出让金相等）属于 PPP 项目的专项补助，参照货币性政府补助相关操作要点处理涉税问题。

（3）在退出阶段，资产移交时此项土地不能无偿移交给政府，要求其给予补偿并承担产权变更手续及相应税费；如无须移交，应允许项目公司通过转让形式，将土地的使用权转到社会资本方，增加的税费应由政府方承担。

二、政府补助税务管理

虽然政府补助涉及的形式多样，但相关的税收政策相同，下面主要从增值税和企业所得税两方面进行分析。

（一）增值税

根据现行增值税政策规定，项目公司取得的中央财政补助，不属于增值税应税收入，不征收增值税。因此，收到中央财政补助，如车辆购置税、中央专项补助等不征收增值税。而参照中央财政补助的增值税问题，地方财政补助是否可以比照执行目前并未明确。因此，要确定地方财政补助的性质。

1. 政府付费 PPP 项目

针对政府付费 PPP 项目，政府方作为应税行为的购买方，其向项目公司支付的可用性服务费、可用量付费、绩效付费，不属于政府补助，而应是购买服务支付价款的行为，按照主管税务机关确定的应税服务税目与适用税率申报纳税。

2. 非政府付费 PPP 项目

针对非政府付费 PPP 项目，根据目前税收政策分析，无论是建设期收到的政府补助，如专项补助、投资补助、税费返还、财政贴息、奖励基金、建设期收到运营期的补助等，还是运营期收到的政府补助，如税费返还、土地出让金返还、资本金内部收益补助等，均应属于 PPP 项目的专项补助，与项目运营收入并无必然联系，不属于增值税的应税范围，因此此类补助即使是地方政府层级或者省级政府支付的，也不属于增值税应税收入，不应征收增值税。

而对于运营期收到的最低通行费收入补助，其计算依据与运营收入直接相关，但增值税的销售额为纳税人销售货物或者应税劳务向购买方收取的全部价款和价外费用。政府方不属于应税服务的购买方，因此通行费补助并不符合增值税应税收入的相关规定，也不应征收增值税。

但由于目前各地税务机关执行的口径不一，如果政府补助被税务机关确认为增值税的应税范围，按照经营项目适用的税率进行纳税，将导致项目公司实际获得的收益小于预期收益；或者适用免税政策，虽然不缴纳增值税，但由此产生的进项税额也无法抵扣，同样将给项目公司造成损失。

因此，针对非政府付费 PPP 项目，项目公司要争取地方政府补助同样适用中央财政补助的增值税相关政策，不征收增值税。

（二）企业所得税

1. 政府付费 PPP 项目

针对政府付费 PPP 项目，政府方作为应税行为的购买方，其向项目公司支付的可用性服务费、可用量付费、绩效付费，不属于政府补助，而应是购买服务支付价款的行为。但由于此类 PPP 项目的项目公司为投资主体，其发生的建设成本按照金融资产确认，政府方支付的价款应先冲减金融资产成本，产生的差额进行价税分离，确认投资损益。

2. 非政府付费 PPP 项目

根据企业所得税政策相关规定，只要项目公司取得的政府补助同时满足适用条件，就可以作为不征税收入，但项目公司的不征税收入用于支出所形成的资产，其计算的折旧、摊销不得在计算应纳税所得额时扣除。

因此，政府补助是否要缴纳企业所得税要看是否满足规定的适用条件。如果项目公司无法满足不征税收入的适用条件而计入应纳税所得额，虽然作为不征税收入在全生命周期来看对企业所得税金额的影响并不大，但对于建设期的 PPP 项目来说，其发生的建设成本无法结转到当期损益或者即使满足条件确认当期损益，但收到的补助款无法覆盖发生的建设成本，导致项目公司在建设期提前承担企业所得税，增加资金占用成本导致资金流失损失。

因此，项目公司应在综合收益最大化的情况下满足适用不征税收入的相关政策要求，适用不征税政策。

三、操作提示

1. 增值税

（1）针对取得的中央财政补助，项目公司应该要求政府方提供批复文件，作为不征税的依据。

（2）作为取得的地方财政补助，要与当地主管税务机关沟通，能否适用中央财政补助的政策，作为不征税处理。如果不能，与政府方谈判，由此增加的税费由当地政府承担，并要求将其增加到投资协议中明确约定，降低后期政府失信给项目公司带来的风险。

（3）如果当地主管税务机关确定能适用不征税政策，要求政府方及主管税务机关给予批复文件，或者将其形成备忘录或者会议记录的形式，由双方签字盖章作为后期不征税依据。

（4）针对运营期与保底量相关的政府补助，要明确补助金额的计算依据，如果作为应税收入，应明确是含税补助，还是不含税补助。

（5）保管好相关文件，享受不征增值税政策规定时，要按照税收征管的要求提供相关资料，按时备案。

2. 企业所得税

（1）项目公司要根据不征税收入适用条件，要求政府提供补助资金专项用途的批复文件及财政部门或其他拨付资金的政府部门对该资金专门的资金管理办法或具体管理要求，并且对该资金以及该资金发生的支出单独进行核算。

（2）如果政府方无法提供专项用途批复文件及资金管理办法，由此给项目公司造成损失的，与政府在前期谈判过程中要求其承担损失，并将此项约定增加到投资协议中。

（3）针对确认为不征税收入的政府补助，由此产生的相关成本费用或者相关资产的折旧、摊销额不得在应纳税所得额中扣除，在运营期进行企业所得税汇算清缴时要做纳税调增。

（4）保管好相关文件，享受不征企业所得税政策规定时，要按照税收征管的要求提供相关资料，按时备案。

四、税会差异分析

PPP 项目取得的政府补助是与资产相关还是与收益相关，要根据政府补助的批复文件确定。对于建设期取得的政府补助，如果是专项为了 PPP 项目建设给予的财政拨款，一般是与资产相关的政府补助，如果无法确定与资产相关还是与收益相关，按照与收益相关进行会计核算。对于运营期的政府补助，一般是与收益相关，按照与收益相关进行会计核算。

1. 政府补助作为项目资本金的形式投入

根据政府财政拨款的相关批复文件约定，补助资金作为项目资本金投入 PPP 项目，用于 PPP 项目的建设。如果政府占股，其属于资本性投入，计入资本公积，不产生税会差异。

如果政府不占股并作为项目资本金投入，此种形式下无论政府补助计入资本公积还是递延收益，在企业所得税方面其作为专项补助满足适用不征税条件，就会产生税会差异。

1）计入资本公积

针对计入资本公积的政府补助，在运营期需要对由此产生的无形资产或者固定资产的摊销、折旧进行调增处理。在项目退出阶段，资本公积导致的股权清算所得由于在政府投入时已作为不征税处理，此处形成的清算所得也应作为不征税处理。

2）计入递延收益

针对计入递延收益的政府补助，在运营期需要对每期确认的营业外收入调减应纳税所得税额，并且由此产生的无形资产或者固定资产的摊销、折旧同时进行调增处理。

2. 其他类型的政府补助

建设期的政府补助，一般与资产相关，计入递延收益，由此产生的税会差异。具体处理如上所述。

运营期的政府补助，一般与收益相关，计入当期损益。适用不征税条件的，在计算应纳税所得额时做调减处理；不适用不征税条件的，不做纳税调整，按照规定缴纳企业所得税。

具体政策详见附录七。

第九章　PPP 项目会计核算

一、会计处理方式

项目公司向政府提供建设服务后，会取得政府授予的相关权利形成的对价，包括：

（1）无条件收取可确定金额的现金或其他金融资产的合同权利；

（2）在未来特定期间特许运营已建成的基础设施并收取服务费用的权利；

（3）两者兼而有之。

此权利构成了项目公司对项目资产实施控制的法律基础，项目公司应根据权利中风险承担安排的不同对项目资产分别按照金融资产、无形资产和混合资产模式进行核算。另外，个别PPP 合同约定政府将 PPP 资产所有权完全转让给项目公司，项目公司将根据合同和业务实际将项目资产确认为固定资产。

下述不同的资产模式下的会计处理分析（假设以下社会资本方、项目公司都为增值税一般纳税人）。

（一）金融资产模式

满足下述条件项目公司应按照《企业会计准则第 22 号——金融工具确认和计量》的规定进行会计处理。

（1）项目公司可无条件向政府收取可确定金额的货币资金或其他金融资产的，或在项目公司提供运营服务的收费低于某一限定金额时，政府按照合同约定将有关差价补偿给项目公司的，项目公司应将约定的收款金额确认为金融资产。

（2）政府承担项目资产的需求风险。

（3）政府需要支付或担保最低付款金额，为固定金额或通过事先约定的条件可确定的金额。

（4）项目公司现金流入需区分建造服务款和运营服务款两部分。

1. 核算要点

（1）按照金融资产的判断标准，确认 PPP 项目资产核算适用金融资产模式。

（2）项目公司期末按照摊余价值计量长期应收款，并确认本期应计利息收入。

（3）项目公司收到政府每期支付的购买服务款时，将其中支付建造服务部分冲减“长期应收款”的账面价值，运营服务部分计入主营业务收入。

（4）项目公司运营期间发生的与生产经营直接相关的成本费用，计入当期成本费用。

（5）项目试运营期间发生的收入和成本形成净损益，计入长期应收款账面价值。

（6）合同约定的 PPP 项目资产的改良或升级活动，属于单独的合同履行义务，应按照项目建造阶段的核算指引确认资产或收入。

（7）移交之前的恢复性大修，若政府会偿付该部分维修支出，则该义务通常被视为是待执行性质的、会在未来产生收入的活动，应当在发生费用支出时确认收入和成本；若政府无须对该维修支出另行偿付，则根据《企业会计准则第 13 号——或有事项》，项目公司应根据行业经验，预计修复费用，并考虑时间价值的影响，在指定会计年度分摊。

2. 项目准备阶段

1）项目前期筹备费用

项目合同签署之前，社会资本在项目发起、谈判过程中，通常会发生调研费、咨询费、中介机构费、勘察设计费、业务招待费等各类费用，上述费用在合同签署之前通常不满足资本化的条件，应该在发生时进行费用化处理。营改增后，管理费用如能取得增值税专用发票，应将不含税支出计入管理费用，相关会计处理如下：

（1）社会资本方相关管理费用会计处理。

借：管理费用

　　应交税费——应交增值税（进项税额）

　　贷：银行存款 / 应付账款 / 其他应付款

某些情况下，社会资本方发起并向政府提交项目建议书后，政府会酌情对该项目建议书给予一定补偿，社会资本方在基本确定能够收回该补偿时，冲减已确认的费用。

（2）社会资本方支付征地拆迁款。

征地拆迁由政府主导的情况下，项目公司取得的票据一般为行政事业性收费资金往来结算统一票据，因此不能抵扣进项税额。金融资产模式下，如果征地拆迁费用作为未来回购的一部分，支付的征地拆迁款会计处理如下：

借：长期应收款——XX 合同

　　贷：银行存款

征地拆迁由平台公司主导情况下，如果平台公司为增值税一般纳税人，则项目公司能取得增值税专用发票，因此可以抵扣进项税额。金融资产模式下，如果征地拆迁费用作为未来回购的一部分，支付的征地拆迁款会计处理如下：

借：长期应收款——XX 合同

应交税费——应交增值税——进项税额

贷：银行存款

如果项目公司支付的征地拆迁款只是作为代政府收取，并实际支付给项目土地使用权人的行为，则属于代收转付。根据《国家税务总局关于政府收回土地使用权及纳税人代垫拆迁补偿费有关营业税问题的通知》（国税函〔2009〕520号）的规定，纳税人受托进行建筑物拆除、平整土地并代委托方向原土地使用权人支付拆迁补偿费的过程中，其代委托方向原土地使用权人支付拆迁补偿费的行为属于代理行为，应按照“现代服务业—经济代理服务”缴纳增值税。

（3）社会资本方支付投标保证金。

社会资本方在提交响应投标文件时根据要求提交投资竞争保证金，在提交时应当支付的保证金金额确认为金融资产应收款项，在退还时冲回（或冲抵后续的建设期履约保证金）。对于因提交其他形式担保（如履约保函）而产生的费用，应视具体情况在合适期间计入费用。

2）项目公司设立相关费用

（1）项目公司成立前的相关费用。

项目合同签署后，为筹备项目公司而发生的费用，在发生时计入项目公司当期费用，相关会计处理如下：

借：管理费用

应交税费——应交增值税（进项税额）

贷：银行存款 / 应付账款 / 其他应付款

（2）项目融资。

项目公司的普通股股东或其他权益工具投资者向项目投入权益资本，项目公司按股本金或其他权益融资工具发行价格扣减符合条件的交易成本后计入权益，无须对权益进行后续计量。

项目公司通过发行企业债券或债务类优先股、永续债、永续中票等工具或直接取得银行贷款时，初始应按公允价值扣减符合一定条件的交易成本后计入负债的初始成本，并按摊余成本进行后续核算（指定以公允价值的除外）。

① 权益性融资。

a. 社会资本方的会计处理：

社会资本方向项目公司投入资本金，应当按照初始投资成本计入长期股权投资，并根据其是否能对项目公司实施控制、共同控制、重大影响，根据《企业会计准则第 2 号——长期股权投资》分别按照成本法、权益法进行核算。社会资本方对项目公司的投资为权益类优先股时，应当根据《企业会计准则第 22 号——金融工具确认和计量》的规定，判断投入资金的性质是股本金投入还是购买项目公司金融资产，分别进行会计处理。

社会资本方在向项目公司投入资本金时，社会资本个别财务报表中：

借：长期股权投资——XX 项目公司

　　贷：银行存款

在社会资本方控制项目公司的情况下，社会资本方还需要在集团层面合并项目公司财务报表。

b. 项目公司的会计处理：

社会资本方以货币资产、非货币资产对项目公司进行出资，项目公司根据股东投资入股的形式，相应进行会计处理：

借：银行存款 / 固定资产 / 无形资产

　　贷：实收资本

若政府在相关文件中规定，以现金或厂房、设备、土地使用权等形式投入，不作为股本或实收资本投入，而作为资本公积核算时，则在收到时贷方计入“资本公积”科目核算。

收到权益类优先股、永续债等投入时：

借：银行存款

　　贷：其他权益工具

② 债务性融资。

a. 社会资本方的会计处理：

社会资本取得项目债务性融资，应按公允价值扣减符合一定条件的交易成本进行初始计量，并按摊余成本法进行后续核算。

发行企业债券或债务类优先股时：

借：银行存款

　　贷：应付债券——XX 债券（面值）

借 / 贷：应付债券——XX 债券（利息调整）

向银行贷款，并取得银行贷款时：

借：银行存款

　　贷：长期借款 / 短期借款——XX 银行

社会资本转贷给项目公司时：

借：长期应收款——项目公司

　　贷：银行存款

b. 项目公司的会计处理：

项目公司直接发行企业债券或直接取得银行贷款时，会计处理参照社会资本方进行处理。

项目公司从社会资本方取得转贷款项时：

借：银行存款

　　贷：长期借款——XX 社会资本方

③ 保理融资。

根据《关于企业与银行等金融机构之间从事应收债权融资等有关业务会计处理的暂行规定》（财会〔2003〕14 号）的规定进行账务处理。

a. 应收债权融资业务的会计处理原则。

企业将其按照销售商品、提供劳务的销售合同所产生的应收债权出售给银行等金融机构，在进行会计核算时，应按照“实质重于形式”的原则，充分考虑交易的经济实质。对于有明确的证据表明有关交易事项满足销售确认条件，如与应收债权有关的风险、报酬实质上已经发生转移等，应按照出售应收债权处理，并确认相关损益。否则，应作为以应收债权为质押取得的借款进行会计处理。

b. 以应收债权为质押取得借款的会计处理。

企业如将其按照销售商品、提供劳务的销售合同所产生的应收债权提供给银行作为其向银行借款的质押，在此情况下，与应收债权有关的风险和报酬并未转移，仍由持有应收债权的企业向客户收款，并由企业自行承担应收债权可能产生的风险，同时企业应定期支付自银行等金融机构借入款项的本息。

在以应收债权取得质押借款的情况下，企业应按照实际收到的款项，借记“银行存款”科目，按实际支付的手续费，借记“财务费用”科目，按银行贷款本金并考虑借款期限，贷记“短期借款”等科目。

企业在收到客户偿还的款项时，应借记“现金”“银行存款”等科目，贷记“应收账款”科目。

企业发生的借款利息及向银行等金融机构偿付借入款项的本息时的会计处理，应按照《企业会计制度》关于借款的相关规定执行。

由于上述与用于质押的应收债权相关的风险和报酬并没有发生实质性变化，企业应根据债务单位的情况，按照《企业会计制度》的规定合理计提用于质押的应收债权的坏账准备。对于发生的与用于质押的应收债权相关的销售退回、销售折让及坏账准备等，应按照《企业会计制度》及相关会计准则的规定处理。企业应设置备查簿，详细记录质押的应收债权的账面金额、质押期限及回款情况等。

c. 应收债权出售的会计处理。

第一，不附追索权的应收债权出售的会计处理：

企业将其按照销售商品、提供劳务相关的销售合同所产生的应收债权出售给银行等金融机构，企业、债务人及银行之间的协议不附有追索权的，即在所售应收债权到期无法收回时，银行等金融机构不能够向出售应收债权的企业进行追偿，所售应收债权的风险完全由银行等金融机构承担的情况下，应按以下规定进行会计处理：

企业应按与银行等金融机构达成的协议，按实际收到的款项，借记“银行存款”等科目，按照协议中约定预计将发生的销售退回和销售折让（包括现金折扣，下同）的金额，借记“其他应收款”科目，按售出应收债权已提取的坏账准备金额，借记“坏账准备”科目，按照应支付的相关手续费的金额，借记“财务费用”科目，按售出应收债权的账面余额，贷记“应收账款”科目，差额借记“营业外支出——应收债权融资损失”或贷记“营业外收入——应收债权融资收益”科目。

企业实际发生的与所售应收债权相关的销售退回及销售折让如果等于原已记入“其他应收款”科目的金额，则应按实际发生的销售退回及销售折让的金额，借记“主营业务收入”（如为现金折扣，应借记“财务费用”科目，下同）等科目，按可冲减的增值税销项税额，借记“应交税金——应交增值税（销项税额）”科目，按原记入“其他应收款”科目的预计销售退回和销售折让金额，贷记“其他应收款”科目；企业实际发生的与所售应收债权相关的销售退回及销售折让与原已计入“其他应收款”科目的金额如有差额，除按上述规定进行会计处理外，对应补付给银行等金融机构的销售退回及销售折让款，通过“其他应付款”或“银行存款”科目核算。对应向银行等金融机构收回的销售退回及销售折让款，通过“其他应收款”或“银行存款”科目核算。

企业上述销售退回或销售折让如属于资产负债表日后事项，应按《企业会计制度》及相关会计准则的规定处理。

第二，附追索权的应收债权出售的会计处理：

企业在出售应收债权的过程中如附有追索权，即在有关应收债权到期无法从债务人处收回时，银行有权力向出售应收债权的企业追偿，或按照协议约定，企业有义务按照约定金额自银行等金融机构回购部分应收债权，应收债权的坏账风险由售出应收债权的企业负担。在这种情况下，应按本规定中关于对以应收债权为质押取得借款的会计处理原则执行。

d. 应收债权贴现的会计处理。

按照企业与银行等金融机构签订的协议，如实质上构成应收债权贴现，其会计处理应比照《企业会计制度》中关于应收票据贴现的有关规定进行处理。

e. 关于以应收债权为基础的出售、融资业务的披露。

企业如以应收债权为基础进行上述各类出售、融资等业务，应将有关业务的具体情况在会计报表附注中进行披露。具体包括：与银行等金融机构签订的出售、融资协议的主要内容；所涉及出售、融资业务的应收债权的基本情况，包括其金额、账龄、已提取的坏账准备等；以应收债权为基础取得的质押借款的具体情况，如借款金额、利率、借款期限、用于质押的应收债权的账面价值等；作为销售确认的应收债权出售交易，对当期净损益的影响金额；已贴现的应收债权的账面金额、贴现收到的金额、贴现期限等。

（3）项目公司开办费。

公司在筹建期间内发生的开办费，包括人员工资、办公费、培训费、差旅费、印刷费、注册登记费以及不计入固定资产成本的借款费用等在实际发生时，借记“管理费用”科目（开办费），贷记“银行存款”等科目。需要注意的是，差旅费用中住宿费用如果能取得增值税专用发票，可以进行抵扣，交通费不可以抵扣。

企业在筹建期间，发生的与筹办活动有关的业务招待费支出，可按实际发生额的 60% 计入企业筹办费，并按有关规定在企业所得税税前扣除；在增值税方面，业务招待费进项税额不得抵扣。

开办费中的其他费用如果能取得增值税专用发票，符合抵扣条件的，可以抵扣。具体会计处理如下：

借：管理费用——开办费

　　贷：银行存款

或 借：管理费用——开办费

应交税费——应交增值税（进项税额）

贷：银行存款

3. 项目建设阶段

金融资产模式一般由政府全部付费或部分付费，项目风险主要由政府来承担。

1）项目公司提供建造服务

（1）成本归集及收入的确认。

项目公司同时提供建造服务的，建造期间，对于所提供的建造服务按照《企业会计准则第15号——建造合同》确认相关的收入和成本，以建造收入的公允价值作为金融资产初始确认时的金额成本，同时确认长期应收款。具体会计处理如下：

① 归集建造成本。

借：工程施工

贷：工程物资 / 银行存款等

② 结转合同收入成本。

借：主营业务成本

工程施工——合同毛利

贷：主营业务收入

应交税费——应交增值税（销项税额）

③ 与业主方进行工程结算时。

借：长期应收款——XX 合同

贷：工程结算

借：工程结算

贷：工程施工——合同成本

工程施工——合同毛利

（2）建设期管理费用核算。

对于建设期的管理费用，应计入当期费用，如合同包含该类费用，应按项目完工进度确认相应营业收入，同时计入“长期应收款——XX 合同”科目；如合同内不含该类费用或划为指定费用不由项目公司支配则不确认营业收入。

借：长期应收款——XX 合同

贷：主营业务收入

或借：管理费用

应交税费——应交增值税（进项税额）

贷：银行存款

（3）借款费用会计处理。

根据《企业会计准则第17号——借款费用》“企业发生的借款费用，可直接归属于符合资本化条件的资产的购建或者生产的，应当予以资本化，计入相关资产成本；其他借款费用，应当在发生时根据其发生额确认为费用，计入当期损益”。建设阶段，金融资产模式下的借款费用应当费用化处理，计提银行贷款利息支出。

根据《财政部 国家税务总局关于全面推开营业税改征增值税试点的通知》（财税〔2016〕36号）文件，与贷款服务有关的支出不得抵扣，因此，应将支付的利息全部计入财务费用：

借：财务费用——利息支出

贷：应付利息

（4）建设期间费用确认。

建造过程中发生的存款利息收入、金融机构手续费等财务费用、营业费用和营业外收入，应根据合同是否包含该项费用计入（冲减）“长期应收款——XX合同”科目或当期损益，相关会计处理如下：

借：长期应收款——XX合同

贷：银行存款等

或 借：银行存款等

贷：长期应收款——XX合同

（5）支付拆迁、监理等费用。

对于征地拆迁等前期费用、监理费用及其他业主指定费用，不应并于建造合同收入成本，应于发生时直接计入“长期应收款——XX合同”相应明细科目。

借：长期应收款——XX合同

贷：银行存款

2）项目公司不提供建造服务

项目公司不提供建造服务，应按照建造过程中支付的工程价款等考虑合同规定，作为金融资产的初始确认金额，确认长期应收款。

（1）总承包方核算。

① 归集建造成本。

借：工程施工

　　贷：工程物资 / 银行存款 / 应付账款等

② 根据合同结算的工程款。

借：应收账款

　　贷：工程结算

③ 收到结算工程款。

借：银行存款

　　贷：应收账款

④ 按照完工进度确认建造合同收入。

借：工程施工——合同毛利

　　主营业务成本

　　贷：主营业务收入

（2）项目公司核算。

① 按照完工进度确认建造合同收入。

借：长期应收款——业主未确认

　　贷：应付账款

② 支付结算工程款。

借：应付账款

　　贷：银行存款

③ 若约定建设期计息，则对每年形成的金融资产按照内含利率确认融资收益。

借：长期应收款——应计利息

　　贷：主营业务收入——利息收入

④ 政府确认项目公司完成量。

借：长期应收款——业主已确认

　　贷：长期应收款——业主未确认

⑤ 项目完成完工决算投入使用。

借：长期应收款——已完工项目

贷：长期应收款——业主已确认

4. 项目运营阶段

PPP 项目在正式运营过程中收回的款项中包括两部分：运营服务收入和前期建造阶段形成资产的对价。不同建造服务对价模式下，运营收入确认及建造阶段形成资产的回收的处理有所不同。

金融资产模式下，项目公司账面的应收款项，根据已提供建造服务、运营服务应收取的款项，初始按照公允价值计量，后续按照摊余成本计量，即初始确认的金额加上采用实际利率法计算的该金额的累计利息减去已收到的金额。

1）运营支出核算

借：主营业务成本

贷：原材料 / 应付职工薪酬 / 银行存款等

借：管理费用 / 销售费用

贷：银行存款 / 其他应付款 / 应付职工薪酬等

2）产品或服务收入的确认

借：应收账款 / 银行存款

贷：主营业务收入

应交税费——应交增值税（销项税额）

3）收到使用者或政府付费的款项需要金融资产偿还的，会计处理如下：

借：银行存款

贷：长期应收款 / 应收账款

4）利息收入确认

资产负债表日，确认起初长期应收款项的利息收入，应按照实际利率确认利息收入。

借：长期应收款——XX 合同

贷：利息收入

5）项目维护整修

项目公司在运营期间，发生的日常维修和维护及大修理情况，项目公司应当根据该事项的性质、合同条款判断政府是否会偿付项目设施维护所需要的支出。

若政府会偿付该部分维修支出，对于运营阶段的常规维修和日常维护支出，通常属于待执行性质，应在发生时确认收入。若政府无需对该项维修支出另行进行偿付，则应根据《企业会计准则第 13 号——或有事项》的相关规定，在资产负债表日，项目公司在项目设施上需承担不可避免的现实义务。

（1）政府对维修支出进行偿付。

借：主营业务成本

贷：原料 / 燃料 / 应付职工薪酬 / 银行存款等

借：应收账款 / 银行存款

贷：主营业务收入

（2）政府不对维修支出进行偿付。

在资产负债表日，预提承担现有维护义务的负债，并考虑时间价值的影响。

借：主营业务成本

贷：预计负债

借：财务费用

贷：预计负债（按实际利率法计算得出）

维修支出发生时：

借：预计负债

贷：原料 / 燃料 / 应付职工薪酬 / 银行存款等

6）项目更新升级

当项目公司有权通过在特许服务期间从使用者或政府收到可确定的金额且该金额能够覆盖更新升级成本和毛利时，则按更新升级进度确认收入和金融资产。

7）金融资产模式下，建造项目资产所耗费的成本在运营期不经过资产摊销或折旧，仅在收到政府支付款项时减少长期应收款的账面价值。

8）资产减值

项目公司在运营期间应当根据《企业会计准则第 8 号——资产减值》以及《企业会计准则第 22 号——金融工具确认和计量》，关注已确认的金融资产减值迹象，并进行减值测试，在确认发生减值时，确认资产减值损失。根据《企业会计准则第 22 号——金融工具确认和计量》第四十四条“对以摊余成本计量的金融资产确认减值损失后，如有客观证据表明该金融资产价值已恢复，且客观上与确认该损失后发生的事项有关（如债务人的信用评级已提高等），原确认的减值损失应当予以转回，计入当期损益。但是，该转回后的账面价值不应当超过假定不计提减值准备情况下该金融资产在转回日的摊余成本。”

5. 项目移交、退出阶段

回购期开始日以合同约定为准，合同无约定的，一般应以交工验收合格证书签发之日作为回购期开始日。

1）到期无偿移交

项目期满，对于金融资产模式，项目公司已经收到全部应收款项，金融资产的余额为零，因而不需要进行会计处理。

基础设施移交过程中发生的各项费用，应当直接费用化进行处理。回购期的期间费用如办公费、固定资产折旧、银行借款利息等应在发生或计提时，做以下会计处理：

借：管理费用 / 财务费用等

应交税费——应交增值税（进项税额）

贷：银行存款、应付职工薪酬、累计折旧、应付利息等科目

2）到期有偿移交

期满终止时，社会资本方向政府有偿移交基础设施时，有偿移交的对价可能是事先约定固定金额，也可能是移交当时相关设施的公允价值。

如果为固定价格移交，项目公司应当在项目初始确认建造服务对价时，以收到的固定价格按实际利率折现后的金额确认为金融资产，并在后续期间按照实际利率法进行核算。期满移交时，收到的移交对价直接冲减金融资产账面金额；若为按公允价值进行移交，则项目公司应当在项目初始确认建造服务对价时，对预计移交时项目资产的公允价值按实际利率对其折现后的金额确认为相关的金融资产。

项目公司在回购期收到的回购款应在“销售商品、提供劳务收到的现金”中列报。

费用处理同上“1）到期无偿移交”，移交过程中发生的各项费用，应当直接进行费用化处理。

3）征地拆迁费回购价款在移交阶段的处理

在金融资产模式下，征地拆迁费往往作为回购价款的一部分。对于征地拆迁费回购价款是否要缴纳增值税，目前增值税政策尚不明晰。营业税下征地拆迁费用回购政策如下：

一些纳税人（以下称投资方）与地方政府合作，投资政府土地改造项目（包括企业搬迁、危房拆除、土地平整等土地整理工作）。其中，土地拆迁、安置及补偿工作由地方政府指定其他纳税人进行，投资方负责按计划支付土地整理所需资金；同时，投资方作为建设方与规划设计单位、施工单位签订合同，协助地方政府完成土地规划设计、场地平整、地块周边绿化等工作，并直接向规划设计单位和施工单位支付设计费和工程款。当该地块符合国家土地出让条件时，

地方政府将该地块进行挂牌出让，若成交价低于投资方投入的所有资金，亏损由投资方自行承担；若成交价超过投资方投入的所有资金，则所获收益归投资方。在上述过程中，投资方的行为属于投资行为，不属于营业税征税范围，其取得的投资收益不征收营业税。

营改增后，如果上述营业税政策平移，则回购的征地拆迁款不需要缴纳增值税。会计处理如下：

借：银行存款

　　贷：长期应收款——XX 合同——拆迁款——XX 项目

营改增后，如果上述营业税政策在增值税下不适用，则针对征地拆迁投资收益的部分应该缴纳增值税。目前增值税下，对于项目公司收到的投资收益，是适用金融服务、建筑服务还是销售不动产的税目缴纳增值税，各地政策执行口径不一致。会计处理如下：

借：银行存款

　　应交税费——应交增值税——XX 项目

　　应交税费——应交城市维护建设税——XX 项目

　　应交税费——应交教育费附加——XX 项目

　　贷：长期应收款——XX 合同——拆迁款——XX 项目

（二）无形资产模式

项目公司在特许经营期内向使用者提供服务并收取费用，但收费金额不确定，即该权利不构成一项无条件收取可确定金额的货币资金或其他金融资产的权利的，项目公司应将建造合同形成的对价确认为无形资产。但有些情况下，使用者付费，与担保最低金额之间的缺口由授予方支付，对于超出缺口部分的收费权利也确认为无形资产。

项目公司运营项目资产，获得收益并承担相应的需求风险。

无形资产模式实质为非货币性交易，项目公司为 PPP 项目提供建造服务换取资产特许经营权。项目公司拟因提供运营服务而获得的全部现金流入作为运营收入。

无形资产通常适用于经营性项目，大多都采取使用者付费或“使用者付费 + 政府可行性缺口补助”的回报机制，如地下综合管廊项目。

1. 核算要点

（1）根据无形资产的判断标准，确认项目核算适用无形资产模式。

（2）PPP 业务可理解为一项通过提供建造服务换取特许经营权的非货币性交易，即项目公司提供建造业务时，确认建造阶段主营业务收入；获得运营服务收入时，确认运营阶段主营业务收入；依托特许经营权获得的其他业务活动收入，如收费高速公路的广告收入、停车收入等，确认其他业务收入。

（3）项目公司自运营期起定期计提无形资产摊销，并确认主营业务成本，摊销期不应超出特许经营权的经营期限；运营期间发生的与生产经营直接相关的成本费用，确认主营业务成本。

（4）项目公司借款用于基础设施建设，符合资本化要求的利息支出，确认无形资产；借款用于满足日常运营的资金需求，不符合资本化条件的，确认财务费用。

（5）项目试运行期间发生的收入和成本形成的净损益，计入无形资产账面价值。

（6）若合同约定特许经营权使用费收益上限，超出上限的差额收益归属政府所有的，则运营中超出上限的收益不应确认收入。

2. 项目准备阶段

项目筹备及项目公司设立、项目融资的会计核算参照上述“（一）金融资产模式 2. 项目准备阶段”进行处理。

如果约定项目为 TOT（移交 - 经营 - 移交）模式，则项目公司需先收购项目特许经营权：

借：无形资产——特许经营权

　　贷：银行存款等

3. 项目建设阶段

在无形资产模式下，对于自行建造的项目，应以建造收入的公允价值作为无形资产的初始成本；对于外包建设项目，项目公司不确认建造收入，应当将建造过程中支付的工程价款作为无形资产的初始成本。

1）项目公司提供建造服务

建造期间，项目公司对于所提供的建造服务应当按照《企业会计准则第 15 号——建造合同》确认相关的收入和费用。基础设施建成后，项目公司应当按照《企业会计准则第 14 号——收入》确认与后续经营服务相关的收入。

（1）成本归集及收入的确认。

① 归集建造成本。

借：工程施工

　　贷：工程物资 / 银行存款等

② 结转合同收入成本。

借：主营业务成本——自营成本

　　工程施工——合同毛利

　　贷：主营业务收入

　　应交税费——应交增值税（销项税额）

③ 与业主方进行工程结算时。

借：无形资产——XX 合同

　　贷：工程结算

借：工程结算

　　贷：工程施工——合同成本

　　工程施工——合同毛利

（2）建设期管理费用核算。

对于建造期发生的管理费用、其他业务收支、营业外收支等其余收支，应根据是否符合资本化条件分别计入“无形资产——特许经营权”相应明细科目或当期损益。

借：无形资产——特许经营权

　　贷：银行存款 / 应付账款 / 其他应付款

（3）建设期借款费用处理。

建造过程中的借款利息，应当按照《企业会计准则第 17 号——借款费用》的规定处理，符合条件的，予以资本化。借款费用资本化条件包括：

① 资产支出已经发生，资产支出包括为购建或者生产符合资本化条件的资产而以支付现金、转移非现金资产或者承担带息债务形式发生的支出；

② 借款费用已经发生；

③ 为使资产达到预定可使用或者可销售状态所必要的购建或者生产活动已经开始。

借：无形资产——特许经营权

　　贷：银行存款 / 应付利息

符合资本化条件资产在购建或者生产过程中发生非正常中断，且中断时间连续超过 3 个月的，应当暂停借款费用的资本化。在中断期间发生的借款费用应当确认为费用，计入当期损益，直至资产的购建或者生产活动重新开始。

（4）建设期间费用确认。

建造过程中发生的存款利息收入、金融机构手续费等其他财务费用，符合资本化条件的计入（冲减）“无形资产——特许经营权”相应明细科目，不符合的计入当期损益：

借：无形资产——特许经营权

贷：银行存款等

或借：银行存款等

贷：无形资产——特许经营权

（5）支付拆迁、监理等费用。

建造期发生的监理、设计、征地拆迁、评估、预备费等费用，应予以资本化，在结算时直接计入无形资产，借记“无形资产——特许经营权”，贷记“预付账款”“应付账款”“银行存款”“长期应付款——质量保证金”等科目。

借：无形资产——特许经营权——XX 合同

贷：银行存款

2）项目公司不提供建造服务

项目公司未提供实际建造服务，将基础设施建造发包给其他方的，不应确认建造服务收入，按照建造过程中支付的工程价款，确认无形资产初始成本。在支付预付款时，应借记“预付账款”，贷记“银行存款”科目，在进行正式结算时借记“无形资产——特许经营权”，贷记“预付账款”“应付账款”“银行存款”“长期应付款——质量保证金”等科目。

借：无形资产——特许经营权

贷：应付账款——XX 建设单位

支付拆迁费用、管理费用、计提利息支出等分录与上述“（二）无形资产模式 1）项目公司提供建造服务”相同。

4. 项目运营阶段

PPP 项目在运营阶段，要实现运营收入，发生运营成本及费用，以及对 PPP 项目资产进行维护、改造、修理等发生的后续支出。这一阶段的突出问题是收入的确认，特许经营权资产的摊销以及后续支出的处理。

1）发生运营支出时

运营期成本包括项目维护成本、项目经营人员职工薪酬等。相关会计处理如下：

借：主营业务成本

贷：原料 / 燃料 / 应付职工薪酬等

运营期期间费用应单独确认，包括管理人员所发生的费用等。

借：管理费用 / 销售费用

应交税费——应交增值税（进项税额）

贷：银行存款 / 其他应付款 / 应付职工薪酬等

2）产品或收入的确认

运营期收入在提供经营服务时按照《企业会计准则第 14 号——收入》确认收入。无形资产模式下，项目公司需承担需求风险，全部现金流入作为运营服务收入。相关会计处理如下：

借：银行存款 / 应收账款

贷：主营业务收入

应交税费——应交增值税（销项税额）

3）项目维护整修

无形资产模式下，项目的维护及大修理支出和会计核算参考上述“（一）金融资产模式 4. 项目运营阶段 5）项目维护整修”进行会计处理。

4）项目更新升级

对于合同预定的基础设施的改良或升级活动，属于单独的合同履行义务，应确认资产或收入。当政府通过授予项目公司向使用者收费的权利作为更新升级对价时，则按更新升级进度确认收入和无形资产。

5）项目更新升级无形资产模式下，项目公司不存在利息收入

6）无形资产摊销

项目资产是由项目公司建造形成，项目公司在建造过程中付出的成本需要在经营期间合理摊销，与项目运营收益相配比，以反映项目公司的财务状况和经营成果。无形资产模式下，通过摊销抵减无形资产的价值。相关会计处理如下：

借：主营业务成本

贷：无形资产——特许经营权——XX 合同

7）资产减值

当基础设施的状态低于合同约定的移交时应达到的资产状态时，项目公司应计提相应的减值准备。对于无形资产，根据《企业会计准则第 8 号——资产减值》第十七条的规定，资产减值损失一经确认，在以后会计期间不得转回。

8）设备摊销

项目运营阶段应按照工作量法或直线法摊销无形资产。一般“无形资产——特许经营权”

中按照固定资产管理的部分如设备等，应按照同类固定资产的使用年限采用直线法摊销，其余部分采用工作量法摊销。

特许经营权中属于设备的资产，其使用年限较特许经营权的期限短，该设备资产更新时，应重新调整特许经营权的账面价值。设备清理时：应借：固定资产清理、累计摊销——特许经营权，贷：无形资产——特许经营权——设备；清理收入或支出应借记或贷记“固定资产清理”科目，清理完毕“固定资产清理”科目余额应计入“营业外收入（支出）”科目。更新设备时：应借：无形资产——特许经营权——设备，贷：银行存款、应付账款等。

特许经营权后期更新的设备采用直线法摊销时，其摊销年限应按同类固定资产的使用年限和特许经营权剩余年限孰短法确定。

9）超额收益的合同特殊约定的会计处理

若合同约定了特许经营权的收益上限，超出部分归属政府，则针对超出金额不确认收入，归属政府收入配比的成本费用，通常要通过政府的审计，在签订合同时要予以明确：

借：现金 / 银行存款

　　贷：其他应付款——政府指定机构

归属政府收入配比的成本费用：

借：其他应付——政府指定机构

　　贷：应付账款、银行存款等

5. 项目移交、退出阶段

项目公司在移交特许经营权时如有未摊销完毕的无形资产应全部摊销。移交后应进入公司清算。

1）到期无偿移交

PPP 项目在特许期结束时，将公共项目资产无偿转移给公共部门，除此之外，剩下的部分是 PPP 项目公司拥有的资产。对于无偿移交的部分，由于在项目运营阶段已全部摊销完，且不保留残值，因此不必要对其作会计处理。对于 PPP 项目公司拥有的资产，应当按照法律、规章等的规定及特许经营权协议的约定做清算处理。

（1）项目公司在移交特许经营权时如有未摊销完毕的无形资产应全部摊销。移交后应进入公司清算。一般需设置“清算费用”“清算损益”两个科目。

（2）清算时发生的清算机构成员的工资报酬、公告费用、咨询费用和办公费用、诉讼费用及清算过程中必须支付的其他的清算费用应借“清算费用”，贷：银行存款等；应借“清算损益”，贷：清算费用。

（3）清算中发生财产盘盈、财产重估收益、财产变现的收益和因债权人原因确实无法归还的债务等时，应贷记“清算损益”；清算发生的财产盘亏，包括财产损失、变现损失和无法收回的债权，应借记“清算损益”。

（4）清算结束后，净资产如有余额，应分配给股东。

2）到期有偿移交

对于基础设施于特许服务权合同期满有偿转让给政府或其指定的第三方的情况，现行准则并未对此提供明确的指引，目前也尚无典型的案例可供参考，在此不再赘述。

（三）混合资产模式

由于合同约定的运作方式不同，经常出现需求风险在政府与项目公司之间共担的安排，实务中称为“混合模式”。政府对项目公司依托特许经营权获得的收入提供无条件最低收益担保条款。政府承担最低收益担保部分的需求风险，项目公司承担超出部分的需求变动风险。

项目公司将已获担保部分的对价确认为金融资产，剩余无担保部分确认为无形资产。

1. 核算要点

（1）项目公司首先要将所提供建造服务的公允价值分为两个部分——基于政府保底金额确认的金融资产和剩余金额构成的无形资产，即建造收入的公允价值 = 金融资产 + 无形资产。

① 建造收入的公允价值应按照商务部门提供的预计总建造成本并考虑合理的建造毛利确认（即预计总建造收入）。

② 项目公司根据合同约定，合理预测未来经营期间的各年最低现金流入量（保底现金流入），并按照政府或类似信用机构发行的相似债券利率作为折现率，折现的净现值之和作为该金融资产于建造期末的公允价值。

③ 无形资产的公允价值以建造收入的公允价值扣除金融资产的剩余金额确定。

（2）确定测算的金融资产和无形资产占建造收入公允价值的比重。

（3）建设期间确认的建造收入，按分割比重同时确认金融资产和无形资产；运营期间的收入，也要按分割比重在金融资产偿还和主营业务收入之间进行分配。

（4）项目公司每期末应按照政府或类似信用机构发行的相似债券利率作为折现率，采用摊余成本法确定每期金融资产的摊余价值及每期的利息收入。

（5）项目公司从外部借款并将其用于基础设施建设，符合借款费用资本化要求的利息支出，应计入无形资产，但当期资本化上限为累计建造成本中无形资产所占比重，余额计入当期费用。

2. 项目准备阶段

项目筹备及项目公司设立、项目融资的会计核算参照上述“（一）金融资产模式 2. 项目准备阶段”进行处理。

3. 项目建设阶段

1）项目公司提供建造服务

建造期间，项目公司对于所提供的建造服务应当按照《企业会计准则第 15 号——建造合同》确认相关的收入和费用。基础设施建成后，项目公司应当按照《企业会计准则第 14 号——收入》确认与后续经营服务相关的收入。

（1）成本归集及收入的确认。

① 归集建造成本。

借：工程施工

　　贷：工程物资 / 银行存款等

② 结转合同收入成本。

借：主营业务成本——自营成本

　　工程施工——合同毛利

　　贷：主营业务收入

　应交税费——应交增值税（销项税额）

③ 与业主方进行工程结算时，以建造服务公允价值确认的对价在金融资产和无形资产之间进行分割，相关会计处理如下：

借：无形资产——特许经营权——XX 合同

　　贷：工程结算

借：长期应收款——XX 合同

　　贷：工程结算

　　财务费用——利息收入

借：工程结算

　　贷：工程施工——合同成本

　　工程施工——合同毛利

（2）建设期借款费用处理。

混合模式下，在满足资本化条件时，无形资产部分的借款费用可以资本化。项目公司发生的借款费用应针对无形资产所占份额部分进行资本化，具体比例可以参照所确认的金融资产和无形资产的相对公允价值确定，或者其他合理的方式进行分配。借款费用资本化上限为无形资产累计占用借款部分所产生的利息费用。

计提利息的会计处理如下：

借：无形资产——特许经营权

　　贷：长期借款——应付利息

借：财务费用

　　贷：长期借款——应付利息

2）项目公司不提供建造服务

项目公司未提供实际建造服务，将基础设施建造发包给其他方的，不应确认建造服务收入，应当按照建造过程中支付的工程价款等考虑合同规定，分别确认为金融资产或无形资产。

借：无形资产——特许经营权

　　长期应收款——XX 合同

　　贷：银行存款等

资产负债表日，确认金融资产部分的摊余成本，按照实际利率确认利息收入。

借：长期应收款——XX 合同

　　贷：利息收入

4. 项目运营阶段

项目公司在项目建设及完工验收阶段，已经按照项目建造成本和市场毛利率水平，分别确认了金融资产和无形资产。该金融资产将在运营期间逐步收回，按摊余成本进行后续计量；该无形资产在使用寿命内按从其获取的与其未来经济利益的预计消耗方式来确定。

1）发生运营支出时

借：主营业务成本

　　贷：原料 / 燃料 / 应付职工薪酬等

借：管理费用

　　应交税费——应交增值税（进项税额）

　　贷：银行存款 / 其他应付款 / 应付职工薪酬等

2）提供产品服务时

借：银行存款

贷：主营业务收入

应交税费——应交增值税（销项税额）

3）对无形资产——特许经营权进行摊销时

借：主营业务成本

贷：无形资产——特许经营权——摊销

4）利息收入的确认

期末确认应收款项的利息收入，即政府占用项目公司应收资金的时间价值：

借：长期应收款——XX 合同

贷：利息收入（按实际利率法计算）

5）收到使用者或政府支付的建造服务对价

借：银行存款

贷：长期应收款——XX 合同

6）项目维护整修

项目维护整修费用参考上述“（一）金融资产模式 4. 项目运营阶段 5）项目维护整修”进行会计处理。

7）项目更新升级

若项目建造对价是在无形资产模式下核算的，但是政府承诺偿付更新升级服务的部分对价的，则项目公司在更新升级进度确认收入时，应当先将该部分对价金额确认为金融资产，将政府承诺偿付更新升级服务的全部对价扣减确认为金融资产差额部分确认为无形资产。

5. 项目移交、退出阶段

项目经营期满终止时，无偿移交给政府或政府指定机构，对项目公司来说，金融工具和无形资产在特许经营期内已经收回款项或者摊销完毕，无须为移交进行会计处理。

（四）固定资产模式

政府将 PPP 项目资产的所有权和特许经营权均完全转让给项目公司，同时项目公司能够以不受政府监管的方式使用项目资产，项目公司应在项目建设期和特许经营期将 PPP 项目资产确认为固定资产，按照相关会计准则规定核算，例如《企业会计准则第 4 号——固定资产》《企业会计准则第 21 号——租赁》等。

二、并表分析

投资单位需根据 PPP 合同、项目公司章程、议事规则、管理架构安排等资料，结合对项目公司实际管控情况，综合判断是否将项目公司纳入财务报告编制范围。社会资本是否合并 PPP 基金或项目公司，将对其重要的财务指标如资产负债率产生重大影响。根据《企业会计准则第 33 号——合并财务报表》的规定，合并财务报表的合并范围应当以控制为基础予以确定。控制，是指投资方拥有对被投资方的权力，通过参与被投资方的相关活动而享有可变回报，并且有能力运用对被投资方的权力影响其回报金额。

根据以上准则，如果社会资本方拥有对基金或项目公司的权力，通过参与被投资方的相关活动而享有可变回报，并且有能力运用对被投资方的权力影响其回报金额，则构成控制从而需要合并被投资方。“控制”“权力”“可变回报”三者需同时具备，才能构成控制。

（一）一般情况下的报表合并

一般情况下的报表合并可以图 9-1 为例。

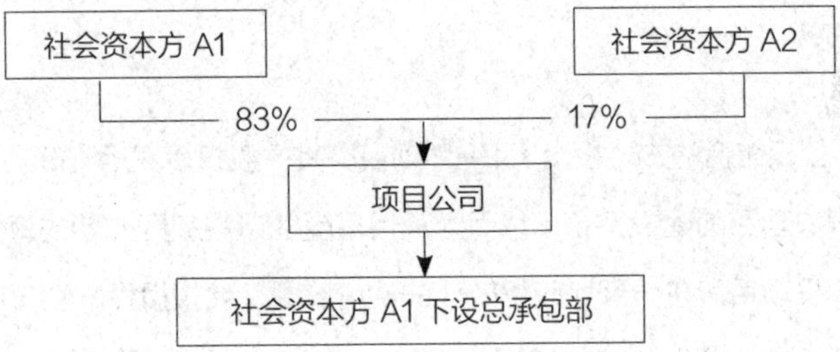

图 9-1　一般情况下的报表合并

项目公司由两个投资方分别享有能够单方面主导被投资方不同相关活动的现时权利，能够主导对被投资方回报产生重大影响活动一方拥有对被投资方的权利。在以上事例中，基建企业社会资本方 A1 占有项目公司 83% 的股份，具有决策权，构成控制和重大影响。项目公司由社会资本方 A1 主导组建，社会资本方 A2 作为参股方，形成参股。社会资本方 A1 承担全部管理职能，包括项目公司下设的总承包部为社会资本方 A1 直属项目部。社会资本方 A1 从项目公司取得建造服务的对价，并从项目公司收取基建服务的对价计入可变回报。由此，项目公司报表应并入社会资本方 A1。

（二）基金参与下的报表合并

以下将以双普通合伙人架构示例，阐述引进融资情况下的报表合并原则（图 9-2）。

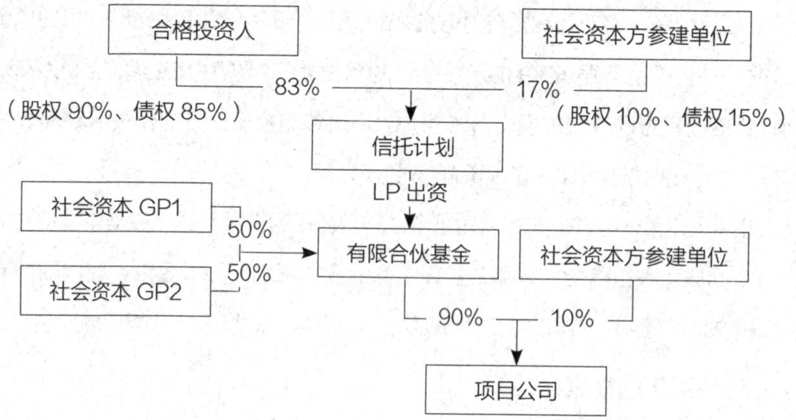

图 9-2　基金参与下的报表合并

1. 融资情况概述

基金以股权、债权结合的方式投资于 PPP 项目，其中股权投资用于解决项目资本金，债权投资主要用于解决项目的建设资金，从而为项目覆盖建设期和回购期的资金安排。基金的投资收益来源于被投项目股东分红、股权转让的溢价收益、债权投资的利息收益、基金有限合伙转让或其他可能的合法投资收益。基金有限合伙 LP 不在合伙企业层面收取管理费，基金的收益分配在支付普通合伙人管理费及合伙协议列示的其他费用及相关税费后，收益在 LP 之间进行分配。

2. 合并报表分析

1）社会资本方是否合并基金

PPP 基金是双 GP 架构 ，即由两个 GP 共同承担全部管理职能，包括项目投资的回收方式等均需经过两个 GP 的一致同意。该安排主要目的是为了让两个 GP 平均分配权利，都达不到合并 PPP 基金的目的。基金设立的目的是为项目提供建造服务的投资，在这种情况下，双 GP 对权力的分享不具有商业实质，因此，GP1、GP2 都不应当合并 PPP 基金。

2）社会资本方是否合并项目公司

PPP 基金以股债结合的方式投资于项目公司，其中，股权以增资入股的方式进入，PPP

基金持有项目公司 90% 的股权，社会资本方参建单位认购股权占有项目公司 10% 股权。债权的认购比例基金合伙出资 85%，社会资本方参建股东单位认购出资 15%（不作为劣后级）。社会资本参建单位的母公司不对项目的融资提供任何增信。

由此，项目公司股东方 PPP 基金仅承担融资职能，不构成实际管理，另一方股东参建单位虽承担项目建设管理职能，但对项目公司占比较小，不构成实质控制权，社会资本方不作为劣后级、不对项目的融资提供任何增信，因此项目公司应单独核算，报表不合并。以上项目公司采用引入基金、股权 + 债权的融资模式，放大了资金杠杆，实现了项目公司和 PPP 基金的双出表。

3）社会资本方是否合并项目公司的风险分析

PPP 基金是双 GP 架构，虽然从项目公司层面看，其股东为持股 90% 的基金与持股 10% 的社会资本方，故社会资本方不合并项目公司。但有限合伙基金为特殊目的实体，故判断是否合并项目公司，主要看其融资环节社会资本方是否承担劣后增信、是否有固定收益承诺及是否有固定收益的回购承诺等。由于示例整体架构出于为项目公司融资目的而引入机构投资者，如果社会资本方认购劣后级出资，并且社会资本方作为总承包商参与了项目的施工任务，获取了施工收益，认购劣后级份额的存在，将加大了社会资本方合并项目公司报表的风险。

同时，若借用双 GP 思路，社会资本方中引入除总承包商之外的另一家实体公司共同承担劣后级出资份额，将大大降低社会资本方中总承包商合并项目公司的风险。

第十章 日常税务事项

一、备案事项

社会资本方、项目公司在申请相应的税收返还、税收减免时，需要结合自身具体情况与当地有关部门进行充分的沟通，并争取获得相关书面协议和政府的支持性文件。

（一）税收优惠备案事项

1. 增值税优惠备案

根据《财政部 国家税务总局关于印发〈资源综合利用产品和劳务增值税优惠目录〉的通知》（财税〔2015〕78 号）的相关规定，涉及污水处理、垃圾处理、电力等与资源综合利用和环境保护相关的 PPP 项目，可以享受增值税即征即退等优惠政策。

具体综合利用的资源名称、综合利用产品和劳务名称、技术标准和相关条件、退税比例等按照《资源综合利用产品和劳务增值税优惠目录》（以下简称《目录》）的相关规定执行 。纳税人在办理退税事宜时，应向主管税务机关提供其符合本条规定的上述条件以及《目录》规定的技术标准和相关条件的书面声明材料，未提供书面声明材料或者出具虚假材料的，税务机关不得给予退税。

2. 企业所得税优惠备案

根据国家税务总局发布的《企业所得税优惠政策事项办理办法》（国家税务总局公告 2015 年第 76 号）的相关规定，企业应当自行判断其是否符合税收优惠政策规定的条件，凡享受企业所得税优惠的，应当向税务机关履行备案手续，妥善保管留存备查资料，企业应当不迟于年度汇算清缴纳税申报时备案，并真实、完整填报“企业所得税优惠事项备案表”，对需要附送相关纸质资料的，应当一并报送。企业可以到税务机关备案，也可以采取网络方式备案，需要附送相关纸质资料的企业，应当到税务机关备案。

1）西部大开发税收优惠备案

根据《国家税务总局关于深入实施西部大开发战略有关企业所得税问题的公告》（国家税务总局公告 2012 年第 12 号），企业应当在年度汇算清缴前向主管税务机关提出书面申请并附送相关资料。第一年须报主管税务机关审核确认，第二年及以后年度实行备案管理。各省、自治区、直辖市和计划单列市税务机关可结合本地实际制定具体审核、备案管理办法，并报国家税务总局（所得税司）备案。

企业主营业务属于《西部地区鼓励类产业目录》范围的，经主管税务机关确认，可按照15% 税率预缴企业所得税。年度汇算清缴时，其当年度主营业务收入占企业总收入的比例达不到规定标准的，应按税法规定的税率计算申报并进行汇算清缴。

2）公共基础设施“三免三减半”税收优惠备案

PPP 特许经营中的公共污水处理、公共垃圾处理、港口码头、机场、铁路、公路、城市公共交通、电力、水利等项目，可以享受企业所得税三免三减半的税收优惠。

根据《国家税务总局关于实施国家重点扶持的公共基础设施项目企业所得税优惠问题的通知》（国税发〔2009〕80 号）“七、从事《公共基础设施项目企业所得税优惠目录》范围项目投资的居民企业应于从该项目取得的第一笔生产经营收入后 15 日内向主管税务机关备案并报送如下材料后，方可享受有关企业所得税优惠：（一）有关部门批准该项目文件复印件；（二）该项目完工验收报告复印件；（三）该项目投资额验资报告复印件；（四）税务机关要求提供的其他资料。八、企业因生产经营发生变化或因《公共基础设施项目企业所得税优惠目录》调整，不再符合本办法规定减免税条件的，企业应当自发生变化起 15 日内向主管税务机关提交书面报告并停止享受优惠，依法缴纳企业所得税。”

3）专用设备投资额抵免所得税备案

《财政部 税务总局 国家发展改革委 工业和信息化部 环境保护部关于印发节能节水和环境保护专用设备企业所得税优惠目录（2017 年版）的通知》（财税〔2017〕71 号）规定，应填列“购置专用设备投资抵免企业所得税备案报告表”，在纳税人办理购置专用设备投资抵免企业所得税备案时使用，在企业所得税汇算清缴前报备。

（二）其他涉税备案事项

1. 项目公司简易征收备案

营改增实施后，一般纳税人项目公司如选择简易征收，需填列《增值税一般纳税人选择简易办法征收备案表》，如高速公路项目选择简易征收按 3% 税率缴纳增值税，需在备案事项中勾画“其他：公路经营企业中一般纳税人收取试点前开工的高速公路的车辆通行费，可以选择适用简易计税方法，减按 3% 的征收率计算应纳税额”，报备通过后，方可适用简易征收。

2. 资产损失备案

依据《国家税务总局关于发布〈企业资产损失所得税税前扣除管理办法〉的公告》（国家税务总局公告 2011 年第 25 号），企业资产损失税前扣除的相关证据包括具有法律效力的外部证据（如司法机关、行政机关、专业技术鉴定部门等依法出具的与资产损失相关的具有法律效力的书面文件）及特定事情的内部证据（即会计核算资料、原始凭证、相关经济行为的业务合同），项目公司在建设及运营期间发生的资产损失，应提供并保存相关的资产损失证据，在企业所得税年度申报前，提前备案，据以扣除。

二、文档管理

PPP 项目作为一种引导民间资本参与基础设施领域发展的有效方式，具有多要素性、多层次性、动态性、和开放性等复杂性特征。目前，国内 PPP 相关领域缺乏一套完善、科学、合理的法律制度来规范其健康运行和发展，PPP 模式存在一些潜在风险，其档案管理就显得尤为重要。

（一）涉税业务资料档案管理

PPP 项目公司在前期谈判期间，与政府部门、税务机关、银行等外部机构谈判的事项繁琐，应将谈判完成后的谈判资料进行分类管理。

业务谈判资料管理：项目立项、筹备前期，针对项目的合作范围、项目的合作期限、项目用地、建设及融资、项目运营与维护、项目付费机制等特许经营权经营协议、可行性研究报告、发改委批复文件，尤其是特许经营权经营协议中含有政府承诺与保证条款的，项目公司应妥善留存并分类保管上述资料，便于在合作期限内在合同规定的范围内进行工作安排，直至项目移交。

（二）涉税财务资料档案管理

项目公司财务人员应根据合同约定、公司章程及股份公司相关会计制度规章，建立健全公司财务管理制度和内部控制制度，采用适用的会计政策和核算方法，建立核算账套，并做好税务、银行等外部机构对接和财务资料档案管理工作。

1. 关联交易财务档案

PPP 项目中会存在大量的关联交易，如项目公司与股东之间的借款合同、设计合同、建造合同、购销合同、运营合同等。关联交易应符合独立交易原则，如果不符合独立交易原则，税务机关有权对关联交易进行调整。项目公司应按规定期限报送《关联关系申报表》，并准备相关资料。

2. 代扣代缴税务资料档案

纳税人未按照税法规定缴纳税款，扣缴义务未按照税法规定代扣代缴税款，主管税务机关对纳税人、扣缴义务人可以按照征管法的规定追究相关的法律责任。

1）企业所得税代扣代缴

特许经营项目中可能存在大量的非居民税收，境内项目公司支付给境外的利息、股息、特许经营权使用费、设计费、咨询费等，境内的项目公司需要代扣非居民企业的预提所得税，相关缴税文件及合同等要做好留存，以备税务机关查验。

2）个人所得税代扣代缴

《国家税务总局关于建筑安装业跨省异地工程作业人员个人所得税征收管理问题的公告》（国家税务总局公告 2015 年第 52 号）规定："总承包企业、分承包企业派驻跨省异地工程项目的管理人员、技术人员和其他工作人员在异地工作期间的工资、薪金所得个人所得税，由总承包企业、分承包企业依法代扣代缴并向工程作业所在地税务机关申报缴纳。跨省异地施工单位应就其所支付的工程作业人员工资、薪金所得，向工程作业所在地税务机关办理全员全额扣缴明细申报。凡实行全员全额扣缴明细申报的，工程作业所在地税务机关不得核定征收个人所得税。"

总承包方、分包方应妥善保管异地工作人员的申报明细资料，以备查验，按照规定定期进行纳税申报等管理工作。

3. 地方政府优惠文件保管

投资部门、财务部门须与地方政府申请地方财政优惠和政府补助等优惠进行谈判，主动权是在企业设立的前期，在向地方提交设立申请资料前，应就有关优惠事项与地方政府进行沟通；而且地方政府给予的优惠应以备忘录书面形式保留下来并在企业设立后提交新企业财务部门留存。

（三）档案移交管理

通常情况下，在项目合作期限届满后，项目公司会将项目设施完好地、无偿地移交给项目实施机构或政府指定部门。起草合同移交条款时，首先应当根据项目的具体情况明确项目移交的范围，以免因移交范围不明确造成争议。一般移交的范围应包括以下资料：

（1）移交项目设施；

（2）移交与项目设施有关的机器、设备、装置、零部件、备品备件及其他动产；

（3）移交土地使用权及项目用地相关的权利；

（4）移交项目相关的图纸、手册等文件资料；

（5）移交项目所需的其他权利、文件等。

社会资本方与项目公司应当将资产清单移交项目实施机构或政府指定的其他机构，办妥法律过户和管理权移交手续。

第十一章　地下综合管廊 PPP 项目税务管理实务

城市地下综合管廊基于我国正处在城镇化快速发展、地下基础设施建设相对滞后的大背景下被政府推出，而采用 PPP 模式来建设和运营地下综合管廊被视为该等项目投融资方式的一种创新机制。因此，在国家主推地下综合管廊 PPP 项目的热潮下，特别是社会资本方作为项目投资人应当重点关注当下我国地下综合管廊的现行政策规定以及实操层面的操作要点，做好地下综合管廊项目投资前的知识储备。

一、现行政策

地下综合管廊是指在城市地下用于集中敷设电力、通信、广播电视、给水、排水、热力、燃气等市政管线的公共隧道。我国正处在城镇化快速发展时期，地下基础设施建设滞后。推进城市地下综合管廊建设，统筹各类市政管线规划、建设和管理，有利于解决反复开挖路面、架空线网密集、管线事故频发问题，有利于保障城市安全、完善城市功能、美化城市景观、促进城市集约高效和转型发展，有利于提高城市综合承载能力和城镇化发展质量，有利于增加公共产品有效投资、拉动社会资本投入、打造经济发展新动力。

2013 年 9 月，中央政府以《国务院关于加强城市基础设施建设的意见》（国发〔2013〕36 号）作为开端，明确了加大城市管网建设和改造力度的目标，并逐步开展城市地下综合管廊试点工作。2013 年以来，国务院及其各部门又陆续出台一系列政策，开始通过政策和制度推动国内地下综合管廊的投资建设，地下综合管廊由于一次性建设成本昂贵、旧城区改造代价大、统一管理难度较大以及政策、法律性支持力度不够等原因而限制了其在国内的推广和应用，但目前随着国家相关政策及规范的出台和完善，为综合管廊的不断发展提供了良好的基础。

目前与城市地下综合管廊项目建设、运营及融资相关的政策法规，明细见表 11-1。

表 11-1　关于综合管廊项目政策法规汇总

序号	文件名称	文件编号
1	《中华人民共和国物权法》	（第十届）主席令第 62 号
2	《中华人民共和国人民防空法》	（第八届）主席令第 78 号
3	《中华人民共和国城乡规划法》	（第十届）主席令第 74 号
4	《国务院办公厅关于推进城市地下综合管廊建设的指导意见》	国办发〔2015〕61 号
5	《国务院办公厅关于加强城市地下管线建设管理的指导意见》	国办发〔2014〕27 号
6	《国务院关于加强城市基础设施建设的意见》	国发〔2013〕36 号
7	《国家发展改革委 住房和城乡建设部关于城市地下综合管廊实行有偿使用制度的指导意见》	发改价格〔2015〕2754 号
8	《住房和城乡建设部城市建设司关于做好城市地下综合管廊建设项目信息上报工作的通知》	建城市函〔2015〕234 号
9	《住房和城乡建设部关于印发〈城市综合管廊工程投资估算指标〉（试行）的通知》	建标〔2015〕85 号
10	《住房和城乡建设部关于印发〈城市地下综合管廊工程规划编制指引〉的通知》	建城〔2015〕70 号
11	《国家发展改革委办公厅关于〈印发城市地下综合管廊建设专项债券发行指引〉的通知》	发改办财金〔2015〕755 号
12	《关于组织申报 2015 年地下综合管廊试点城市的通知》	—
13	《财政部 住房和城乡建设部关于开展中央财政支持地下综合管廊试点工作的通知》	财建〔2014〕839 号
14	《珠海经济特区地下综合管廊管理条例》	珠海市人民代表大会常务委员会公告〔（第八届）第 29 号〕
15	《厦门市城市综合管廊管理办法》	厦门市人民政府令〔2011〕143 号
16	《石家庄市人民政府办公厅关于印发石家庄市推进城市地下综合管廊建设实施意见的通知》	石政办函〔2015〕157 号
17	《上海市人民政府办公厅印发关于推进本市地下综合管廊建设若干意见的通知》	沪府办〔2015〕122 号
18	《山东省人民政府办公厅关于贯彻国办发〔2015〕61 号文件推进城市地下综合管廊建设的实施意见》	国办发〔2015〕61 号
19	《四川省人民政府办公厅关于全面开展城市地下综合管廊建设工作的实施意见》	川办发〔2015〕99 号
20	《辽宁省人民政府办公厅关于推进城市地下综合管廊建设的实施意见》	辽政办发〔2015〕97 号
21	《江西省人民政府办公厅关于推进城市地下综合管廊建设的实施意见》	赣府厅发〔2015〕61 号
22	《河北省人民政府办公厅关于推进城市地下综合管廊建设的实施意见》	冀政办发〔2015〕35 号
23	《安徽省人民政府办公厅关于加快推进地下综合管廊建设的通知》	皖政办秘〔2015〕194 号

续表 11-1

序号	文件名称	文件编号
24	《山西省人民政府办公厅关于推进城市地下综合管廊建设的实施意见》	晋政办发〔2015〕108 号
25	《甘肃省人民政府办公厅关于加快推进全省城市地下综合管廊建设的实施意见》	甘政办发〔2015〕139 号
26	《湖南省人民政府办公厅关于加快推进城市地下综合管廊建设的实施意见》	湘政办发〔2016〕44 号
27	《吉林省人民政府关于加快推进全省城市地下综合管廊建设的实施意见》	吉政发〔2015〕38 号
28	《厦门市人民政府关于印发加快地下综合管廊试点项目建设实施意见的通知》	厦府〔2015〕197 号
29	《桂林市人民政府办公室关于印发桂林市城市地下综合管廊试点城市建设项目实施方案的通知》	市政办〔2015〕5 号
30	《呼和浩特市人民政府办公厅关于印发〈呼和浩特市城市规划区地下综合管廊管理暂行办法〉的通知》	呼政办字〔2015〕11 号
31	《开封市人民政府办公室关于印发〈开封市城市综合管廊管理办法〉的通知》	汴政办〔2015〕14 号
32	《河北省住房和城乡建设厅关于加快推进城市地下综合管廊建设工作的通知》	冀建城〔2012〕88 号

二、实践案例：地下综合管廊及配套基础设施 PPP 项目

（一）项目基本情况

某地下综合管廊及配套基础设施 PPP 项目主要建设内容为道路、通道、综合管廊、给水、雨水、污水、泵站、照明、交通安全及管理设施、景观绿化、无障碍设施、公交站台等附属工程以及围堰土方回填工程。本项目计划合作期为 15 年，其中建设期为 2 年。

该项目 PPP 合同约定：政府方认缴的注册资本中含财政专项建设基金 5000 万元，该基金为国家用于本项目地下综合管廊的专项建设资金。在项目建设期内，管廊专项建设资金到位后，可合理调整本项目投融资结构。项目公司成立后，若本项目再次申请到的专项建设基金或获得的中央财政补助，经市政府授权，政府方可将再次申请到的专项建设基金或获得的中央财政补助用于增加政府方对项目公司的持股比例或增加政府方的注册资本金。

该项目 PPP 合同约定：

（1）该项目涉及用地，项目公司通过无偿划拨方式取得土地使用权，合同期满或终止时，项目公司应将项目用地无偿移交给政府方并办理土地使用权变更手续。

（2）在合作期内，项目设施的所有权及土地使用权归项目公司。

（3）项目公司负责进行前期已办理项目审批手续的变更及办理项目后续各项审批手续，

并支付相应费用。合同期满，将项目资产无偿移交给政府方或其指定机构。

（4）移交相关资产过户和合同转让等手续由项目公司责任办理，所产生的税费均由项目公司承担。

（二）运作模式

本项目采取“投资、建设和运营维护一体化 + 入廊管线单位付费 + 政府补贴”的运作方式，通过公开招标方式实现一次性招标。由市管廊公司与中标社会资本方共同出资组建项目公司。项目公司负责项目设施的投融资、建设、运营维护及移交工作，并自行承担费用、责任和风险。在合作期内，项目公司收取入廊使用费和日常维护费、获得财政补贴；合作期满后，项目公司应将本项目相关设施的所有权、使用权无偿、完好、无债务、不设定担保地移交给市住建局或其指定机构。

（三）回报机制

由于本项目属于投资较大、公益性较强、使用者付费相对不足的准经营性项目，因此本项目的回报机制属于“入廊管线单位付费 + 政府补贴”方式，即项目公司在 13 年运营期内的收入主要为入廊使用费、日常维护费和财政补贴。市住建局协助项目公司根据相关收费政策对入廊管线单位使用地下综合管廊进行收费（包括入廊使用费和日常维护费），市财政局根据项目设施使用的绩效考核情况分期向项目公司支付财政补贴。

1. 入廊费的收取和支付

入廊使用费为入廊管线单位向项目公司支付的管线使用地下综合管廊空间的一次性费用，收取的入廊使用费可抵扣总投资。

2. 日常维护费的收取和支付

在本项目运营期内，市住建局协助项目公司根据相关收费规定对入廊管线单位使用地下综合管廊按年进行收费。

3. 政府财政补贴的确定

进入运营期后，本项目将采取绩效考核。由市住建局制定相应项目设施运营维护标准〔所依据的规范包含但不限于：《城市综合管廊工程技术规范》（GB 50838—2015）、《公路养护技术规范》（JTG H10—2009）、《公路隧道技术养护规范》（JTGH 12—2015）〕绩效考核打分办法，进行日常监管考核，并根据绩效考核情况及合同约定按期核算绩效考核评分后报市财政局，市财政局根据如下公式计算，并按季支付。

$$第N年每季度财政补贴=\frac{1}{4}\times\{(全部建设成本—专项建设资金—入廊费)\times\frac{(1+合理利润率)\times(1+年度折现率)^n}{运营年限}+运营成本\times(1+合理利润率)\times\frac{绩效考核得分}{100}—日常维护费收入\}$$

注：n 表示从项目运营期开始计算的折现年数（n=1，2，3……13），运营期第一年 n 取 1，依次类推。

三、地下综合管廊 PPP 项目税务处理要点

（一）项目公司税目税率的选定、总承包方计税方法的选择

在项目总投资额既定的前提下，项目公司增值税进项税率、销项税率影响项目公司盈利水平及现金流量，选择合适的税率对项目公司极其重要。依据项目公司运营模式、付费机制及企业会计准则，项目公司未来收益属于固定收益模式，应选择金融资产模式核算。项目公司未来现金流入的主要构成为项目建设成本补偿及其利息，通过测算分析结果与税务机关谈判确定项目公司收益的税目税率。由于参建单位既作为总承包建设项目，又作为项目公司的股东管理项目，所以应该站在“项目公司 + 总承包方”整体收益的角度测算分析，以此判断总承包方的计税方法。

（二）专项建设基金进入项目公司的方式

1. 涉税事项

该项目约定政府方认缴的注册资本中的建设基金 5000 万元，为国家用于本项目地下综合管廊的专项建设资金。在项目建设期内，中央财政补助资金到位后，可合理调整本项目投融资结构。项目公司成立后，若本项目再次申请到的专项建设基金或获得的中央财政补助，经市政府授权，政府方可将再次申请到的专项建设基金或获得的中央财政补助用于增加政府方对项目公司的持股比例或增加政府方的注册资本金。

而约定的运营期财政补贴的计算公式：

$$第N年财政补贴=(全部建设成本—专项建设资金—入廊费)\times\frac{(1+合理利润率)\times(1+年度折现率)^n}{运营年限}+运营成本\times(1+合理利润率)—日常维护费收入$$

注：n 表示从项目运营期开始计算的折现年数（n=1，2，3……13），运营期第一年 n 取 1，依次类推。

2. 操作要点

中央财政补助资金 5000 万元作为注册资本金注入项目公司，而非作为政府补贴计入项目公司收入，会导致项目公司收到的财政补助（运营期收入）减少 5000 万元，造成项目公司利润减少甚至整个项目亏损。

因此，我们建议在 PPP 补充协议中明确如下内容：

（1）项目公司增资时，管廊公司和社会资本方同比例注资，避免股权被稀释。

（2）中央财政补助资金不作为管廊公司对项目公司的注册资本金，而应作为财政补助。若本项目再次申请到的专项建设基金或获得的中央财政补助不用于增加甲方对项目公司的持股比例或增加政府方的注册资本金，即中央财政补助资金到位后，不调整本项目投融资结构。

（3）如果无法改变专项建设资金以注册资本金方式注入项目公司，则应在政府缺口性补贴的计算公式中做出限制性约定，要求 PPP 合同中运营期财政补贴的计算公式中的“专项建设资金”，不包含已计入政府方注册资本金部分的专项建设资金。即如果管廊公司将专项建设资金作为注册资本金，则该公式中不得减去专项建设基金，如果管廊公司将专项建设资金作为财政补贴，为缺口补助的一部分，则该公式中可以减去专项建设基金。

（三）项目立项、“四证”等法律手续转移到项目公司

1. 涉税事项

PPP 合同约定：

（1）该项目涉及用地，项目公司通过无偿划拨方式取得土地使用权，合同期满或终止时，项目公司应将项目用地无偿移交给政府方并办理土地使用权变更手续。

（2）在合作期内，项目设施的所有权及土地使用权归项目公司。

（3）项目公司负责进行前期已办理项目审批手续的变更及办理项目后续各项审批手续，并支付相应费用。合同期满，将项目资产无偿移交给政府方或其指定机构。

（4）移交相关资产过户和合同转让等手续由乙方责任办理，所产生的税费均由项目公司承担。

项目前期，项目以政府平台公司名义立项，前期手续、土地都是政府平台公司名义，与项目相关的建设施工许可证、建设用地许可证、工程规划许可证、土地使用权证暂未变更到项目公司名下。

2. 操作要点

如果将立项、四证等法律手续转移到项目公司名下，则项目公司将实际拥有资产的所有权，税务机关认定政府缺口补助为不动产租赁收入的理由会更充分，而会导致项目公司在运营期间和移交阶段产生巨额税费，例如：

（1）由于目前土地使用权已办理到政府平台公司名下，项目公司接收该土地时，如果从政府平台公司直接变更到项目公司名下，企业之间土地使用权划转，承受人需要按 3% 的税率计算缴纳契税。

（2）项目公司在运营期间管廊的租赁行为可能需要按租金乘以 12% 的税率缴纳房产税，按土地使用权证确认的土地面积和当地适用税额标准减半计算缴纳土地使用税。

（3）项目公司在资产移交阶段需缴纳土地增值税、增值税，且涉税金额巨大，会对项目公司的利润、现金流、税负带来严重的影响。

因此，我们建议尽量不要将与项目相关的立项手续、建设施工许可证、建设用地许可证、工程规划许可证、土地使用权证变更到项目公司名下。

（四）税收优惠政策申请

1. 涉税事项

项目公司初步判断本公司符合享受西部大开发、公共设施基础建设企业所得税优惠政策，尚未办理税收优惠备案手续。

2. 操作要点

目前的税收政策中，关于管廊建设业务尚缺少适用西部大开发税收优惠政策和公共基础设施三免三减半税收优惠政策的明确规定，具体情况如下：

（1）管廊建设在可享受西部大开发优惠政策的《产业结构调整指导目录（2011 年本）》（2013 年修正）里无法找到完全匹配的项目，与管廊建设相近的项目为该目录里"第二十二、城市基础设施 8. 城镇地下管道共同沟建设"。

（2）《公共基础设施项目企业所得税优惠目录》里也无与管廊项目完全匹配的项目。

因此，在税收政策不是很明确的情况下，我们建议尽快与主管税务机关沟通，确认管廊建设是否属于西部地区鼓励类产业目录、公共基础设施项目企业所得税优惠目录。

操作提示：西部大开发享受税收优惠的时间是 2011 年 1 月 1 日至 2020 年 12 月 31 日。如果项目公司正式投产运营预计在 2020 年时，刚好处于本政策到期之时，需密切关注财政部、国家税务总局是否会发布延续该项优惠政策的新文件。

第十二章　保障房项目税务管理实务

大规模推进保障性安居工程建设，是党中央、国务院为推动科学发展、加快转变经济发展方式、保障和改善民生采取的重大举措。2010 年国务院颁布的《国务院关于鼓励和引导民间投资健康发展的若干意见》（简称《意见》），进一步明确和细化了“非公经济 36 条”。该《意见》第三部分第十二条规定，“鼓励民间资本参与政策性住房建设。支持和引导民间资本投资建设经济适用住房、公共租赁住房等政策性住房，参与棚户区改造，享受相应的政策性住房建设政策。”这为民间资本参与保障房建设、为 PPP 模式在保障房建设中的应用提供了政策支持。党的十八届三中全会《中共中央关于全面深化改革若干重大问题的决定》特别强调发挥市场在资源配置中的决定性作用，鼓励社会资本参与城市基础设施建设和管理。这些有利于民间资本投资的政策对于吸引民间资本积极参与保障房建设十分重要。

PPP 模式作为一种公私合作、实现“双赢”或“多赢”的运营机制，早在 20 世纪 80 年代就在世界范围内得到了快速发展并积累了诸多经验。20 世纪 90 年代至今，我国应用 PPP 模式的领域也在逐渐扩大，在高速公路、地铁、水务等基础设施和公用事业都有很多成功案例。在保障房领域，也出现了河南省焦作市棚户区改造工程等成功应用 PPP 模式的试点和先例。这些都为保障房 PPP 模式提供了宝贵经验，奠定了运作基础。

一、现行政策

为贯彻落实党中央、国务院的决策部署，全面推进保障性安居工程建设，进一步加强和规范保障性住房管理，加快解决中低收入家庭住房困难，促进实现住有所居目标。国务院于 2011 年 9 月 29 日发布的《国务院办公厅关于保障性安居工程建设和管理的指导意见》（国办发〔2011〕45 号）中提出，要适应工业化、城镇化快速发展的要求，深入贯彻落实科学发展观，把住房保障作为政府公共服务的重要内容，建立健全中国特色的城镇住房保障体系，合理确定住房保障范围、保障方式和保障标准，完善住房保障支持政策，逐步形成可持续的保障性安居工程投资、建设、运营和管理机制。

2012 年 6 月住房和城乡建设部、国家发展和改革委员会、财政部、国土资源部联合国家税务总局、中国人民银行、中国银行业监督管理委员会共同颁发《关于鼓励民间资本参与保障性安居工程建设有关问题的通知》（建保〔2012〕91号），要求用多种方式引导民间资本参与保障性安居工程建设，鼓励和引导民间资本根据市、县保障性安居工程建设规划和年度计划，通过直接投资、间接投资、参股、委托代建等多种方式参与廉租住房、公共租赁住房、经济适用住房、限价商品住房和棚户区改造住房等保障性安居工程建设，按规定或合同约定的租金标准、价格面向政府核定的保障对象出租、出售。对于民间资本参与保障性安居工程建设的，可享受政策支持。例如：对实行公司化运作并符合贷款条件的项目，银行业金融机构依据《关于认真做好公共租赁住房等保障性安居工程金融服务工作的通知》（银发〔2011〕193号）的有关规定，按照风险可控、商业可持续原则给予积极支持；可以在政府核定的保障性安居工程建设投资额度内，通过发行企业债券进行项目融资；符合财政部、国家税务总局《关于廉租住房经济适用住房和住房租赁有关税收政策的通知》（财税〔2008〕24号）、《关于城市和国有工矿棚户区改造项目有关税收优惠政策的通知》（财税〔2010〕42号）和《关于支持公共租赁住房建设和运营有关税收优惠政策的通知》（财税〔2010〕88号）规定的，可以享受有关税收优惠政策。同时，按规定免收行政事业性收费和政府性基金；用地上适用国家规定的保障性安居工程土地供应和开发利用政策。

二、实践案例：安置房建设项目

（一）项目基本情况

某安置房建设项目包括：总建筑面积约96万平方米，项目总投资金额25亿元。项目建设期22个月，回购期2年。项目由参建单位与信托公司组成联合体作为社会投资人中标。该项目用地从土地储备中心以无偿划拨方式取得，待项目建设完成后再无偿移交给政府。建设期满后进行资产移交，项目公司将资产无偿移交给政府，项目公司不拥有资产所有权，资产移交后，项目公司按清算程序注销。

参建单位与信托公司共同出资组建项目公司，由项目公司开展保障房项目工程的运营管理工作。项目公司的注册资本为20 100万元，股权比例为：参建单位出资100万元，占股0.5%；信托公司出资20 000万元，占股99.5%。信托公司承诺不参与未来资本金的分红。

（二）运作模式

该项目主要依靠“政府付费”回收投资成本，政府承担运营补贴支出责任。

（三）回报机制

该项目属于完全政府付费项目，不存在使用者付费及可行性缺口补助。项目公司收入的主要来源是政府支付的回购款，包括工程建设费、融资费、管理费和合理回报等收入。回购款分期收回，在项目建设完成当年收回 50%，在建设完成后的第一年收回 25%，在建设完成后第二年收回剩余 25%。合同约定在工程完工当年支付工程款 50%，完工一年内支付 25%，完工两年内支付剩余的 25%。

三、城市保障房 PPP 项目税务处理要点

（一）债资比超 2 ∶ 1 比例

关联企业之间发生借款交易，如果能够提供资料证明借款交易符合独立交易原则，或者借款方的企业所得税实际税负不高于关联贷款方的实际税负，不受债资比 2 ∶ 1 或 5 ∶ 1 的限制，借款方支付给关联贷款方的利息支出，允许在企业所得税前扣除；如果不能够提供资料证明符合上述条件的，借款方债资比超出比例部分对应的利息支出，不允许在企业所得税税前扣除。

信托公司既作为股东方又作为贷款方，实务操作中应关注债资比的问题，项目公司支付给信托公司的贷款利息超过债资比 5 ∶ 1 的部分，利息支出是不允许税前扣除的。

（二）项目公司无偿用地

该项目用地从土地储备中心以无偿划拨方式取得，项目公司拥有该土地使用权，合同约定待项目建设完成后再无偿移交给政府。

划拨方式取得的土地使用税不属于契税的征收范围。但在未来资产移交阶段，可能会被税务机关认为该土地属于项目公司的一项资产，移交阶段会涉及土地所有权的转让，需要缴纳土地增值税。建议项目公司与政府方进行充分谈判，未来在资产移交阶段以政府收回土地的方式将该项资产偿还给政府，并出具相关证明文件予以支撑，减少资产移交阶段整体税费，降低项目公司涉税风险。

（三）信托公司不参与分红

根据项目公司的股权结构，社会资本方直接投资项目公司，信托公司不参与未来资本金的分红。因此，在进行利润分配时，项目公司可直接将未分配利润分给其他股东。根据税法规定，符合条件的居民企业之间的股息、红利等权益性投资收益免征企业所得税。但社会资本方取得的超比例分红部分，不属于居民企业之间取得的股息红利免税的范围，应并入企业收入总额，按企业所得税法有关规定计算缴纳企业所得税，不按比例分红享受股息、红利免征企业所得税时应有合理的理由且在公司章程中明确约定。建议项目公司股东双方在公司章程中进行约定，明确利润分配的方式及比例，降低税务风险。

（四）项目公司税目税率的认定、总承包方计税方法的选择

依据项目公司运营模式、付费机制及企业会计准则，项目公司未来收益属于固定收益模式，应选择金融资产模式核算。项目公司未来现金流入的主要构成为项目建设成本补偿及其利息，通过测算分析结果与税务机关谈判确定项目公司收益的税目税率。由于参建单位既作为总承包建设项目，又作为项目公司的股东管理项目，所以应该站在“项目公司 + 总承包方”整体收益的角度测算分析，以此判断总承包方的计税方法。

（五）项目移交

根据双方签订的融资建设合同，建设期满到资产移交阶段，项目公司将资产无偿移交给政府，项目公司不拥有资产所有权，资产移交后，项目公司按清算程序注销。项目公司取得该项目建设权按金融资产核算，到期后项目公司无偿移交给政府，金融资产账面价值为零。因此项目公司无偿移交资产时不用计算缴纳增值税。

项目公司拥有该项目建设用地土地使用权，未来项目移交时税务机关认为该项土地属于项目公司的资产，土地及其地上附着物转让时按政策规定应缴纳土地增值税。项目公司清算后，应就清算所得或者（损失）计算缴纳企业所得税。

投资方企业从被清算企业分得的剩余资产，其中相当于从被清算企业累计未分配利润和累计盈余公积中应当分得的部分，应当确认为股息所得；剩余资产减除上述股息所得后的余额，超过或者低于投资成本的部分，应当确认为投资资产转让所得或者损失。项目公司资产移交后，应按照上述程序进行注销清算，并应当自清算结束之日起 15 日内，向主管税务机关报送企业清算所得税纳税申报表，结清税款。

（六）税收优惠

1. 税收优惠政策

目前，保障房项目可享受多个税种的优惠政策，了解项目的税收环境对项目至关重要。具体优惠如下：

1）土地增值税

（1）除保障性住房外，其余类型房地产应确定适当的预征率。

（2）企事业单位、社会团体以及其他组织转让旧房作为廉租住房、经济适用住房、改造安置住房房源且增值额未超过扣除项目金额 20% 的，免征土地增值税。

2）企业所得税

企业销售未完工开发的经济适用房、限价房和危改房的计税毛利率不得低于 3%。

3）土地使用税

对廉租住房、经济适用住房建设用地、改造安置住房建设用地以及廉租住房经营管理单位按照政府规定价格向规定保障对象出租的廉租住房用地，免征城镇土地使用税。

4）印花税

（1）对廉租住房、经济适用住房经营管理单位与廉租住房、经济适用住房相关的印花税，廉租住房承租人、经济适用住房购买人涉及的印花税予以免征。

（2）对改造安置住房经营管理单位、开发商与改造安置住房相关的印花税以及购买安置住房的个人涉及的印花税予以免征。

2. 操作提示

（1）明确享受优惠的房产范围：文件中的经济适用住房是指政府提供政策优惠，限定套型面积和销售价格，按照合理标准建设，面向城市低收入住房困难家庭供应，具有保障性质的政策性住房。其他用房尚未在文件中定义，需与税务机关确认是否属于税收优惠中的房屋类型。

（2）应划分清楚应税事项和免税事项，并向当地税务机关办理免税备案手续。

第十三章　市政道路 PPP 项目税务管理实务

城市的生存和发展依赖于促进各种社会活动建设的基础设施。基础设施中的交通设施通常又分为对外交通（如航空、铁路、公路）和对内交通（如城市道路、桥梁、轨道交通等）。《国务院关于加强城市基础设施建设的意见》（国发〔2013〕36 号）中明确要“加强市政公共设施和公共服务设施建设，增加基本公共服务供给”，并提出“优先发展城市公共交通”的要求。

一、现行政策

市政道路又可称为城市道路，国务院《城市道路管理条例》第二条规定，“城市道路是指城市供车辆、行人通行的，具备一定技术条件的道路、桥梁及其附属设施。”根据《公路工程技术标准》（JTGB 01—2003），公路按使用任务、功能和适应的交通量分为高速公路、一级公路、二级公路、三级公路、四级公路五个等级。

财政部、国家发改委等四部门与 2012 年 12 月联合发布《关于制止地方政府违法违规融资行为的通知》（财预〔2012〕463 号），“除法律和国务院另有规定外，地方各级政府及所属机关事业单位、社会团体等不得以委托单位建设并承担逐年回购（BT）责任等方式举借政府性债务。”财政部《关于推广运用政府和社会资本合作模式有关问题的通知》（财金〔2014〕76 号），“政府和社会资本合作模式的实质是政府购买服务”。针对政府主导提供且整个社会免费使用的公共产品，属于没有收费基础的非经营性基础设施和公共服务项目的，广泛采用 PPP 模式，其中公路及市政道路 PPP 项目相关的非财税政策见表 13-1。

表 13-1　公路及市政道路 PPP 项目相关的非财税政策汇总

序号	文件名称	文件编号
1	《收费公路管理条例》	中华人民共和国国务院令第 417 号
2	《国家发展改革委办公厅关于国家高速公路网新建政府和社会资本合作项目批复方式的通知》	发改办基础〔2016〕1818 号

续表 13-1

序号	文件名称	文件编号
3	《关于在收费公路领域推广运用政府和社会资本合作模式的实施意见》	财建〔2015〕111 号
4	《中华人民共和国土地管理法》	（第十届）主席令第 28 号
5	《国务院关于调整和完善固定资产投资项目资本金制度的通知》	国发〔2015〕51 号
6	《国务院关于发布政府核准的投资项目目录（2014 年本）的通知》	国发〔2014〕53 号
7	《国务院关于鼓励和引导民间投资健康发展的若干意见》	国发〔2010〕13 号
8	《国家发展改革委办公厅 交通运输部办公厅关于进一步做好收费公路政府和社会资本合作项目前期工作的通知》	发改办基础〔2016〕2851 号
9	《国家发展改革委 交通运输部印发〈关于推动交通提质增效提升供给服务能力的实施方案〉的通知》	发改基础〔2016〕1198 号
10	《国家发展改革委关于开展政府和社会资本合作的指导意见》	发改投资〔2014〕2724 号
11	《西部地区鼓励类产业目录》	中华人民共和国国家发展和改革委员会令第 15 号
12	《国家发展改革委关于发布首批基础设施等领域鼓励社会投资项目的通知》	发改基础〔2014〕981 号
13	《关于坚决制止地方以政府购买服务名义违法违规融资的通知》	财预〔2017〕87 号
14	《关于印发〈政府会计准则第 5 号——公共基础设施〉的通知》	财会〔2017〕11 号
15	《关于市政公用领域开展政府和社会资本合作项目推介工作的通知》	财建〔2015〕29 号
16	《关于规范政府和社会资本合作合同管理工作的通知》	财金〔2014〕156 号
17	《财政部 发展改革委 人民银行 银监会关于制止地方政府违法违规融资行为的通知》	财预〔2012〕463 号
18	《确定土地所有权和使用权的若干规定》	国家土地管理局〔1995〕国土〔籍〕字第 26 号
19	《交通运输部关于深化交通运输基础设施投融资改革的指导意见》	交财审发〔2015〕67 号

二、实践案例：城市道路 PPP 项目

（一）项目基本情况

四川省某道路建设，含路基工程、路面工程、桥梁工程、涵洞工程、交叉工程、交通工程及沿线设施建设等，包含城市道路和一级省道建设。建设投资估算总额 102 302 万元（不包括项目前期费、监理费、50% 的建设单位管理费），其中工程建设费估算 84 954 万元、征地拆迁费 17 348 万元。项目建设期 3 年，运营期 12 年（前 2 年为试运营）。

项目约定政府方向项目公司借款 5000 万元（不计利息），到账时间为发出中标通知书后 5 个工作日内。待签订投资协议并组建项目公司，项目公司向政府方支付征地拆迁款后，政府方按原渠道返还项目公司。政府承诺政府方负责确定项目建设内容、规模、目标等内容，负责项目土地使用权的取得、征地拆迁等工作，办理立项、规划等项目前期手续。政府方负责立项及本项目征地拆迁工作，项目公司支付征地拆迁费 17 348 万元给政府方。

本项目政府方出资代表在项目公司所占股权不参与分红、不承担亏损、不承担运维期的税费支出，在项目合作期结束项目公司进行清算时不享有收益权。

（二）运作模式

由政府平台公司与中标社会资本方合作成立项目公司，项目公司负责投资、建设、运营维护等工作。运营维护期满后，项目无偿移交政府平台公司。移交结束，项目公司予以清算。

项目拟采用 PPP 模式下的 BOT，即在项目合作期内政府拥有对应项目的土地使用权和资产所有权，并且由项目公司负责项目的投融资、建设。项目建成初步验收后按照现行政策标准及政府方绩效要求进行运营维护。项目公司在合作期满后予以清算，按照政府方制定的相关标准将项目公司存续期间提供公共服务所形成的资产、人员、文档和知识产权等无偿移交给政府，并保证项目设施完好、运营状况良好。

（三）回报机制

本项目采用完全政府付费机制，具体如下：

运营期内，项目公司收入来源于政府付费，包括可用性服务费和运维绩效服务费，政府付费总额不低于 15 亿元。

1. 可用性服务费：政府方在运营期按年支付可用性服务费

$$A_n = P_1 \times \frac{(1+i_1) \times (1+X)^{n-1}}{N} + P_2 \times \frac{(1+i_2) \times (1+X)^{n-1}}{N}$$

其中：P_1——表示工程建设期可用性服务费计算基数，包含建设工程费、预备费、建设期利息等项目建设项目投资。

最终合同签约价 P_1 中的建安费以财评价位最高限价，按联合体相应文件中对 P_1 的下浮比例同比调整。

备注：① 加上工程建设可用性服务费时扣除政府方资本金出资额。政府方不参与分红。② 建设期利息按同期中国人民银行 5 年期以上贷款基准利率计算。

P_2——表示政府产前可用性服务费计算基数，利率按 7% 测算（具体金额以资金实际到位时间分段计算），征地产前费本息合计作为政府产前可用性服务费计算基数（最终结算价以审计报告为准）。

建设总投资为审定后的建安费及建设期银行贷款利息之和并扣除政府方资本金出资额。

i_1——项目工程建设合理利润率，不低于 0（需磋商确定）。

X——年度折现率，固定为 6.05%。

i_2——征地拆迁合理利润率，固定为 7%。

n——运营期年限，本案中 n 为 1 ~ 12。

N——最大运营期年限，本案中 N 为 12。

2. 运维绩效服务费

政府方根据其设定的小修保养及大中修，安排测算出 12 年运营期运维绩效服务费总额为 1.23 亿元，该费用为非竞价项，由政府方按年支付。

政府同意通过人大决议将本项目政府付费纳入市年度财政预算及中长期财政规划。政府方负责征地拆迁工作，相关征迁费用由项目公司承担。

三、市政道路 PPP 项目税务处理要点

1. 专项借款

项目约定政府方向项目公司借款 5000 万元（不计利息），到账时间为发出中标通知书后 5 个工作日内。待签订投资协议并组建项目公司，项目公司向政府方支付征地拆迁款后，政府方按原渠道返还项目公司。在项目公司成立前，社会资本方提供无偿贷款给政府方。四川省有政策明确规定无偿借款给其他企业使用，不收取利息的企业需要视同销售按贷款服务缴纳增值税，利息收入按银行同期贷款利率计算。该无偿借款行为在项目公司筹建期视同销售处理，按照银行同期贷款利率计算利息收入缴纳增值税。

2. 征地拆迁费

政府承诺政府方负责确定项目建设内容、规模、目标等内容，负责项目土地使用权的取得、征地拆迁等工作，办理立项、规划等项目前期手续。政府方负责立项及本项目征地拆迁工作，项目公司支付征地拆迁费 2 亿元给政府方。项目公司取得何种发票，涉及增值税进项税额抵扣和可用性服务费中拆迁部分金额计算及开票问题。需参照本书“第二章第四节 PPP 项目收益涉税谈判分析与税务机关谈判”。

3. 股权及收益权

本项目政府方出资代表在项目公司所占股权不参与分红、不承担亏损、不承担运维期的税

费支出，在项目合作期结束项目公司进行清算时不享有收益权。中标社会资本方的权益按照同股同权考虑。《公司法》第三十五条规定，在全体股东约定的情况下，可以不按照出资比例分取红利，但不按比例分红享受股息、红利免征企业所得税时应有合理的理由且在公司章程中明确约定。

4. 用地注意事项

重新约定土地使用权权属问题，约定土地使用权归政府所有，在合作期内政府向项目公司无偿提供本项目建设用地，以满足工程施工及运营维护的需要，临时用地手续可以由项目公司办理，但相关费用约定计算进入建设成本。

如果涉及耕地占用，耕地占用税约定计入项目投资总额，由政府方承担。如果涉及临时占用耕地的，应当按照规定缴纳耕地占用税。纳税人在批准临时占用耕地的期限内恢复所占用耕地原状的，全额退还已经缴纳的耕地占用税。临时占用耕地缴纳的耕地占用税能否退回属于不确定性事项，应明确政府方原因、非政府方原因导致税款增加的责任。

5. 锁定期

锁定期是指限制社会资本方转让其所直接或间接持有的项目公司股权的期间。项目公司的股权应确保在本协议生效之日起至交工验收日后 *N* 年内（含），任何原始股东都不应转让其在项目公司中的全部或部分股权。自交工验收完成 *N* 年之后，经政府同意，项目公司的股东可以转让其在项目公司中的全部或部分股权，但受让方应满足本协议约定的技术能力、财务信用、运营经验等基本条件，并以书面形式明确承继原股东方在项目公司项下的权利及义务。由于锁定期的限制，退出需在进入运营期 *N* 年后。提前退出采用何种方式至关重要。

资产移交：项目公司采用无形资产方式核算的，按照转让无形资产缴纳增值税。金融资产核算方式下，按照财产转让缴纳增值税。转让财产所得，以收入全额减除财产净值后的余额为应纳税所得额。

股权转让：股权转让所得不缴纳增值税。转让股权收入扣除为取得该股权所发生的成本后，为股权转让所得。企业在计算股权转让所得时，不得扣除被投资企业未分配利润等股东留存收益中按该项股权所可能分配的金额。

6. 到期移交

移交费用在乙方履行合同约定的各项义务的前提下，政府方和项目公司分别负责各自因交付和移交而发生的税费和支出。运营维护期满后，项目无偿移交给政府指定机构。移交结束，项目公司予以清算注销。特许经营权到期后，金融资产模式下，项目公司已收到全部应收款项，金融资产余额为零。因项目资产的所有权不属于项目公司，项目公司无偿移交约定的实物资产给政府方，不属于销售行为，不用确认增值税和企业所得税收入。

如项目公司采用无形资产核算特许经营权且在特许经营期内摊销完毕，到期移交时无形资产净值为零。因项目资产的所有权不属于项目公司，项目公司无偿移交约定资产给政府方，不属于销售行为，不用确认增值税和企业所得税收入。

7. 项目公司税目税率的选定、总承包方计税方法的选择

项目公司增值税进项税率、销项税率影响项目公司盈利水平及现金流量，选择合适的税率对项目公司极其重要。依据项目公司运营模式、付费机制及企业会计准则，项目公司未来收益属于固定收益模式，应选择金融资产模式核算。项目公司未来现金流入的主要构成为项目建设成本补偿及其利息，通过测算分析结果与税务机关谈判确定项目公司收益的税目税率。由于参建单位既作为总承包建设项目，又作为项目公司的股东管理项目，所以应该站在“项目公司 + 总承包方”整体收益的角度测算分析，以此判断总承包方的计税方法。

8. 企业所得税优惠

《国家税务总局关于实施国家重点扶持的公共基础设施项目企业所得税优惠问题的通知》（国税发〔2009〕80 号）规定，由省级以上政府投资主管部门核准的一级以上的公路新建项目从取得收入之日起享受企业所得税三免三减半优惠。

《产业结构调整指导目录》（2011 年本）（修正）指出，城市公共交通建设、国省干线改造升级享受西部大开发 15% 优惠税率。

城市道路建设作为城市公共交通建设的基础设施可以享受西部大开发 15% 优惠税率；一级公路属于国省干线改造升级，可以同时享受西部大开发 15% 优惠税率及公共基础设施“三免三减半”政策优惠。由于两段工程享受的税收优惠政策不同，城市道路与一级公路分开核算，充分享受税收优惠带来的红利。

附录

附录一　PPP 模式、BT 模式税收政策

一、PPP 模式税收政策

1.《营改增政策执行口径　第二辑》（湖北国税）节选

“45. BOT 项目如何计算缴纳增值税的问题

BOT 即建设－经营－转让。主要指私营企业参与基础设施建设，向社会提供公共服务的一种方式。

我国一般称之为‘特许经营权’，是指政府部门就某个基础设施项目与私人企业（项目公司）签订特许经营权协议，授予签约方的私人企业（包括外国企业）来承担该项目的投资、融资、建设和维护，在协议规定的特许期限内，许可其融资建设和经营特定的公用基础设施，并准许其通过向用户收取费用或出售产品以清偿贷款，回收投资并赚取利润。政府对这一基础设施有监督权、调控权，特许期满，签约方的私人企业将该基础设施无偿或有偿移交给政府部门。

（1）以投融资人的名义立项建设（B），工程完工后经营（O）一段时间，再转让业主（T）的，在项目的各个阶段，按以下方法计税：

在建设阶段，投融资人建设期间发生的支出为取得该项目（一般为不动产）所有权的成本，所取得的进项税额可以抵扣。投融资人将建筑工程承包给其他施工企业的，该施工企业为建筑业增值税纳税人，按‘建筑业’税目征收增值税，其销售额为工程承包总额。

在经营阶段，投融资人对所取得的收入按照其销售的货物、服务适用的税率计税。

在转让阶段，就所取得收入按照‘销售不动产’税目征收增值税，其销售额为实际取得的全部回购价款（包括工程建设费用、融资费用、管理费用和合理回报等收入）。

（2）以项目业主的名义立项建设（B），工程完工后经营（O）一段时间，再交付业主（T）的，在项目的各个阶段，按以下方法计税：

在建设阶段，投融资人建设期间发生的支出为取得该项目（一般为不动产）经营权的成本，作为‘其他权益性无形资产——基础设施资产经营权’核算，所取得的进项税额可以抵扣。投融资人将建筑工程承包给其他施工企业的，该施工企业为建筑业增值税纳税人，按‘建筑业’税目征收增值税，其销售额为工程承包总额。

在经营阶段，投融资人对所取得的收入按照其销售的货物、服务适用的税率计税。

在交付阶段，就所取得收入按照‘销售无形资产’税目征收增值税，其销售额为实际取得的全部回购价款。”

2.《营改增问题快速处理机制　专期十七》（河南省）节选

“（1）BOT 是指政府部门就某个基础设施项目与私人企业（项目公司）签订特许经营权协议，授予签约方的私人企业（项目公司）来承担该项目的投资、融资、建设和维护，在协议规定的特许期限内，许可其融资建设和经营特定的公用基础设施，并准许其通过向用户收取费用或出售产品以清偿贷款，回收投资并赚取利润。政府对这一基础设施有监督权、调控权，特许期满，签约方的私人企业将该基础设施无偿或有偿移交给政府部门。

纳税人投资 BOT 项目，以项目建成后实际运营中取得的全部价款和价外费用，根据实际提供的服务项目所对应的征收率或者税率计算缴纳增值税。纳税人未分别准确核算各服务项目收入的，一律从高适用征收率或者税率。

（2）PPP 模式，从广义看是政府与社会资本合作，让非公共部门所掌握的资源参与提供公共产品和服务的一种项目融资模式。从狭义看，与 BOT 相比，政府对项目中后期建设管理运营过程参与更深。

BT、BOT、PPP 项目建成以后，纳税人为项目资产提供管理和维护等服务取得的全部价款和价外费用，分别准确核算各服务项目收入的，按照各服务项目所对应的征收率或者税率计算缴纳增值税。纳税人未分别准确核算各服务项目收入的，一律从高适用征收率或者税率。”

二、BT 模式税收政策

（一）BT 模式营业税税收政策

1.《广西壮族自治区地方税务局关于发布〈建筑业营业税管理办法（试行）〉的公告》（广西壮族自治区地方税务局公告［2010］第 8 号）节选

“第七条　BT 模式（建设－移交）是指一个项目的运作通过项目公司总承包，融资、建设验收合格后移交给业主，业主向投资方支付项目总投资加上合理回报的过程。对 BT 模式按以下规定办理：

（一）无论项目公司是否具备建筑总承包资质，对其应认定为建筑业总承包方，按‘建筑业’税目缴纳营业税。

（二）项目公司取得的回购价款，包括工程建设费用、融资费用、管理费用和合理回报等应税收入，应按‘建筑业’税目缴纳营业税。

项目公司将建筑工程分包给其他单位的，以其取得的上款所列应税收入，扣除其支付给其他单位的分包款后的余额为营业额缴纳营业税。”

2.《吉林省地方税务局关于“建设—移交”投融资建设模式税收政策的公告》（吉林省地方税务局公告［2010］第3号）节选

“一、对‘建设－移交’投融资建设模式中获取建设特许经营权的投资建设方，应认定为建筑工程总承包人，按‘建筑业’税目征收营业税。

二、对投资方将工程承包给其他施工企业的，按取得的回购价款减除支付给施工企业的工程款后的余额征收建筑业营业税。

回购价款包括工程建设费用、融资费用、管理费用和合理回报等收入。

三、投资方按发票管理相关规定领购、开具建筑业统一发票。”

3.《河北省地方税务局关于“建设—移交”模式有关营业税问题的公告》（河北省地方税务局公告［2011］第2号）节选

“纳税人采用‘建设－移交’模式从事基础设施建设项目取得的全部收入，应按‘建筑业’税目缴纳营业税。若该纳税人将建筑工程承包（分包）给其他施工企业的，则以取得的全部收入扣除支付给其他施工企业的承包（分包）款后的余额为营业额缴纳营业税。

所谓‘建设－移交’模式是一种投融资建设方式。实行‘建设－移交’模式的基础设施建设项目，一般由项目业主通过招标方式选择投融资人，由投融资人负责建设资金的筹集和项目的建设，并在项目完工经验收合格后移交给项目业主，由项目业主按照合同的约定支付回购价款。”

4.《天津市地方税务局关于BT模式建设项目有关营业税政策问题的公告》（天津市地方税务局公告［2011］第15号）节选

“一、BT模式融资建设项目是指以项目业主名义立项，由项目业主通过招标方式选择投融资人，投融资人兼具项目融资和建设功能，项目完工验收合格后移交给项目业主，由项目业主按合同约定分次或一次性支付价款的工程项目。

二、BT 模式融资建设项目应当符合以下条件：

（一） 在项目可行性研究中专章编制 BT 模式融资建设方案；

（二） 由项目业主以招标方式确定投融资人。

三、BT 模式中的投融资人在项目移交时从项目业主取得的营业额（包括工程建设费、融资费、管理费、合理回报等全部价款及价外费用），按照建筑业有关规定征收营业税。

四、BT 模式中的投融资人应当作为 BT 模式融资建设项目的总承包人，按有关规定进行项目管理，并在项目移交结算价款时按规定开具‘建筑业专用发票’。”

5.《营业税财产行为税税收政策问答（第一期）》（安徽省宣城市地方税务局）节选

“以项目的建设方为纳税人，在取得业主支付回购款项时以实际取得的回购款项为计税营业额，按建筑业税目征收缴纳营业税等税费附加。

若建设方将建筑安装工程承包给其他施工企业，则该施工企业应为建筑业营业税纳税人，计税营业额为工程承包总额。建设方在取得业主支付回购款项时按扣除支付给施工企业工程承包总额后的余额缴纳建筑安装营业税。”

6.《重庆市地方税务局关于建筑业营业税有关政策问题的通知》（渝地税发［2008］195 号）节选

“一、BT 模式的营业税问题

BT（即‘建设 - 移交’）投融资建设模式（以下简称 BT 模式）是国际上比较成熟和通行的一种投融资建设方式，近年来在国内很多城市基础设施项目中得到了广泛应用。实行 BT 模式的政府投资项目，一般由各级地方政府授权确定项目业主，由项目业主通过招标方式选择投融资人（以下简称融资人），融资人负责建设资金的筹集和项目建设，并在项目完工经验收合格后立即移交给项目业主，由项目业主按合同约定分次支付回购价款。

因此，BT 是通过融资进行项目建设的一种融投资方式。对 BT 模式的营业税征收管理，明确为：

（一）无论其是否具备建筑总承包资质，对融资人应认定为建筑业总承包方，按建筑业税目征收营业税。

（二）融资方取得的回购价款，包括工程建设费用、融资费用、管理费用和合理回报等收入，应全额交纳建筑业营业税，并全额开具建安发票。

（三）融资人的纳税义务发生时间为按 BT 模式合同规定的分次付款时间，合同未明确付款日期的，其纳税义务发生时间为总承包方收讫营业收入款项或者取得索取营业收入款项凭据的当天。分包方纳税义务发生时间为分包方收讫营业收入款项或者取得索取营业收入款项凭据的当天。”

7.《惠州市地方税务局关于加强对 BT 项目税收管理的通知》（惠地税发［2009］131 号）节选

“一、对 BT 模式的营业税征收管理，明确为：

（一）项目的建设方与施工企业为同一单位的，以项目的建设方为纳税人，在取得业主支付回购款项时以实际取得的回购款项为计税营业额，按建筑业税目征收缴纳营业税等税费附加。

（二）若建设方将建筑安装工程承包给其他施工企业，则该施工企业应为建筑业营业税纳税人，计税营业额为工程承包总额。建设方在取得业主支付回购款项时按扣除支付给施工企业工程承包总额后的余额缴纳建筑安装营业税。

二、各县（区）局要加强对 BT 项目的税收管理，建立《BT 项目税收管理台账》（以下简称《台账》）并定期统计上报有关数据。《台账》要求每半年上报一次，每年 1 月 31 日和 7 月 31 日前上报市局税政科。”

8.《河南省地方税务局关于发布〈建筑业营业税管理暂行办法〉的公告》（河南省地方税务局公告［2010］第 3 号）节选

“第十九条 纳税人实行 BT 模式的，营业额按以下方式处理：

（一）项目的建设方（或投资方）与施工企业为同一单位的，建设方（或投资方）在取得业主支付回购款项时以实际取得的回购款项为计税营业额。回购价款包括工程建设费用、融资费用、管理费用和合理回报等收入。

（二）建设方（或投资方）将建筑安装工程承包或分包给其他施工企业的，该施工企业为建筑业营业税纳税人，计税营业额为工程承包总额或取得的分包款。建设方（或投资方）在取得业主支付回购款项时按扣除支付给施工企业工程承包总额或分包款后的余额为计税营业额。”

9.《江西省地方税务局关于 BT 方式建设项目有关税收政策问题的公告》（江西省地方税务局公告 2010 年第 4 号）节选

“一、以投融资人的名义立项建设，工程完工交付业主的，对投融资人应按照‘销售不动产’税目征收营业税，其计税营业额为取得的全部回购价款（包括工程建设费用、融资费用、管理费用和合理回报等收入）。

二、以项目业主的名义立项建设，对投融资人无论其是否具备建筑总承包资质，均应认定为建筑工程的总承包人，按‘建筑业’税目的现行规定征收营业税；同时项目业主委托投融资人建设的行为属于委托代建行为，对投融资人应按照‘服务业—代理业’税目征收营业税，其计税营业额为取得的全部回购价款（包括工程建设费用、融资费用、管理费用和合理回报等收入）扣除代建工程成本后的余额。”

10.《湖南省地方税务局关于BT方式建设项目有关营业税问题的公告》（湖南省地方税务局公告2011年第6号）节选

“一、以投融资人的名义立项建设，工程完工交付业主的，对投融资人所取得收入应按照‘销售不动产’税目征收营业税，其计税营业额为取得的全部回购价款（包括工程建设费用、融资费用、管理费用和合理回报等收入）。

二、以项目业主的名义立项建设，对投融资人无论其是否具备建筑工程总承包资质，均应作为建筑工程的总承包人，按‘建筑业’税目的现行规定征收营业税。营业额按以下方式确定:

（一）项目的建设方（或投资方）与施工企业为同一单位的，建设方（或投资方）在取得业主支付回购款项时以实际取得的回购款项作为计税营业额全额征收营业税，施工环节不再征收营业税。（回购价款包括工程建设费用、融资费用、管理费用和合理回报等收入。）

（二）建设方（或投资方）将建筑安装工程承包或分包给其他施工企业的，建设方（或投资方）在取得业主支付回购款项时按扣除支付给施工企业工程承包额或分包价款后的余额作为计税营业额，施工企业计税营业额为工程承包额或取得的分包价款。

三、按BT方式建设的项目，建设方（或投资方）纳税义务发生时间为按BT合同约定的分次付款时间。合同未明确付款日期的，其纳税义务发生时间为建设方（或投资方）收讫营业收入款项或者取得索取营业收入款项凭据的当天。建筑工程实行承包或分包的，承包或分包方纳税义务发生时间为其收讫营业收入款项或者取得索取营业收入款项凭据的当天。”

11.《四川省地方税局关于BT、BOT项目建设营业税政策问题的执行意见》（川地税流函［2014］001号）节选

“一、以项目业主的名义立项建设，投融资人参与项目施工的，对投融资人无论其是否具备建筑工程总承包资质，均应作为建筑工程的总承包人，按‘建筑业’税目的现行规定征收营业税，营业额按以下方式确定:

（一）项目的建设方（或投资方）与施工企业为同一单位的，建设方（或投资方）在取得业主支付回购款项时以实际取得的回款项作为计税营业额全额征收营业税，施工环节不再征收营业税。（回购价款包括工程建设费用、融资费用、管理费用和合理回报等收入。）

（二）建设方（或投资方）将建筑安装工程承包或分包给其他施工企业的，建设方（或投资方）在取得业主支付回购款项时按扣除支付给施工企业工程承包额或分包价款后的余额作为计税营业额，施工企业计税营业额为工程承包额或取得的分包价款。

二、以项目业主的名义立项建设，对投融资人不参与项目的施工，但又按 BT、BOT 方式签订项目合同，只负责提供项目建设资金，并取得资金投资回报收入的，按‘金融保险业’税目征收营业税。

三、以投融资人的名义立项建设，工程完工交付业主的，对投融资人所取得收入应按照‘销售不动产’税目征收营业税，其计税营业额为取得的全部回购价款（包括工程建设费用、融资费用、管理费用和合理回报等收入）。

四、按 BT、BOT 方式建设的项目，建设方（或投资方）纳税义务发生时间为按 BT 合同确定的分次付款时间。合同未明确付款日期的，其纳税义务发生时间为建设方（或投资方）收讫营业收入款项或者取得营业收入款项凭据以及应税行为完成的当天，建筑工程实行承包或分包的，承包或分包方纳税义务发生时间为其收讫营业收入款项或者取得营业收入款项凭据的当天，采取预收款方式的，其纳税义务发生时间为收到预收款的当天。”

（二）BT 模式增值税税收政策

1.《营改增政策执行口径　第二辑》（湖北国税）节选

“44. BT 项目如何计算缴纳增值税的问题

BT 即‘建设－移交’，主要指政府利用非政府资金来进行基础非经营性设施建设项目的一种融资模式。

（1）以投融资人的名义立项建设（B），工程完工后转让给业主（T）的，在项目的不同阶段，分别按以下方法计税：

在建设阶段，投融资人建设期间发生的支出为取得该项目（一般为不动产）所有权的成本，所取得的进项税额可以抵扣。投融资人将建筑工程承包给其他施工企业的，该施工企业为建筑业增值税纳税人，按‘建筑业’税目征收增值税，其销售额为工程承包总额。

在转让阶段，就所取得收入按照‘销售不动产’征收增值税，其销售额为取得的全部回购价款（包括工程建设费用、融资费用、管理费用和合理回报等收入，下同）。

（2）以项目业主的名义立项建设（B），工程完工后交付（T）业主的，在项目的各个阶段，按以下方法计税：

在建设阶段，投融资人建设期间发生的支出工程建设成本，所取得的进项税额可以按规定抵扣。投融资人将建筑工程承包给其他施工企业的，该施工企业为建筑业增值税纳税人，按‘建筑业’税目征收增值税，其销售额为工程承包总额。

在交付阶段，就所取得收入按照‘提供建筑服务’征收增值税，其销售额为取得的全部回购价款。

按BT方式建设的项目，建设方（或投资方）纳税义务发生时间为按BT合同确定的分次付款时间。合同未明确付款日期的，其纳税义务发生时间为建设方（或投资方）收讫款项或者取得索取款项凭据以及应税行为完成的当天。”

2.《营改增问题快速处理机制　专期十七》（河南省）节选

“对于BT项目，如果合同中对工程投资金额和投资回报分别进行明确约定的，投资方和业主方共同确认的工程投资金额由投资方按照‘建筑业’计算缴纳增值税，取得的回报收入按照‘利息收入’缴纳增值税。如果合同中对工程投资金额和投资回报没有分别进行明确约定的，投资方取得的全部收入按照‘建筑业’缴纳增值税。”

附录二　资产支持证券化相关法规

1.《营业税改征增值税试点有关事项的规定》（财税〔2016〕36号：附件2）

2.《财政部 国家税务总局关于明确金融 房地产开发 教育辅助服务等增值税政策的通知》（财税〔2016〕140号）

3.《财政部 国家税务总局关于资管产品增值税政策有关问题的补充通知》（财税〔2017〕2号）

4.《财政部　国家税务总局关于信贷资产支持证券化有关税收政策问题的通知》（财税〔2006〕5号）

5.《财政部 国家税务总局关于资管产品增值税有关问题的通知 》（财税〔2017〕56号）

附录三　发票管理相关法规

1.《中华人民共和国发票管理办法》（1993 年 12 月 12 日国务院批准、1993 年 12 月 23 日财政部令第 6 号发布，根据 2010 年 12 月 20 日《国务院关于修改〈中华人民共和国发票管理办法〉的决定》修订）

2.《中华人民共和国发票管理办法实施细则》（2011 年 2 月 14 日国家税务总局令第 25 号公布，根据 2014 年 12 月 27 日《国家税务总局关于修改〈中华人民共和国发票管理办法实施细则〉的决定》修正）

3.《国家税务总局关于进一步明确营改增有关征管问题的公告》（国家税务总局公告 2017 年第 11 号）

4.《国家税务总局关于营改增后土地增值税若干征管规定的公告》（国家税务总局公告 2016 年第 70 号）

5.《国家税务总局关于增值税发票开具有关问题的公告》（国家税务总局公告 2017 年第 16 号）

6.《国家税务总局关于按照纳税信用等级对增值税发票使用实行分类管理有关事项的公告》（国家税务总局公告 2016 年第 71 号）

7.《国家税务总局关于增值税纳税义务发生时间有关问题的公告》（国家税务总局公告 2011 年第 40 号）

8.《国家税务总局关于简化增值税发票领用和使用程序有关问题的公告》（国家税务总局公告 2014 年第 19 号）

附录四　资产管理相关法规

1.《国家税务总局关于发布〈企业资产损失所得税税前扣除管理办法〉的公告》（国家税务总局公告 2011 年第 25 号）

2.《国家税务总局关于企业所得税应纳税所得额若干问题的公告》（国家税务总局公告 2014 年第 29 号）

3.《中华人民共和国企业所得税法实施条例》（中华人民共和国国务院令第 512 号）

4.《国家税务总局关于煤矿企业维简费和高危行业企业安全生产费用企业所得税税前扣除问题的公告》（国家税务总局公告 2011 年第 26 号）

5.《中华人民共和国企业所得税法》（中华人民共和国主席令 63 号）

附录五　税收优惠相关法规

一、增值税

1.《国家税务总局关于中央财政补助增值税有关问题的公告》（国家税务总局公告 2013 年第 3 号）节选

“现将中央财政补助增值税有关问题公告如下：

按照现行增值税政策，纳税人取得的中央财政补助，不属于增值税应税收入，不征收增值税。

本公告自 2013 年 2 月 1 日起施行。此前已发生未处理的，按本公告规定执行。”

2. 国家税务总局办公厅《关于中央财政补贴增值税有关问题的公告》的解读节选

“一、请介绍该公告出台的背景。

近年来，为促进可再生能源的开发利用，支持新能源及高效节能等产品的推广使用，国家出台了多项中央财政补贴。对于中央财政补贴是否属于应税收入，是否征收增值税问题，基层税务机关存在争议，因此报来请示，请求我局予以明确。

二、如何理解该公告的规定?

据了解，为便于补贴发放部门实际操作，中央财政补贴有的直接支付给予销售方，有的先补给购买方，再由购买方转付给销售方。我们认为，无论采取何种方式，购买者实际支付的购买价格，均为原价格扣减中央财政补贴后的金额。根据现行增值税暂行条例规定，销售额为纳税人销售货物或者应税劳务向购买方收取的全部价款和价外费用。纳税人取得的中央财政补贴，其取得渠道是中央财政，因此不属于增值税应税收入，不征收增值税。

销售额是指纳税人提供应税服务取得的全部价款和价外费用。

价外费用是指价外收取的各种性质的价外收费，但不包括代为收取的政府性基金或者行政事业性收费。"

3.《财政部 国家税务总局关于印发〈资源综合利用产品和劳务增值税优惠目录〉的通知》（财税［2015］78 号）节选

"一、纳税人销售自产的资源综合利用产品和提供资源综合利用劳务（以下称销售综合利用产品和劳务），可享受增值税即征即退政策。具体综合利用的资源名称、综合利用产品和劳务名称、技术标准和相关条件、退税比例等按照本通知所附《资源综合利用产品和劳务增值税优惠目录》（以下简称《目录》）的相关规定执行。"

资源综合利用产品和劳务增值税优惠目录

综合利用的资源名称	综合利用产品和劳务名称	技术标准和相关条件	退税比例
污水处理厂出水、工业排水（矿井水）、生活污水、垃圾处理厂渗透（滤）液等	再生水	1. 产品原料 100% 来自所列资源； 2. 产品符合《再生水水质标准》（SL368—2006）规定的技术要求	50%
工业废气	高纯度二氧化碳、工业氢气、甲烷	1. 产品原料 95% 以上来自所列资源； 2. 高纯度二氧化碳产品符合（GB10621—2006），工业氢气产品符合（GB/T 3634.1—2006），甲烷产品符合（HG/T 3633—1999）规定的技术要求	70%
工业生产过程中产生的余热、余压	电力、热力	产品原料 100% 来自所列资源	100%
垃圾处理、污泥处理处置劳务	—	—	70%
污水处理劳务	—	污水经加工处理后符合《城镇污水处理厂污染物排放标准》（GB18918—2002）规定的技术要求或达到相应的国家或地方水污染物排放标准中的直接排放限值	70%

二、企业所得税

1.《财政部 国家税务总局关于专项用途财政性资金企业所得税处理问题的通知》（财税［2011］70号）节选

“一、企业从县级以上各级人民政府财政部门及其他部门取得的应计入收入总额的财政性资金，凡同时符合以下条件的，可以作为不征税收入，在计算应纳税所得额时从收入总额中减除：

（一）企业能够提供规定资金专项用途的资金拨付文件；

（二）财政部门或其他拨付资金的政府部门对该资金有专门的资金管理办法或具体管理要求；

（三）企业对该资金以及以该资金发生的支出单独进行核算。

二、根据实施条例第二十八条的规定，上述不征税收入用于支出所形成的费用，不得在计算应纳税所得额时扣除；用于支出所形成的资产，其计算的折旧、摊销不得在计算应纳税所得额时扣除。

三、企业将符合本通知第一条规定条件的财政性资金作不征税收入处理后，在5年（60个月）内未发生支出且未缴回财政部门或其他拨付资金的政府部门的部分，应计入取得该资金第六年的应税收入总额；计入应税收入总额的财政性资金发生的支出，允许在计算应纳税所得额时扣除。

四、本通知自2011年1月1日起执行。”

2.《国家税务总局关于实施国家重点扶持的公共基础设施项目企业所得税优惠问题的通知》（国税发［2009］80号）节选

“一、对居民企业（以下简称企业）经有关部门批准，从事符合《公共基础设施项目企业所得税优惠目录》（财税［2008］46号）（以下简称《目录》）规定范围、条件和标准的公共基础设施项目的投资经营所得，自该项目取得第一笔生产经营收入所属纳税年度起，第一年至第三年免征企业所得税，第四年至第六年减半征收企业所得税。

企业从事承包经营、承包建设和内部自建自用《目录》规定项目的所得，不得享受前款规定的企业所得税优惠。

二、本通知所称第一笔生产经营收入，是指公共基础设施项目建成并投入运营（包括试运营）后所取得的第一笔主营业务收入。”

3.《财政部 国家税务总局 国家发展改革委关于公布〈公共基础设施项目企业所得税优惠目录（2008 年版）〉的通知》（财税［2008］116 号）节选

“各省、自治区、直辖市、计划单列市财政厅（局）、国家税务局、地方税务局、发展改革委、经贸委（经委），新疆生产建设兵团财务局：

《公共基础设施项目企业所得税优惠目录（2008 年版）》已经国务院批准，现予以公布，自 2008 年 1 月 1 日起施行。”

公共基础设施项目企业所得税优惠目录（2008 年版）

序号	类别	项目	范围、条件及技术标准
1	港口码头	码头、泊位、通航建筑物新建项目	由省级以上政府投资主管部门核准的沿海港口万吨级及以上泊位、内河千吨级及以上泊位、滚装泊位、内河航运枢纽新建项目
2	机场	民用机场新建项目	由国务院核准的民用机场新建项目，包括民用机场迁建、军航机场军民合用改造项目
3	铁路	铁路新线建设项目	由省级以上政府投资主管部门或国务院行业主管部门核准的客运专线、城际轨道交通和Ⅲ级及以上铁路建设项目
4		既有线路改造项目	由省级以上政府投资主管部门或国务院行业主管部门核准的铁路电气化改造、增建二线项目以及其他改造投入达到项目固定资产账面原值 75% 以上的改造项目
5	公路	公路新建项目	由省级以上政府投资主管部门核准的一级以上的公路建设项目
6	城市公共交通	城市快速轨道交通新建项目	由国务院核准的城市地铁、轻轨新建项目
7	电力	水力发电新建项目（包括控制性水利枢纽工程）	由国务院投资主管部门核准的在主要河流上新建的水电项目，总装机容量在 25 万千瓦及以上的新建水电项目，以及抽水蓄能电站项目
8		核电站新建项目	由国务院核准的核电站新建项目
9		电网（输变电设施）新建项目	由国务院投资主管部门核准的 330 kV 及以上跨省及长度超过 200 km 的交流输变电新建项目，500 kV 及以上直流输变电新建项目；由省级以上政府投资主管部门核准的革命老区、老少边穷地区电网新建工程项目；农网输变电新建项目
10		风力发电新建项目	由政府投资主管部门核准的风力发电新建项目
11		海洋能发电新建项目	由省级以上政府投资主管部门核准的海洋能发电新建项目
12		太阳能发电新建项目	由政府投资主管部门核准的太阳能发电新建项目
13		地热发电新建项目	由政府投资主管部门核准的地热发电新建项目

续表 公共基础设施项目企业所得税优惠目录（2008 年版）

序号	类别	项目	范围、条件及技术标准
14	水利	灌区配套设施及农业节水灌溉工程新建项目	由政府投资主管部门核准的灌区水源工程、灌排系统工程、节水工程
15		地表水水源工程新建项目	由政府投资主管部门核准的水库、塘堰、水窖及配套工程
16		调水工程新建项目	由政府投资主管部门核准的取水、输水、配水工程
17		农村人畜饮水工程新建项目	由政府投资主管部门核准的农村人畜饮水工程中取水、输水、净化水、配水工程
18		牧区水利工程新建项目	由政府投资主管部门核准的牧区水利工程中的取水、输配水、节水灌溉及配套工程

4.《财政部 国家税务总局关于执行企业所得税优惠政策若干问题的通知》（财税［2009］69 号）节选

“一、执行《国务院关于实施企业所得税过渡优惠政策的通知》（国发〔2007〕39 号）规定的过渡优惠政策及西部大开发优惠政策的企业，在定期减免税的减半期内，可以按照企业适用税率计算的应纳税额减半征税。其他各类情形的定期减免税，均应按照企业所得税 25% 的法定税率计算的应纳税额减半征税。二、《国务院关于实施企业所得税过渡优惠政策的通知》（国发〔2007〕39 号）第三条所称不得叠加享受，且一经选择，不得改变的税收优惠情形，限于企业所得税过渡优惠政策与企业所得税法及其实施条例中规定的定期减免税和减低税率类的税收优惠。 企业所得税法及其实施条例中规定的各项税收优惠，凡企业符合规定条件的，可以同时享受。”

5.《财政部 国家税务总局关于执行资源综合利用企业所得税优惠目录有关问题的通知》（财税［2008］47 号）节选

“各省、自治区、直辖市、计划单列市财政厅（局）、国家税务局、地方税务局，新疆生产建设兵团财务局：根据《中华人民共和国企业所得税法》和《中华人民共和国企业所得税法实施条例》（国务院令第 512 号，以下简称实施条例）有关规定，经国务院批准，财政部、税务总局、发展改革委公布了《资源综合利用企业所得税优惠目录》（以下简称《目录》）。现将执行《目录》的有关问题通知如下：

一、企业自 2008 年 1 月 1 日起以《目录》中所列资源为主要原材料，生产《目录》内符合国家或行业相关标准的产品取得的收入，在计算应纳税所得额时，减按 90% 计入当年收入总额。享受上述税收优惠时，《目录》内所列资源占产品原料的比例应符合《目录》规定的技术标准。

二、企业同时从事其他项目而取得的非资源综合利用收入，应与资源综合利用收入分开核算，没有分开核算的，不得享受优惠政策。

三、企业从事不符合实施条例和《目录》规定范围、条件和技术标准的项目，不得享受资源综合利用企业所得税优惠政策。

四、根据经济社会发展需要及企业所得税优惠政策实施情况，国务院财政、税务主管部门会同国家发展改革委等有关部门适时对《目录》内的项目进行调整和修订，并在报国务院批准后对《目录》进行更新。”

6.《财政部 国家税务总局 国家发展改革委关于公布环境保护节能节水项目企业所得税优惠目录（试行）的通知》（财税［2009］166 号）节选

“各省、自治区、直辖市、计划单列市财政厅（局）、国家税务局、地方税务局、发展改革委、经贸委（经委）、新疆生产建设兵团财务局：

《环境保护、节能节水项目企业所得税优惠目录（试行）》，已经国务院批准，现予以公布，自 2008 年1月1日起施行。”

环境保护 节能节水项目企业所得税优惠目录（试行）

序号	类别	项目	条件
1	公共污水处理	城镇污水处理项目	1. 根据全国城镇污水处理设施建设规划等全国性规划设立； 2. 专门从事城镇污水的收集、贮存、运输、处置以及污泥处置（含符合国家产业政策和准入条件的水泥窑协同处置）； 3. 根据国家规定获得污水处理特许经营权，或符合环境保护行政主管部门规定的生活污水类污染治理设施运营资质条件； 4. 项目设计、施工和运行管理人员具备国家相应职业资格； 5. 项目按照国家法律法规要求，通过相关验收； 6. 项目经设区的市或者市级以上环境保护行政主管部门总量核查； 7. 排放水符合国家及地方规定的水污染物排放标准和重点水污染物排放总量控制指标； 8. 国务院财政、税务主管部门规定的其他条件
		工业废水处理项目	1. 根据全国重点流域水污染防治规划等全国性规划设立，但按照国家规定作为企业必备配套设施的自用的污水处理项目除外； 2. 专门从事工业污水的收集、贮存、运输、处置以及污泥处置（含符合国家产业政策和准入条件的水泥窑协同处置）； 3. 符合环境保护行政主管部门规定的工业废水类污染治理设施运营资质条件； 4. 项目设计、施工和运行管理人员具备国家相应职业资格； 5. 项目按照国家法律法规要求，通过相关验收； 6. 项目经设区的市或者市级以上环境保护行政主管部门总量核查； 7. 排放水符合国家及地方规定的水污染物排放标准和重点水污染物排放总量控制指标； 8. 国务院财政、税务主管部门规定的其他条件。 包括民用机场迁建、军航机场军民合用改造项目

续表　环境保护、节能节水项目企业所得税优惠目录（试行）

<table>
<tr><th>序号</th><th>类别</th><th>项目</th><th>条件</th></tr>
<tr><td rowspan="3">2</td><td rowspan="3">公共垃圾处理</td><td>生活垃圾处理项目</td><td>1. 根据全国城镇垃圾处理设施建设规划等全国性规划设立；
2. 专门从事生活垃圾的收集、贮存、运输、处置；
3. 采用符合国家规定标准的卫生填埋、焚烧、热解、堆肥、水泥窑协同处置等工艺，其中：水泥窑协同处置要符合国家产业政策和准入条件；
4. 根据国家规定获得垃圾处理特许经营权，或符合环境保护行政主管部门规定的生活垃圾类污染治理设施运营资质条件；
5. 项目设计、施工和运行管理人员具备国家相应职业资格；
6. 按照国家法律法规要求，通过相关验收；
7. 项目经设区的市或者市级以上环境保护行政主管部门总量核查；
8. 国务院财政、税务主管部门规定的其他条件</td></tr>
<tr><td>工业固体废物处理项目</td><td rowspan="2">1. 根据全国危险废物处置设施建设规划等全国性规划设立，但按照国家规定作为企业必备配套设施的自用的废弃物处理项目除外；
2. 专门从事工业固体废物或危险废物的收集、贮存、运输、处置；
3. 采用符合国家规定标准的卫生填埋、焚烧、热解、堆肥、水泥窑协同处置等工艺，其中：水泥窑协同处置要符合国家产业政策和准入条件；
4. 工业固体废物处理项目符合环境保护行政主管部门规定的工业固体废物类污染治理设施运营资质条件，危险废物处理项目取得县级以上人民政府环境保护行政主管部门颁发的危险废物经营许可证；
5. 项目设计、施工和运行管理人员具备国家相应职业资格；
6. 按照国家法律法规要求，通过相关验收；
7. 项目经设区的市或者市级以上环境保护行政主管部门总量核查；
8. 国务院财政、税务主管部门规定的其他条件</td></tr>
<tr><td>危险废物处理项目</td></tr>
<tr><td>3</td><td>沼气综合开发利用</td><td>畜禽养殖场和养殖小区沼气工程项目</td><td>1. 单体装置容积不小于 300 立方米，年平均日产沼气量不低于 300 立方米 / 天，且符合国家有关沼气工程技术规范的项目；
2. 废水排放、废渣处置、沼气利用符合国家和地方有关标准，不产生二次污染；
3. 项目包括完整的发酵原料的预处理设施、沼渣和沼液的综合利用或进一步处理系统，沼气净化、储存、输配和利用系统；
4. 项目设计、施工和运行管理人员具备国家相应职业资格；
5. 项目按照国家法律法规要求，通过相关验收；
6. 国务院财政、税务主管部门规定的其他条件</td></tr>
</table>

续表　环境保护、节能节水项目企业所得税优惠目录（试行）

序号	类别	项目	条件
4	节能减排技术改造	1. 既有高能耗建筑节能改造项目	1. 具有独立法人资质，且注册资金不低于 100 万元的节能减排技术服务公司以合同能源管理的形式，通过以节省能源费用或节能量来支付项目成本的节能减排技术改造项目； 2. 项目应符合国家产业政策，并达到国家有关节能和环境标准； 3. 经建筑能效测评机构检测，既有高能耗建筑节能改造和北方既有居住建筑供热计量及节能改造达到现行节能强制性标准要求，既有建筑太阳能光热、光电建筑一体化技术或浅层地能热泵技术改造后达到现行国家有关标准要求； 4. 经省级节能节水主管部门验收，工业锅炉、工业窑炉技术改造和电机系统节能、能量系统优化技术改造项目年节能量折算后不小于 1000 吨标准煤，煤炭工业复合式干法选煤技术改造、钢铁行业干式除尘技术改造和有色金属行业干式除尘净化技术改造项目年节水量不小于 200 万立方米； 5. 项目应纳税所得额的计算应符合独立交易原则； 6. 国务院财政、税务主管部门规定的其他条件
		2. 既有建筑太阳能光热、光电建筑一体化技术或浅层地能热泵技术改造项目	
		3. 既有居住建筑供热计量及节能改造项目	
		4. 工业锅炉、工业窑炉节能技术改造项目	
		5. 电机系统节能、能量系统优化技术改造项目	
		6. 煤炭工业复合式干法选煤技术改造项目	
		7. 钢铁行业干式除尘技术改造项目	
		8. 有色金属行业干式除尘净化技术改造项目	
		9. 燃煤电厂烟气脱硫技术改造项目	1. 按照国家有关法律法规设立的，具有独立法人资质，且注册资金不低于 500 万元的专门从事脱硫服务的公司从事的符合规定的脱硫技术改造项目； 2. 改造后，采用干法或半干法脱硫的项目脱硫效率应高于 85%，采用湿法或其他方法脱硫的项目脱硫效率应高于 98%； 3. 项目改造后经国家有关部门评估，综合效益良好； 4. 设施能够稳定运行，达到环境保护行政主管部门对二氧化硫的排放总量及浓度控制要求； 5. 项目应纳税所得额的计算应符合独立交易原则； 6. 国务院财政、税务主管部门规定的其他条件
5	海水淡化	用作工业、生活用水的海水淡化项目	1. 符合《海水利用专项规划》中规定的发展重点以及区域布局等要求； 2. 规模不小于淡水产量 10 000 吨 / 日； 3. 热法海水淡化项目的物能消耗指标为吨水耗电量小于 1.8 千瓦・时 / 吨、造水比大于 8，膜法海水淡化项目的能耗指标为吨水耗电量小于 4.0 千瓦・时 / 吨； 4、国务院财政、税务主管部门规定的其他条件
		用作海岛军民饮用水的海水淡化项目	1. 符合《海水利用专项规划》中规定的发展重点以及区域布局等要求； 2. 热法海水淡化项目的物能消耗指标为吨水耗电量小于 1.8 千瓦・时 / 吨、造水比大于 8，膜法海水淡化项目的能耗指标为吨水耗电量小于 4.0 千瓦・时 / 吨； 3. 国务院财政、税务主管部门规定的其他条件

7.《财政部 税务总局 国家发展改革委 工业和信息化部 环境保护部关于印发节能节水和环境保护专用设备企业所得税优惠目录（2017年版）的通知》（财税［2017］71号）节选

“一、对企业购置并实际使用节能节水和环境保护专用设备享受企业所得税抵免优惠政策的适用目录进行适当调整，统一按《节能节水专用设备企业所得税优惠目录（2017年版）》和《环境保护专用设备企业所得税优惠目录（2017年版）》执行。

二、按照国务院关于简化行政审批的要求，进一步优化优惠管理机制，实行企业自行申报并直接享受优惠、税务部门强化后续管理的机制。企业购置节能节水和环境保护专用设备，应自行判断是否符合税收优惠政策规定条件，按规定向税务部门履行企业所得税优惠备案手续后直接享受税收优惠，税务部门采取税收风险管理、稽查、纳税评估等方式强化后续管理。

三、建立部门协调配合机制，切实落实节能节水和环境保护专用设备税收抵免优惠政策。税务部门在执行税收优惠政策过程中，不能准确判定企业购置的专用设备是否符合相关技术指标等税收优惠政策规定条件的，可提请地市级（含）以上发展改革、工业和信息化、环境保护等部门，由其委托专业机构出具技术鉴定意见，相关部门应积极配合。对不符合税收优惠政策规定条件的，由税务机关按《税收征管法》及有关规定进行相应处理。

四、本通知所称税收优惠政策规定条件，是指《节能节水专用设备企业所得税优惠目录（2017年版）》和《环境保护专用设备企业所得税优惠目录（2017年版）》所规定的设备类别、设备名称、性能参数、应用领域和执行标准。

五、本通知自2017年1月1日起施行。《节能节水专用设备企业所得税优惠目录（2008年版）》和《环境保护专用设备企业所得税优惠目录（2008年版）》自2017年10月1日起废止，企业在2017年1月1日至2017年9月30日购置的专用设备符合2008年版优惠目录规定的，也可享受税收优惠。”

8.《中华人民共和国企业所得税法实施条例》（中华人民共和国国务院令第512号）节选

“第一百条　企业所得税法第三十四条所称税额抵免，是指企业购置并实际使用《环境保护专用设备企业所得税优惠目录》《节能节水专用设备企业所得税优惠目录》和《安全生产专用设备企业所得税优惠目录》规定的环境保护、节能节水、安全生产等专用设备的，该专用设备的投资额的10%可以从企业当年的应纳税额中抵免；当年不足抵免的，可以在以后5个纳税年度结转抵免。

享受前款规定的企业所得税优惠的企业，应当实际购置并自身实际投入使用前款规定的专用设备；企业购置上述专用设备在5年内转让、出租的，应当停止享受企业所得税优惠，并补缴已经抵免的企业所得税税款。”

三、土地使用税

1.《国务院关于修改〈中华人民共和国城镇土地使用税暂行条例〉的决定》（中华人民共和国国务院令第483号）节选

“第六条　下列土地免缴土地使用税：

（一）国家机关、人民团体、军队自用的土地；

（二）由国家财政部门拨付事业经费的单位自用的土地；

（三）宗教寺庙、公园、名胜古迹自用的土地；

（四）市政街道、广场、绿化地带等公共用地；

（五）直接用于农、林、牧、渔业的生产用地；

（六）经批准开山填海整治的土地和改造的废弃土地，从使用的月份起免缴土地使用税5年至10年；

（七）由财政部另行规定免税的能源、交通、水利设施用地和其他用地。”

2.《财政部　国家税务总局关于房产税　城镇土地使用税有关问题的通知》（财税［2009］128号）节选

“四、关于地下建筑用地的城镇土地使用税问题

对在城镇土地使用税征税范围内单独建造的地下建筑用地，按规定征收城镇土地使用税。其中，已取得地下土地使用权证的，按土地使用权证确认的土地面积计算应征税款；未取得地下土地使用权证或地下土地使用权证上未标明土地面积的，按地下建筑垂直投影面积计算应征税款。

对上述地下建筑用地暂按应征税款的50%征收城镇土地使用税。”

3.《财政部　国家税务总局关于棚户区改造有关税收政策的通知》（财税［2013］101号）节选

“一、对改造安置住房建设用地免征城镇土地使用税。对改造安置住房经营管理单位、开发商与改造安置住房相关的印花税以及购买安置住房的个人涉及的印花税予以免征。

在商品住房等开发项目中配套建造安置住房的，依据政府部门出具的相关材料、房屋征收（拆迁）补偿协议或棚户区改造合同（协议），按改造安置住房建筑面积占总建筑面积的比例免征城镇土地使用税、印花税。

二、企事业单位、社会团体以及其他组织转让旧房作为改造安置住房房源且增值额未超过扣除项目金额20%的，免征土地增值税。”

4.《财政部 国家税务总局关于促进公共租赁住房发展有关税收优惠政策的通知》（财税［2014］52号）节选

“根据《国务院办公厅关于保障性安居工程建设和管理的指导意见》（国办发［2011］45号）和住房城乡建设部、财政部、国家税务总局等部门《关于加快发展公共租赁住房的指导意见》（建保［2010］87号）等文件精神，决定继续对公共租赁住房建设和运营给予税收优惠。现将有关政策通知如下：

一、对公共租赁住房建设期间用地及公共租赁住房建成后占地免征城镇土地使用税。在其他住房项目中配套建设公共租赁住房，依据政府部门出具的相关材料，按公共租赁住房建筑面积占总建筑面积的比例免征建设、管理公共租赁住房涉及的城镇土地使用税。

二、对公共租赁住房经营管理单位免征建设、管理公共租赁住房涉及的印花税。在其他住房项目中配套建设公共租赁住房，依据政府部门出具的相关材料，按公共租赁住房建筑面积占总建筑面积的比例免征建设、管理公共租赁住房涉及的印花税。

三、对公共租赁住房经营管理单位购买住房作为公共租赁住房，免征契税、印花税；对公共租赁住房租赁双方免征签订租赁协议涉及的印花税。

四、对企事业单位、社会团体以及其他组织转让旧房作为公共租赁住房房源，且增值额未超过扣除项目金额20%的，免征土地增值税。

五、企事业单位、社会团体以及其他组织捐赠住房作为公共租赁住房，符合税收法律法规规定的，对其公益性捐赠支出在年度利润总额12%以内的部分，准予在计算应纳税所得额时扣除。

个人捐赠住房作为公共租赁住房，符合税收法律法规规定的，对其公益性捐赠支出未超过其申报的应纳税所得额30%的部分，准予从其应纳税所得额中扣除。

六、对符合地方政府规定条件的低收入住房保障家庭从地方政府领取的住房租赁补贴，免征个人所得税。

八、享受上述税收优惠政策的公共租赁住房是指纳入省、自治区、直辖市、计划单列市人民政府及新疆生产建设兵团批准的公共租赁住房发展规划和年度计划，并按照《关于加快发展公共租赁住房的指导意见》（建保［2010］87号）和市、县人民政府制定的具体管理办法进行管理的公共租赁住房。

九、本通知执行期限为2013年9月28日至2015年12月31日。2013年9月28日以后已征的应予减免的税款，在纳税人以后应缴的相应税款中抵减或者予以退还。

根据《住房城乡建设部 财政部 国家发展改革委关于公共租赁住房和廉租住房并轨运行的通知》（建保［2013］178号）规定，2014年以前年度已列入廉租住房年度建设计划的在建项目，自本通知印发之日起，统一按本通知规定的税收优惠政策执行，《财政部 国家税务总局关于廉租住房经济适用住房和住房租赁有关税收政策的通知》（财税〔2008〕24号）中有关廉租住房税收政策的规定自本通知印发之日起同时废止。”

四、房产税

1.《财政部税务总局关于房产税若干具体问题的解释和暂行规定》（财税地字〔1986〕8号）节选

“二十四、关于房屋大修停用期间，可否免征房产税？

房屋大修停用在半年以上的，经纳税人申请，税务机关审核，在大修期间可免征房产税。”

2.《财政部 国家税务总局关于促进公共租赁住房发展有关税收优惠政策的通知》（财税〔2014〕52号）节选

“七、对公共租赁住房免征房产税。对经营公共租赁住房所取得的租金收入，免征营业税。公共租赁住房经营单位应单独核算公共租赁住房租金收入，未单独核算的，不得享受免征营业税、房产税优惠政策。”

3.《财政部 国家税务总局关于教育税收政策的通知》（财税〔2004〕39号）节选

“第二条 关于房产税、城镇土地使用税、印花税

对国家拨付事业经费和企业办的各类学校、托儿所、幼儿园自用的房产、土地，免征房产税、城镇土地使用税；对财产所有人将财产赠给学校所立的书据，免征印花税。”

五、耕地占用税

1.《中华人民共和国耕地占用税暂行条例》（中华人民共和国国务院令第511号）节选

“第八条 下列情形免征耕地占用税：

（一）军事设施占用耕地；

（二）学校、幼儿园、养老院、医院占用耕地。

第九条 铁路线路、公路线路、飞机场跑道、停机坪、港口、航道占用耕地，减按每平方米2元的税额征收耕地占用税。

根据实际需要，国务院财政、税务主管部门商国务院有关部门并报国务院批准后，可以对前款规定的情形免征或者减征耕地占用税。

第十条 农村居民占用耕地新建住宅，按照当地适用税额减半征收耕地占用税。

农村烈士家属、残疾军人、鳏寡孤独以及革命老根据地、少数民族聚居区和边远贫困山区生活困难的农村居民，在规定用地标准以内新建住宅缴纳耕地占用税确有困难的，经所在地乡（镇）人民政府审核，报经县级人民政府批准后，可以免征或者减征耕地占用税。

第十一条　依照本条例第八条、第九条规定免征或者减征耕地占用税后，纳税人改变原占地用途，不再属于免征或者减征耕地占用税情形的，应当按照当地适用税额补缴耕地占用税。

第十三条　纳税人临时占用耕地，应当依照本条例的规定缴纳耕地占用税。纳税人在批准临时占用耕地的期限内恢复所占用耕地原状的，全额退还已经缴纳的耕地占用税。

第十四条　占用林地、牧草地、农田水利用地、养殖水面以及渔业水域滩涂等其他农用地建房或者从事非农业建设的，比照本条例的规定征收耕地占用税。

建设直接为农业生产服务的生产设施占用前款规定的农用地的，不征收耕地占用税。”

2. 中华人民共和国耕地占用税暂行条例实施细则（中华人民共和国财政部　国家税务总局令第 49 号）节选

“第八条　条例第八条规定免税的军事设施，具体范围包括：

（一）地上、地下的军事指挥、作战工程；

（二）军用机场、港口、码头；

（三）营区、训练场、试验场；

（四）军用洞库、仓库；

（五）军用通信、侦察、导航、观测台站和测量、导航、助航标志；

（六）军用公路、铁路专用线，军用通讯、输电线路，军用输油、输水管道；

（七）其他直接用于军事用途的设施。

第九条　条例第八条规定免税的学校，具体范围包括县级以上人民政府教育行政部门批准成立的大学、中学、小学、学历性职业教育学校以及特殊教育学校。学校内经营性场所和教职工住房占用耕地的，按照当地适用税额缴纳耕地占用税。

第十条　条例第八条规定免税的幼儿园，具体范围限于县级人民政府教育行政部门登记注册或者备案的幼儿园内专门用于幼儿保育、教育的场所。

第十一条　条例第八条规定免税的养老院，具体范围限于经批准设立的养老院内专门为老年人提供生活照顾的场所。

第十二条　条例第八条规定免税的医院，具体范围限于县级以上人民政府卫生行政部门批准设立的医院内专门用于提供医护服务的场所及其配套设施。医院内职工住房占用耕地的，按照当地适用税额缴纳耕地占用税。

第十三条　条例第九条规定减税的铁路线路，具体范围限于铁路路基、桥梁、涵洞、隧道及其按照规定两侧留地。专用铁路和铁路专用线占用耕地的，按照当地适用税额缴纳耕地占用税。

第十四条　条例第九条规定减税的公路线路，具体范围限于经批准建设的国道、省道、县道、乡道和属于农村公路的村道的主体工程以及两侧边沟或者截水沟。

专用公路和城区内机动车道占用耕地的，按照当地适用税额缴纳耕地占用税。

第十五条　条例第九条规定减税的飞机场跑道、停机坪，具体范围限于经批准建设的民用机场专门用于民用航空器起降、滑行、停放的场所。

第十八条　条例第十条规定减税的农村居民占用耕地新建住宅，是指农村居民经批准在户口所在地按照规定标准占用耕地建设自用住宅。

农村居民经批准搬迁，原宅基地恢复耕种，凡新建住宅占用耕地不超过原宅基地面积的，不征收耕地占用税；超过原宅基地面积的，对超过部分按照当地适用税额减半征收耕地占用税。

第十九条　条例第十条所称农村烈士家属，包括农村烈士的父母、配偶和子女。

第二十一条　根据条例第十一条的规定，纳税人改变占地用途，不再属于免税或减税情形的，应自改变用途之日起30日内按改变用途的实际占用耕地面积和当地适用税额补缴税款。

第二十二条　条例第十三条所称临时占用耕地，是指纳税人因建设项目施工、地质勘查等需要，在一般不超过2年内临时使用耕地并且没有修建永久性建筑物的行为。

第三十条　条例第十四条所称直接为农业生产服务的生产设施，是指直接为农业生产服务而建设的建筑物和构筑物。具体包括：储存农用机具和种子、苗木、木材等农业产品的仓储设施；培育、生产种子、种苗的设施；畜禽养殖设施；木材集材道、运材道；农业科研、试验、示范基地；野生动植物保护、护林、森林病虫害防治、森林防火、木材检疫的设施；专为农业生产服务的灌溉排水、供水、供电、供热、供气、通讯基础设施；农业生产者从事农业生产必需的食宿和管理设施；其他直接为农业生产服务的生产设施。”

六、资源税

《财政部 国家税务总局 水利部关于印发〈水资源税改革试点暂行办法〉的通知》（财税［2016］55号，河北省试点）节选

“第十一条 对超过规定限额的农业生产取用水，以及主要供农村人口生活用水的集中式饮水工程取用水，从低制定税额标准。

农业生产取用水包括种植业、畜牧业、水产养殖业、林业取用水。

第十二条　对企业回收利用的采矿排水（疏干排水）和地温空调回用水，从低制定税额标准。

第十三条　对下列取用水减免征收水资源税：

（一）对规定限额内的农业生产取用水，免征水资源税。

（二）对取用污水处理回用水、再生水等非常规水源，免征水资源税。

（三）财政部、国家税务总局规定的其他减税和免税情形。”

附录六　退出税务管理相关法规

一、视同销售相关法规

1.《中华人民共和国增值税暂行条例实施细则》（中华人民共和国财政部　国家税务总局令2008年第50号）

2.《财政部 国家税务总局关于全面推开营业税改征增值税试点的通知》（财税〔2016〕36号）

3.《中华人民共和国企业所得税法实施条例》（中华人民共和国国务院令第512号）

4.《关于企业处置资产所得税处理问题的通知》（国税函〔2008〕828号）

二、公司管理相关法规

1.《企业国有产权转让管理暂行办法》（国务院国资委　财政部令第3号）

2.《中华人民共和国企业法人登记管理条例》（2016年2月6日修正版）

3.《公司注册资本登记管理规定》（工商总局令第64号）

4.《中华人民共和国公司法》（2013年12月28日修订版）

附录七　政府补助相关法规

一、《企业会计准则第16号——政府补助（2017年修订）》

略。

二、政府补助涉税政策

1.《国家税务总局关于中央财政补贴增值税有关问题的公告》（国家税务总局公告2013年第3号）

2.《财政部 国家税务总局关于财政性资金 行政事业性收费 政府性基金有关企业所得税政策问题的通知》（财税〔2008〕151号）

3.《财政部国家税务总局关于专项用途财政性资金企业所得税处理问题的通知》（财税

〔2011〕70号）

4.《国家税务总局关于企业所得税应纳税所得额若干税务处理问题的公告》（国家税务总局公告2012年第15号）

5.《国家税务总局关于企业所得税应纳税所得额若干问题的公告》（国家税务总局公告2014年第29号）

附录八　其他相关法规

1.《财政部 国家税务总局 住房和城乡建设部关于进一步做好建筑行业营改增试点工作的意见》（税总发〔2017〕99号）

2.《国家税务总局关于进一步明确营改增有关征管问题的公告》（国家税务总局公告2017年第11号）